関係を育てる心理臨床

どのように
こころをかよわせあうのか
専門家への手びき

田中千穂子

日本評論社

刊行に寄せて

神田橋條治

随分むかし、「私小説」という文学が盛んだったころがありました。作者が「告白」をして、読者のこころとの響き合いを企図していました。田中千穂子先生は、ご自分の専門家としての一区切りにあたってこの「告白」の形を選ばれました。意図は後進のこころとの響き合いです。それこそがセラピーにおいても教育においても「要」であるとの先生の「洞察」を具現しておられるのです。

なんの分野であれ、職人の技術を真っ当に伝承し発展させるには、先達の仕事の現場に同席し、教えを乞うことが必須です。だけど心理臨床においてはそれが不可能です。稀に可能な場合でも、治療者と被治療者のこころの内に流れているものや、治療者の意図や内省について、逐一語ってもらうことは不可能です。通常は、セラピーを通して先達が得た認識をやや理論風にまとめて教えてもらうしかありません。話し手も聴き手も、言葉からはセラピー現場のジューシーな部分が抜け落ちて、生き生きした雰囲気が薄くなっていることを不満に感じながらも、なすすべがありません。同じ体験が繰り返されて、不満感を感じなくなると、「理論」という、ややデジタルな言語が行き交うようになり

「賢い愚か者」の集まりになりかねません。田中先生はそれを打破すべく、時間と場所の共有を捨て、「告白」という文章形態で臨場体験を伝えることになさいました。これで、先生ご自身の不満感・いら立ちは随分解消されたでしょう。

次は受け手の側です。ボクは四種類の読者を想定して、それぞれに本書の読み方をお勧めすることにします。第一群は「ベテラン」と「初心者」です。この群の人には、末尾の「おわりに」をまず読まれることをお勧めします。「ベテラン」の人は、自分の専門家としての人生のしめくくりをどのような形にしたいか、に思いを巡らすことが役立ちましょう。「初心者」には四〇年の懸命な精進と工夫が生んだ珠玉の言葉を味わうことが、未来への指針であり問いかけとなりましょう。第二群の一人は「中堅のセラピスト」です。瞬間・瞬間の田中先生の振る舞いや思いや選択に「自分なら……」と対話するつもりで読んでください。臨場体験が生まれる読み方です。自分を知る活動にもなります。人は皆それぞれの資質や経験を持っていますから、「自分の」考えが湧いてきます。それが教育の本質です。「洗脳」「かぶれ」が皆さんに生じることは、田中先生の最も嫌うところです。皆さんそれぞれの「自己の成育」を希求しておられるのです。「私小説」は「主義主張」とは正反対の「自己開示」です。そう考えると、この本から最も「チャンス」を得られる人を思いつきます。クライエントとなる当事者、あるいは子育てをしている親の人々です。「障碍児」を育てている母がしばしば「この子に依って私は成長した」と語られます。苦労は必ず人を成長させます。田中先生の「告白」に接し、こころの内で「対話」することが成長のためのガイドブックになると確信します。

第三群はスーパーバイザーを勧める人々です。この本の中には、「スーパーバイザー」としてのボクのコトバが、たびたび登場します。それを読んでのボクの連想は「スーパーバイジーとクライエントが、スーパーバイザーを育てる」です。田中先生の真摯なセラピーに接することで、ボクは素晴らしいスーパーバイザーとして機能しています。ビックリです。

そのことは「エンカウンター」という連想を呼びます。「出会い」です。「出会い」こそがセラピーの「要」です。スーパーバイザーとスーパーバイジーとクライエントとの「出会い」がそうであるだけでなく、もっと大切なのは「個人が成長しようとする瞬間に、適切な出会いが生じたか否か」です。セラピストとクライエントとの「カチッ」とする出会いは、おそらく、クライエントの内部に準備されているにもかかわらず出会えなかった、もろもろの資質・経験群の「カチッ」とする出会いの触媒となるかもしれません。つまり第四群理論家への提言です。

禅語の一つに「鐘が鳴るのか撞木《しゅもく》が鳴るか、鐘と撞木の相《あい》が鳴る」があります。ミートして良い音が出ると、その振動は鐘と撞木の双方に響き、おそらく、分子レベルでの変化を引き起こします。バイオリンと弓との関係は同様で、弓を交換すると前の音は失われると聞いたことがあります。それはともかく、「新鮮で生き生きした心身機能が出現する」出会いを、田中先生の「告白」がもたらすことは確かです。ゆっくりと、臨場感を味わいながらお読みになるのがコツです。

二〇二〇年一二月

関係を育てる心理臨床・目次

はじめに

待合室からはじまる「はじめまして」

心理相談の約束の時間になると、私は自分の部屋から出て待合室に患者さんを迎えに行きます。予約時のメモによると、今度の患者さん（病院で仕事をしているので、ふだんはクライエントのことを患者さんと呼んでいます）はまだ一歳にならないAちゃんです。はじめて来院される患者さんの場合、私には相手の顔がわかりません。でも「○○さ〜ん」と呼んで人目を集めないですむように、私はできるだけ目でそれらしい人を探すようにしています。と、待っている人のなかに、静かに赤ちゃんを抱っこしたお母さんがいます。私は、私が今から会うのはおそらくこの人だろうと思います。受付の看護婦さんも、目でそっと私に「あの方たちです」と教えてくれます。

この赤ちゃんは眠っているようです。そして赤ちゃんを膝の上にのせているお母さんも、まるで眠っているかのように、静かにひっそりと座っています。この母子の間に漂っている雰囲気……それはまるで、そこには誰もいないかのよう。ふつうなら当然、感じられるはずの「人が呼吸している息づかい」が感じられません。ですから、ふたりがいるその周辺の空気は、ほとんどと言っていいほど動かず、「シ〜ン」という音が聞こえてきそうなほどなのです。そこで、その空気を一気に動かすべく私は「はじめまして、○○さんですか？　私は今日お話しをうかがうことになっている田中です」と、赤ちゃんを覗きこみながらお母さんに挨拶し、そのまま母子を面接室に誘います。お父さんが一緒の場合も同様です。

と、お母さんは私に軽く会釈して、静かに面接室にはいり、すべるように赤ちゃんを抱っこしたまま椅子に座ります。私が「この（診療）ベッドに赤ちゃんを寝かせてあげるとよいかしら」と伝えると、お母さんは抱っこしていた赤ちゃんを、ほとんど言われるままにベッドに降ろします。それはまるで、抱えていた荷物をおろすような仕種です。そこには、「このまま抱っこしていると自分が重くてしんどいから降ろしたほうが楽だろう」とか、「この子もベッドに寝たほうが楽かしら」、「いやいや、この子が目をさましてしまうから抱っこしたままがいいだろう」とか、というようなお母さん自身の気持ちや子どもに対する気づかい、つまり関係のなかで迷う雰囲気が見えてきません。ただ相手に言われるままに動いている感じです。ですから、ここでもあまり空気が動きません。このような空気の動かなさをひしひしと感じながら私は、「ああお母さん、きっとものすごくつらいんだろう。心理的にも物理的にも自分の気持ちをちょっとでも動かすなんてこと、できないくらい、いろんなことでいっぱいいっぱいなんだろうなあ」と推測し、とはいえ、せっかく来られたのだから、この相談の時間が、お母さんにとっても赤ちゃんにとっても、せめて「ちょっとでも新鮮な空気がはいってきて来てよかった」と思えるような、つまり自分たちを包んでいる空気が動いて楽《らく》になった、と思える時間にしてゆきたい、そして、そうしなければと強く思って面接をはじめます。

……これは通常、私が患者さんを待合室に迎えにいった時の、相手との出会いによって自分の内側に浮かんでくる私のなかの思いや気持ちを描いたものです。もちろん相手の状態によって、この出会いの雰囲気は変わります。まったくの初回面接の場合、私がその時にわかっているのは、二〇歳代の女性で家族との問題とか、五〇歳代の男性で仕事関係のこと、あるいは小学四年生の不登校の子どもといった、予約時にうかがったわずかな情報とお名前だけです。それを頼りに待合室にむかいます。

と、最初から私をまるで知っているかのように、にこやかに迎えてくれる人もいますし、キョロキョロしている私を見て、むこうから声をかけてくださる方もいらっしゃいます。目でこちらを見据えてくる人もいます。近づいていっても顔をあげず、こちらが声をかけるまで動かない人もいます。本を読む形をとりながら、でも周囲の雰囲気を察して、こちらが近づくと顔をあげてくださる方もいます。疲れきって寝込んでいる方もいます。どうしてもわからない時には、最終的には名前をお呼びします。このようにまずどのように出会うかということは、相手を理解するための貴重な資料になります。もちろんこれは相手にとっても、セラピストがどのように自分を迎え入れてくれるかという意味で、今後の自分の心理相談を左右する重要な指標のひとつになるわけです。ここが文字どおり、お互いにとって「はじめまして」の大事な瞬間。

このように、心理相談は面接室にはいった時からはじまるのではありません。セラピストが待合室に迎えにいく前からセラピーははじまっています。そしてこれは初回だけではなく、次回からの継続面接の場合もまったく同じです。二回目以降は相手の顔はわかっているわけですから一層、観察は細やかにできます。私の部屋の近くで待っていてくださる方もいますし、受付さんの前とか、あるいは離れた廊下の奥にいらっしゃるか、階段の踊り場で立っている方もいらっしゃいます。気ぜわしそうにスマホやパソコンで作業をしながら待っていたり、ゆったりとくつろいだ雰囲気で待っていたり、メモを書きそれを読みながら待っていたり、あるいはイライラしながら待っていたりなど、からだの動きや姿勢、待ち方でその人のその時の状況がわかります。別の言い方をするなら、私の目のなかに相手のからだが映ったその瞬間から、私のこころに何が響き、何を感じるのか、といったことのすべてが、その日のその人の状況を把握する大きな手がかりとなるのです。いつも仲良く一緒に並んでいる家族が、その日は全員がバラバラに座って待っている場合は、ああ何かあったんだろうとわかります。だとすれば、その日の第一声は「どうしたの？」になりますし、眠り込んでいたら、「クタクタですか」になるでしょう。

このように、どのようにして待っているか、というところから相手のこころをていねいに受けとめたい。これが、セラピストとしてふだん私がしている「（その日その日の）心理面接のはじまりだし」です。でも私はもちろん、私は新米だった最初から、これほど意識的にきめ細やかにしていたわけではありません。もちろん、私はもちろん、はじめから自分で迎えには行っていました。その瞬間が大事だとも思っていました。でも、このように自分が面接室を出るところから積極的に自分の感性を総動員させて相手と関わろうとするのではなく、もっとぼんやりと相手を呼びにいっていたように思います。それがさまざまなケースを担当していくうちに、段々と変わっていったのだと思います。

子どもはからだの感覚でキャッチする

私は大学院の博士課程に在籍しながら、あちこちで心理判定や心理検査などの仕事をしつつ、教育相談所で週三日の非常勤でセラピーをするという形で心理臨床をスタートさせました。そこは当時としてはめずらしく就学前の幼児を中心に相談をうけている機関でした。私は特に子どもが好きとか、子どもの治療がしたいと考えていたわけではなく、人のこころの治療ができる臨床家になりたいと考えていただけでした。四〇年前のわが国では、まだ教育相談は就学したのち、やっと子どもたちが受けることができるもので、幼児は対象外でした。ですので私は貴重な相談機関に行くことができました。今から思えば最高に幸せなスタートとなりました。

そこに勤めた最初の頃、二歳一か月の男の子を担当しました。ことばが遅く、まだしゃべれません。お母さんはこの子が言うことを聞かずに勝手なことばかりする、指しゃぶりがあって、歯並びが悪くなるからやめさせたい、でもこの子はやめない、といったことを心配してつれてこられました。彼には妹もいたのでお母さんはふたりの世話に、それはそれは大変な毎日を送っていました。先輩のセラピストがお母さんを担当し、私はこのBくんのプレイセラピーを担当しました。ちなみにお父さんは子ぼんのうでやさしい人だけれども、通勤に時間がかかるし残業もあたり前、そのためにほとんど家にいないということで、お母さんが一人で子育てにてんやわんやの状態でした。

もちろん当時私は、プレイセラピーのことは本で勉強していましたし、メラニー・クラインの症例を読んで感動したりもしていましたが、この二歳の子どものセラピーをどうするとよいのか、ということはまったくわかっていませんでした。なのでとにかく彼について行きました。まず彼は来室するなり、相談室の廊下をトコトコと歩きだしたので、私も後ろからついていきながら、途中で後ろから「こんにちは、Bくんの先生の田中です」と声をかけました。彼はふり返って私の顔をチラっと見て、そのまま廊下をトコトコと歩いてゆきました。私も彼の後ろから、彼の歩きをまねしてついてゆきました。次に彼は階段のところに行き、ハイハイで昇っていこうとするので、私も「待って〜」と言いながらハイハイで追いかけました。と次の瞬間、彼はぱっとふり返り、さっきとは明らかに違う「何?　どうした?」とでも言いたそうに、私の顔をまじまじと見ました。その瞬間目で探索されている、と感じました。きっと、おとながハイハイをしている姿、自分の真似をして一緒に動きまわっている姿に、不思議な感じがしたのでしょう。とにかくこの時私は彼が、私のことを自分の担当さん、とさっきよりも認識してくれたと感じました。こうしてふたりで階段をハイハイで昇ったり降りたりしながら屋上に到着し、足の裏を全部つけてペタペタと音をたてて屋上を歩きまわりました。そこで私もペタペタとわざと音をたててついてゆきました。彼は同じように動く私に対して、うれしそうだけど意外そうに、そしてやっぱり、ものすごくうれしそうな顔をみせていました。彼のうれしい、という感じがどんどん広がって大きくなっていくのが、見ていてもわかりました。

こうしてひとしきり相談室の外側を探索した後、二階に戻ってプレイルームにはいり、パチンコの球をみつけ、自分の口にいれました。もちろん、彼が飲み込む危険がないわけではないものの、でも、そういう雰囲気でもありません。そこで私が彼の口の前にそっと手をかざすと、球をだしてくれました。ふたたび彼が球を自分の口にいれたので、今度は私も真似して自分の口のなかに球をいれてみました。彼は「おお、これも真似するか、お前、なかなかやるじゃないか」といいたそうな満足気な顔でニヤニヤッと笑っています。次に彼は自分の口にいれた球を全部まるごと、よだれと一緒に私の口のなかにつっこみました。そしてそれを私が勝手に口から出さないように見張っているので、「わかった、いいっていうまで（球を口のなかに）いれておくから」と口をもごもごさせながら伝え、この日の最後まで、口のなかにパチンコ球をいれて一緒に遊びました。もちろん時々彼がじっと私を見るので、口をあけて「はいっているよ」と動きで伝えました。とはいえ、もちろん私は時宜に応じて、ことばを発しています。彼は自分から話すことはまだむずかしいものの、こちらのいいたいことの概要はよくわかっている、と私は感じていました。ことばの意味内容を理解しているかどうかはともかく、彼はその場に流れている雰囲気を的確に捉えているという意味です。私は、私の行動に対する彼のびっくりした感じや満足気な様子、うれしさの輪の広がりの様子から、お母さんは彼が一緒に動いて欲しい時に妊娠し、出産したので、彼とのこうした内的世界のわかちあいが足りなかったんじゃないか、それが彼には淋しかったんじゃないか、彼が勝手なことばかりするというのは、こうした関わりあいの足りなさが影響しているのかもしれないなどと、彼の問題行動の意味を彼の動きから推測したりしていました。

このパチコン球を出し入れする遊びの時に、私はふとあぐらをかいてみました。あぐらは彼にとってよかったようで、玩具で遊んでは時々私の膝の上に乗って来て、また降りてあちこちに行って遊ぶ、というように上手につかっていました。私はこの間、彼の行動を制御しなかったので、彼は自分が来たければあぐらの上に座り、どこかで玩具で遊んでいて、戻りたければ戻ってこれました。私のあぐらは、彼にとっての安全基地のような役割を果たしていたように思います。

さて、翌週の二回目のことです。彼は約束の時間の一〇分前に訪れました。ふだんは予約前の一〇分間は、ケースとケースの間の調整時間です。でもその日はまだ私は、前のケースのお母さん面接をしていました。そのお母さんがかなり遅れて来て、しかも大事な話をしていたので、時間が延びていたのでした。廊下を走る音から、彼が来たのはわかりました。先輩セラピストが彼の相手をしてくれている声も聞こえてきていました。が、彼は突然私のいる面接室のドアをバーンとあけ、そしてじーっと私を見つめたのです。その目は明らかに「オレの時間だよ、お前はオレの担当だろう、いったいそこでお前、何やってんだ！」と怒っていました。いえもちろん、彼はまだことばを話さないので、そう言ったわけではありません。でも、めらめらと燃える炎がそのまなざしからはっきりと見てとれました。もちろん初心者の思いいれから、かなりオーバーに受けとっているのかもしれません。でもその彼のまなざしは、今でもはっきり覚えているのですから、まったくの錯覚ともいえないでしょう。

もちろん正確には、まだ彼の時間ではありません。でも先週の私とのハイハイごっこの時に、やはり彼が私を自分の担当の先生だと捉えてくれたのだろうことが、この出来事からもわかります。しかも面接室は複数あるのに、私のいる部屋を一発であてて開けました。彼の嗅覚があてたのです。

からだを介した共感

誰にとってもはじめてケースは思い入れ深く、情熱をこめて全身全霊で関わるために、特別なケースになるものです。私の所属していた大学院は、当時まだ相談室がなかったので、それまでは、子どもの相談もことばを用いたセラピーも、あちこちに出かけては部屋をかりてセラピーをしていました。もちろんどこでも私は一生懸命に関わりました。でも自分がいる場所があり、自分がいて相手が来てくれて、ちゃんと部屋がある、という落ち着いた環境のなかで、しかも臨床の先輩に守られながら関わったケースとしては、まさにこれがイニシャルケースだった、といってもよいように思います。

私はまだ二歳になったばかりのBくんから、人はからだに備わっている感覚で相手のことや物事を把握するということ、それは本能的な勘のようなもので、実に正確にキャッチする、ということを叩き込まれたように思います。ことばは後から育ってきます。だから子どもにとっては、ことばで伝わるものよりも、まず、からだを介して伝わるもののほうが確かでホンモノなのです。おとなはよく、子どもはまだ、ことばがないからわからないとか、理解できないとか言うけれども、それは全然間違っている、とも思いました。ただ、子どものからだの感覚に比べると、ことばを獲得して以降、私たちおとなは、本来人に備わっていたそういう感覚を使わなくなるので劣化し、からだが鈍感になるのでしょう。ですから、子ども時代に自分がもっていたはずのこういった感覚を意識的・自覚的にとり戻そうとしてゆけば、子どもとつながってゆくことができるのです。

さらに彼とつながるために、私が彼のからだの動きを真似してみたり、お互いのからだを介して玩具をやりとりしたりことは、からだを使ってこころを通わすという、からだを介した共感、ということへの理解に私を導くことになりました。私のあぐらに座った彼は、あぐらを通して私の彼に対するあたたかい気持ちややさしい気持ちも受けとったので、その上でゆったりとくつろぐことができたのだろうと思います。それはこの時期の彼にとっては、ことばで伝わる以上に、ずっしりとした手応えのある確かさをもって伝わったのではないかと思います。このように相手とつながるためには、わかろうとする知的理解、気持ちをこころでくもうとする情緒的共感に加えて、からだを介してのダイレクトなわかちあい、というルートがそれぞれあり、この三つが交絡しながら私たちは人を理解しわかりあってゆくことができるのでしょう。そしておとなになるにつれて、私たちは知的理解だけに頼るようになってゆくので一層、人のことがわからなくなり、つながりにくくなってゆくのではないかと思います。

何よりもこのBくんとの出会いで、はじめて会った時の関わりこそが、それ以降のふたりの関係の原点になる、信頼関係の構築の基盤になり、それを以降の関わりのなかで深めてゆくことも、うすっぺらなものにすることもできるのだ、とも思うようになりました。だからこそ、「はじまり」が勝負なのです。

「生きた発達」に出会う

教育相談をへて私は花クリニック精神神経科で臨床心理士としての仕事をはじめ、専任として、また大学に教員として在職している期間は非常勤として兼務しつつ、現在まで四〇年ほど同じクリニックで心理相談に携わってきました。ここに勤務をはじめた当初、院長から通常の心理面接に加えて、ダウン症候群（以下ダウン症）の赤ちゃんの発達援助をしている先生がいるので、そのアシストをしないかと提案されました。自分にとって未知の世界だったことや、発達相談という心理面接とはすこし違う領域に対する戸惑いも不安もありました。私は腕のよいセラピストになりたい、という夢をもっていたので、正直最初は乗り気ではありませんでした。でも、わからないことへの好奇心もあり、最初から拒否する居心地の悪さもあり、怖る怖るやってみることにしました。

私が発達相談を躊躇した理由はほかにもありました。大学で学んでいても、発達心理学の授業で覚えていたのは首のすわりは三か月、人みしりは八か月、お話しをはじめるのは一歳頃というような指標ばかり。心理臨床の道にはいってからも、子どもの相談で親に問うのもそういう指標です。「人間が生きた発達を遂げていく感じ」とかけ離れていたので、面白いという感じをもてていませんでした。

第1章に詳しく描きますが、この発達相談の体験は、心理臨床家としての私の発達を見る目を育て心理臨床家としての自分を鍛えてくれました。ひとことでいえば、人がどのように発達してゆくのかをコマ送りでひとつひとつ、ていねいに見ることができました。さらに個体のなかの育とうとする力と、それを促進したり阻む力のせめぎあいや、関係性のなかで人がどのように支えられて育ってゆくのか、あるいは育ちがむずかしくなるのか、といった細やかな発達の様相を、じかに学ぶ機会となりました。これこそ「生きた発達」との出会いでした。私は発達相談をしてゆくなかで、できるだけきめ細やかに、ていねいに見ること、時間をかけてじっくりと待つこと、を何よりも学んだと思います。

こころを動かし、自分の気持ちをつかうこと

私にとって、さきの二歳のBくんや発達相談での子どもたちとの出会いは、ことばで相手を理解し、ことばを用いて相手とわかちあう世界とは違う次元の関わりあい、つまり互いの気持ちを通いあわせ、気持ちをわかちあうという、幼少期に自分がしていたはずの対人関係の世界との再会となりました。気持ちを通わせあい、わかちあうということは、新しく身につける技術ではありません。思い出しさえすればよいのです。

さて、発達相談で最初にお母さんたちが相談に見えた時には、親御さんたちは子どもがうまれた時の話や、いまはどのように毎日過ごしているか、といったことを語ります。その時には大抵、赤ちゃんは診療ベッドの上で眠っています。もちろん親御さんの話を私は一生懸命に聞きますがその間、赤ちゃんがただベッドの上でひとりで寝ているのは、何か違うような気がします。私がこの赤ちゃんだったら、間違いなく淋しいでしょう。自分の話をしているのに、主役の自分がはみだしているのです

から。そこで、親御さんの話を聞いている間、私は赤ちゃんの手や足など、からだにそっと手を触れながら、しかし起こさないように注意しながら話を聞くようにしてみました。こうしていると、赤ちゃんのすやすや眠っている規則正しい呼吸のリズムが、あたたかい体温と共に私のからだに伝わってきますし、私の鼓動も赤ちゃんに伝わってゆきます。さらには私を通して、赤ちゃんの鼓動が親御さんにも伝わってゆくような気がします。同時に私のからだのなかにはいってくる、親御さんたちの思いが、私のからだを通して赤ちゃんに伝わっていく感じもありました。私のひとりよがりかもしれません。でも、そうしていくと、面接時間のどこかで赤ちゃんが目をさましてくれるのです。そうすると今度は、私は「○○ちゃん、おはようね。いままでお母さんから○○ちゃんのこと、いっぱい教えてもらっていたのよ。今度は○○ちゃんから、教えてね」と挨拶をして、玩具を用いて関わりはじめるのでした。

このように私はセラピストとして、ことばでの関わりがメインではない関わりをたくさん体験しました。そこで役立ったのは、その場で私が相手との間で人として感じたり思ったことを自分が大事にして、それをテコに相手とつながっていったという体験です。それはこころが動いて、あるいはこころを動かすことでつながるということです。こころが動くから連動してからだが動く。Bくんとの間であれば、思わずからだで彼の動きを真似してみたこと、あぐらをくんでみたこと、パチンコの球を一緒になめてみたこと、であり、発達相談の場合は赤ちゃんに触れながら面接をしてみたこと、などです。私自身のこころとからだを介して人とつながろうとするから、人をより理解することができるということを彼らとの関わりから学びました。やってはみたものの、ピンとこなくてやめたこともたくさんありました。そうやって「私がもしこの子だったら？」と考えて、いろいろ模索してみる能力とセンスを磨いていったのだと思います。それは、成人のことばをもちいた面接でも土台のところで役立ち、たくさんのケースを体験することを通して一層磨かれてゆき、きめ細やかになっていったのではないかと思います。

私がスーパービジョンをしていると、しばしば相手のセラピストに「どうして田中先生はそういうことを思いつくの？」とか「どうしてわかるの？」と問われます。聞かれるたびに困っていました。私にとって、そのケースの話を聞いていると、その患者さんのイメージが頭のなかにくっきりと立ち上がってくるので、ケースの話をききながら自分がその人と会っているような雰囲気になり、だから連想が次々に浮かんできてコメントできるのだろうと思います。だとするならこれは自分がどのような臨床を積んできたか、つまりどのように自分のこころとからだが動き、それによって相手を理解しようとしてきたのか、ことばにする時には、どのように自分のからだで感じたものをことばに置き換えて相手と共有していくのかをていねいにたどってゆけば、先の問いへの答えが導きだせるのかもしれないと思うようになりました。それがこの本を書くことにした直接の動機です。この本を書くにあたり、師匠の神田橋條治先生から、「教育者としての本を書いてください。生徒たちへの手本のつもりで、できればあなたの生徒だけでなく、読者にも手本を示すような気持ちで」との助言をいただきました。それは私がこの本を書く動機とも合致します。問題はそれをどのように具現化するかということでした。

私は自分とケースをまないたの上において語りたいと考えました。私は患者さんを積極的に自分との関係のなかにひきこんでゆき、私自身のこころとからだとあたまを総動員させて相手を理解しようとします。そして相手のこころの中にある感覚や感情、思い、といったものを相手の身になり代わって感じとろうとしつつ、その読みとったものをことばにおきかえて二人の間に提示し、共有し、一緒に吟味します。そこで得たものが相手にとって自分にあうものなら相手はそれをとりこみ、自己理解のために役立てます。これを時間をかけてくり返してゆくのです。このアプローチは基本的には誰でもがやっている一般的なものです。ただ私の相手に没入してゆく関わりの濃さと、自分のこころをおそらく相手がしている以上に積極的につかって相手のことを感じ、考えようとするところが特徴かもしれません。このように自分のこころを響かせ、そこで得られた感覚をことばにしてゆく、あきらめの悪さともいえるねばり強さが私らしさなのではないかと思います。そういう私の関わりのなかから第1章で発達相談の実際と、子どもの発達を育てていくことがどのようにその家族を支え、家族全体の変容をひきおこしてゆくテコになってゆくかという実際をケースを通してお話しし、第2章では三〇年前に関わった成人女性とのセラピーのなかの五年間を主にとりあげました。このケースは神田橋先生のスーパービジョンを受けながら行ったので、自分のその時々の考えや感じたこと、そして実際にセラピーのなかでしたことの詳細を先生のコメントとあわせてできるかぎり細やかに描きました。つづく第3章では、知的障碍のある女性との一〇年間のセラピーを中心に描きつつ、あわせて知的障碍の人々へのセラピーについて日頃から考えてきたことを記しました。本書で主眼としたのは、こういうケースがこうなっていったという「提示」ではありません。セラピストである私がそれぞれの状況下で何をどう感じ、どう捉え、それを相手とどうわかちあっていったかということの方です。それらをできるだけこまやかにことばにすることで、読み手が「今、ここで見ているように」追体験できるように工夫しました。これはセラピストとしての私自身の内側をさらけ出すことでもあります。でもこれが私のセラピーを伝える一番よい方法であると考え、腹をくくることにしました。

心理臨床家の仕事

どのケースもそうですが、最初からどうなっていくかが見えているわけではありません。もちろん見立てはたてますが、それがそのまま最後まで変わらないということは、まずありません。あまりの大変さからどこでも診れないと断わられ、「何とかしてあげなくちゃ」と思ってひきうけたものの、その時には着地点が見えないケースもしばしばあります。結局私たちは、見えないなかでその時見えているものをしっかりと見つめつつ、その人と一緒にその人の歩む道を探しながらつくってゆくのです。方向が間違っていれば悪くなるのでわかります。その時には、そこから軌道修正してゆきます。これは無責任ということとは違います。ふたりの歩みの先に「その人がそれなりになってゆくことが起こる」のです。いえ、それを「起こす」のです。このような歩みの模索すら放棄して、最初から門前払いしてしまうことのほうが、よっぽど無責任だと思います。どうなってゆくかは人それぞれ。ひとつとして同じものはないのですから。

心理療法とはセラピストが相手をよくしてあげる仕事ではありません。苦しみを軽くしてあげる仕事でもありません。相手のもっている荷物（運命とか課題とか業とか）があまりに大きすぎたりばらばらだったり、よく見えていなかったりして、抱えきれないような時、人は途方にくれ、絶望的になり、つぶれてしまいそうになります。あるいはからだがつぶれて、そのことに気づかされるという場合もあるでしょう。そんな時、人はセラピーに訪れるのだと思います。話しをしてゆくなかで、自分の背中にのしかかっている荷物がどのようなものかをその人がきちんとわかってゆき、どうしたらいいかを考えられるようになり、ちゃんと背負えるようにする手助けをするのが心理臨床家の仕事だと私は考えています。というのも、それができるようになれば、その人は自分が何を背負っているのかがわかるので、背負い方もあるき方もわかってきます。それで背負いやすくなるので、結果として荷物が減ってゆくことにもなるのです。だからセラピーをうけて楽になったと感じるのです。また、何とかなってゆきそうな期待や希望が見えてくるのでセラピーにきて楽になった、ということばになるのでしょう。このことはセラピストが相手の荷物を減らしてあげることとは違います。でももちろん、これは相手に勝手に背負えと無慈悲に言っている、ということではありません。相手の背負いきれないもの、投げ出したいものを一緒にみつめ、一緒に嘆き、一緒に抱えようとしながら一緒に途方にくれながら、どうしていったらよいかという簡単に答えの出てこない問題に簡単に答えをだしてしまおうとせず、答えがうみだされてくるまでを伴走する、その間決して見放さず、あきらめない。そういう存在が心理臨床家なのだと思います。

このことを考えていった時、私が以前出会ったひとりの女性のことばを思い出します。彼女はある時から時がとまってしまっていたのですが、もともと生きにくさを抱えていて、自分が自分らしさにつながるために、私のもとにきて箱庭を置き続けました。その三年間で三〇回の箱庭の過程をセラピーが終了した後に、光元和憲先生と三木アヤ先生、田中の三名で話しあい、本にして本人にも私たちの語りをうけて思ったことを記してもらったことがありました（光元ほか二〇〇一「『箱庭をおきたい』と訪れた女性の心の変容過程—自分らしさにつながる旅」）。彼女の語りの最後の文章は、心理療法とは何かということの答えを示してくれているように思えるので、以下に転載します。

「箱庭を置くことで自分を表現し、そこに立ち会う他者に受容してもらい、二人三脚で現在のところまでたどりついたのだと思います。自分を知っていこうとすることは、重く逃げられない何かを掴むことになります。でもそれはより自分に近く、深く在る（生きる）ことになり、そして、やはりゆたかであることのように今思っています……

「……私が『待つ＝自分の感覚に届く』ということができるようになるまで、ことばとこころと関係という姿勢で田中先生が支えてくださいました。これからも変わっていく自分、変わらなくていい自分と、両方を味わいながら歩いていくことができたらと願っています」

実はそれから二〇年たつ今でも、彼女はものすごく自分が迷った時には時々相談に見えます。そして「やっぱりこの自分でいいんだ」と座標軸を確認して日常生活に戻ってゆかれます。人はそれぞれ、さまざまなものを背負っています。なぜ、こんなものを背負わされたのか、こんな余計なものがあるせいで自分は不幸なのだ、人生を返せ、といくら嘆いて怒っても、その背負ったものが減ることはありません。そのようななかでどうやって自分らしく生きていくか、という問いを人々は課せられているのです。だからそこに、私たち心理臨床家がていねいに伴走する意味があるのだと思います。

なぜ私は専門用語をつかわないようにしているのか

さいごに、私は本書でできるだけ専門用語を使わずふだん用いていることばで描こうとしています。これは四〇年間一貫してそうしてきた私の姿勢で、これまで書いたどの本でも、セラピーのなかでも事例検討会でもスーパービジョンでもそうしています。

専門用語は便利です。専門用語があるから、私たちはさまざまな心理治療のなかで起こっている力動を捉えて理解したり、そこからの対応を考えたり、その問題を仲間と共有することが容易になります。私は専門用語は必要であり、それ自体を悪いものだとは考えていません。問題はそれを使う専門家の姿勢のほうです。専門用語はある現象をこういう用語で表現しましょうという約束事ですから、「これは投影」「これは抵抗」という表現で説明するとわかりやすいというのが一番の利点です。ケースの話を聞いていて、「いまあなたと患者さんとの間に起こっている、このぐちゃぐちゃした状態はまさに、その患者さんとお母さんとの間でその人が受けて苦しんできたことそのもので、それが写し絵のようにあなたたちの間で今、展開されているのではないかしら」と言ったとしても全然ピンとこないセラピストも、「それって転移じゃない？」というと、「ああ！」と一発で得心がいったような顔をします。

このように、専門用語はその大事な部分に照準を絞るのに役立ちます。今の例だとそのセラピストがいったいなぜ、自分がこんなひどい目にあっているのか、なぜこんなことを言われなければならないのか、ということを、私とあなたというふたりの関係の問題として捉えながら、今のセラピストには苦しみと相手に対する拒否感しかないのだけれども、実際には患者さんの根っこにある大きな問題が写し出された、移ってきたものだと捉えてみたらどうだろう？　というように視点を変えてみる提案となるのです。視点が変わればセラピストはもっと落ち着いて相手のこと、相手との間に起こっていることを考えることができるようになるでしょうから。その意味で効果は絶大です。

でも、そこからこのごちゃごちゃをどのようにほぐしていったらよいかという具体的なアイデアを、専門用語は教えてくれません。そこからはセラピストが自分で考えなければなりません。相手とどのようにこの問題を共有し、一緒に解明してゆくかということがまさにそこからはじまるのです。ですからそこからはふつうのことばで考え、相手とその考えをわかちあうことになるのです。ここからが治療の本番。でも専門用語だけをつかって説明したり考えているセラピストには、ここからのことばがなかなか浮かんでこないように思えます。同じことですが、患者さんとの間でこの問題をわかちあおうとする時には、転移という専門用語は使えません。いえ今、心理臨床はブームですから、その用語を知っている人は大勢います。でも大抵はちょっとかじっただけで、真の意味をきちんと理解しているわけではありません。なのでこれって転移っていうのよ、と相手とことばで共有しても、概念をあてはめるだけでは何も変化をうみだしません。「だから？」とそこから中身にはいってゆけないのです。ですからセラピーの中に専門用語を持ち込んでも、そこから先の道が拓かれてゆくのはむずかしいと思います。

セラピストは、概念を整理したり自分でその治療の力動について理解するためには専門用語を使う一方で、セラピーのなかではできるだけふつうのことばをもちいて理解し、伝えていこうとするといい。そうするとおのずから自分のこころのなかの動きをつかむことがきめ細やかになるし、つかうことばも何倍も豊かになり、富士山のすそ野のように広大なものになってゆくのだろうと思います。自分がつかうことばは育てていこうとすれば、いくらでも育ってゆくものです。逆にこんなものだ、と放置すれば、ことばは育ってはゆきません。この事態を相手に伝えるようにするには、どう言ったらよいだろう？　と考えてうなるから、ことばは細やかになるし、ふえてゆくのです。いいたいことが思うようにことばになるのは簡単なことではありません。でもいいたいことを言えるようになると、自分のこころの細やかな動きも、ことばで捉えることができるようになり、そうするともっと微細な動きもことばでつかめるようにもなるのです。語彙が豊かになるその恩恵を一番うけるのは、もちろんセラピスト自身ですが、同時に患者さんにも役立ちます。相手にとって役に立つセラピストをめざすなら、専門用語はちゃんと学んで覚えるけれども、それをできるだけ使わずに、ふつうのことばで説明するようにしてみる訓練をしてみるとみる世界、みえる世界、そしてわかちあえる世界がぐっと広がってゆくだろうと思います。

第1章

発達相談という心理臨床

発達相談って?!

「ここでダウン症の赤ちゃんたちの発達相談をはじめた先生がいらっしゃるのだけれども、田中さん手伝わない?」とある日突然、院長から声をかけられました。私が花クリニックに勤めはじめて間もない頃のことでした。「え? 発達相談? え? ダウン症?」私は何のことか理解できず、すぐには声もでませんでした。お恥ずかしいことに、ダウン症ってどういう病気なのかすら、当時はまだよくわかっていなかったのですから。

いまではダウン症の子どもたちに対する発達支援は公的支援の対象となっており、全国どこの公的機関でもあたり前のように、無料で受けることができます。でも私が関わりはじめた四十数年前には、諸外国で開発されたプログラムを用いた支援が、日本のなかで先駆的な大学機関によってはじめられたばかり、という状態でした。

ダウン症の子どもには心臓に奇形があったり、感染症にかかりやすいなど、さまざまなからだの問題があります。ですからちょっと古い教科書には、寿命は一〇年ほどと短命であると書かれていて、長い間、教育を受ける対象から外されていました。でも第二次世界大戦後、医療技術の進歩に伴い合併症を治したり改善させることができるようになり、彼らが教育を受けることについても大きく見直されるようになりました。ダウン症の子どもたちは、独特の顔つきやからだの筋肉の緊張が弱いといった特徴があることから、出生とほぼ同時にわかり、染色体検査をすることによって診断が確定します。ほぼ出生直後という、極めて早い時期に診断が確定することから、彼らは一九七〇年代から早期からの発達促進のための働きかけ、いわゆる early intervention の対象として注目され、欧米で積極的にとりくまれるようになりました。それまでほとんど教育を受けられなかった彼らが教育を受けることによってどのように変化するかということは、教育の可能性やその効果を明らかにすることでもあります。それがどれほど研究者たちをワクワクさせたかは想像に難くありません。その結果、これまでダウン症の子どもはこういう発達をして、こうなってゆく、と一昔前の教科書に書いてあった一般的理解が大きく塗り替えられてゆくことになったのです。……と知ったかぶりに書きましたが、これらはもちろん後で知ったことです。花クリニック（以下当院）でダウン症の赤ちゃんとお母さんへの発達相談をはじめたのは丹羽淑子先生で、一九七七年からです。丹羽先生は、ホスピタリズムや stranger anxiety など、乳幼児研究で有名な精神分析学者ルネ・スピッツのところに留学され、スピッツの翻訳をされたり、キャッテル（Cattell, P.）の乳幼児発達検査を、わが国の乳幼児に適用できるように、ＭＣＣベビーテスト（Mother-Child Counseling）という名称で翻訳改訂された発達心理学者のお一人でした。このことはつまり、丹羽先生がいかにきっちりとした発達心理学者であるかということを示しています。丹羽先生は大学を定年退職された後に当院で発達相談をはじめられたという、意欲と熱意にあふれた先生でした。丹羽先生がダウン症の子どもたちの発達支援を目ざされたのは、お孫さんのひとりがダウン症だった、ということによります。

丹羽先生はダウン症の子どもたちがどのような発達をしてゆくのか、まだほとんどわかっていなかった当時、彼らの発達支援をするためには、彼らがどのように発達してゆくのかという、実際の発達の道筋を明らかにすることが不可欠である、と考えました。そうでなければ何をどう援助するとよいかが見えてこないからです。でも、それが明確にわかるまで、目の前で育ちつつあるダウン症の子どもたちに発達支援をしないのは間違いです。彼らは今まさに、現在進行形で成長・発達しているからです。この問題を解決するために先生は親子に毎月来院してもらい、ひとりひとりの彼らの発達の様相を、MCCベビーテストを用いて明らかにしつつ、あわせてその子どもに今、どのような課題をしてもらうとよいかを具体的に提示して家で親御さんにやってきていただき、翌月の来院時に同じように発達チェックをして発達の状態を確認しつつ、次の課題を提示する、ということをくり返してゆく定期的・継続的（基本的には月一回）な発達相談のスタイルを考案し、地道な実践をはじめられたところでした。

このアプローチはともすると、これではすでに子どもの発達を促進させる手を加えているのだから、ダウン症の子どもの正確な発達を捉えたことにはならない、という批判をうけます。ある学会で先生は実際にそう指摘されたことがありました。その時先生は頭から湯気をたてて、「その子が少しでも育つのだったら、少しでも手を貸してあげたほうがいいでしょうに。何のために彼らの発達を捉えようというのでしょう」と憤慨していました。何よりも大事なことは、いま、まさに目の前にいる子どもの発達の困難さを、少しでもへらして伸ばしてあげることです。そのために、誰かがいわゆる統制群として犠牲になるなど、もってのほか。こんなことはあたり前のことです。

MCCベビーテストは生後三〇か月までの課題を扱っていたので、三歳頃までは面接室で座位の姿勢で行い、三歳をすぎて子どもが動くことを求めるようになる頃からはプレイルームでの遊びを中心とした関わりによって、その時点での発達の確認と課題をみつけてゆきました。だいたい出生直後から就学をめぐるさまざまな悩みや問題をくぐりぬけて入学し、小学校にある程度慣れていくあたりで相談は一段落です。以降学校や社会との関わりなどで心理的な問題が起こってきたら、通常の心理相談で対応しました。

しばしば療育の世界では発達相談は心理臨床的支援ではなく発達支援だ、という言い方がなされます。両者がどう違うのか私にはよくわかりませんが、私は、私たちのしてきたことは、間違いなく心理臨床的発達援助だと考えています。発達相談では通常、セラピストが子どもの発達をチェックし、それを親に伝えるということが基本です。相手が赤ちゃんの場合、しかも筋肉の緊張が弱く、みずからが自由に自分のからだを動かすことができない赤ちゃんの場合には、セラピストが赤ちゃんのこころのなかに起こっているであろう情緒や情動の動きを、彼らのからだの動きのなかに読みとるところからはじまります。それは、こちらが相手に対して思いを入れこみ、推測しなければ見えてこないような動きです。相手のことばだけでなく、ことばを発した相手のからだの動きを読み込みながら、こちらの想像力を最大限駆使して理解しようとするのです。そしてこちらが関係と関係性のなかで読みとったものを、意味あるものとして親に伝え、親と子の関係を育ててゆくのです。これは心理臨床と発達心理のまさに交絡する世界です。

セラピストである自分がクライエントを見るまなざしの精度と感度をあげるためには、できる限り細やかに相手の立場にたって捉えようとすることが大事です。そこで、ここでは発達相談を体験してゆくなかで、私がどのようにそのセンスを育てていったかを、できるだけ具体的にお話ししたいと考えます。とはいえ実は、心理相談を専門にしているセラピストにとって子どもの発達の様相などつまらないのではないか、という不安もあります。でも、人間がどのようにして成長してゆくか、からだとこころが、どれほど密接に絡みあいながら育ってゆくのかという実際や、そこに他者のまなざしと働きかけという関係性がいかに不可欠なものであるか、ということにじかに触れてみることは、セラピストとしての成長の糧になると考えます。

発達相談の様相

では以下に、実際にどのように発達検査を用いながら相談を進めていったかを描いてみましょう。

発達相談では、子どもと親御さん、そしてセラピストという三者が同じ部屋で関わる「親子同席治療のスタイル」をとります。赤ちゃんが小さく、まだ分離ができないから、という要因も関係しますが、それ以上に分離させずに一緒に関わることの利益のほうが絶大だからです。利益はセラピストにとってもですが親子双方にとって絶大なのです。

そこで以下、まずは子どもの側の視点から、次にお母さんの側の視点からという順にお話しし、最後に具体的な事例を紹介することとします。いま私は〝お母さん〟と書きました。発達相談には両親がそろって見える場合もたくさんあります。でも家での日常では、お母さんが養育の中心であることがほとんどです。ですのでここではお母さん、という呼び名で描きますが、同時にそれはお父さんも含んで、親御さんを表していると捉えてください。またここでは子どもの発達が、いかにひとつずつ順番に重なって成り立ってゆくかという様相もみていただきたいので、かなり詳細に描くことにしました。

1　子どもの側の視点から

乳幼児のための発達検査としては、現在では新版K式発達検査がもっともよく使われています。四〇年前にもいくつかの乳幼児のための発達検査はありましたが、私たちは、丹羽先生が翻訳されたMCCベビーテストを用いました。MCCベビーテストは、ダウン症の赤ちゃんのためにつくられた検査ではありません。健常な子どもの発達検査として開発されたものです。でも一か月ごとに五課題、あるいは代替えの課題があり、スモールステップにきめ細やかに発達の諸相を追いかけることができる検査で、ダウン症の子どもの育ちをみてゆくのに適していると丹羽先生が判断されました。

赤い輪の魔法

MCCベビーテストの生後二か月の赤ちゃんのための課題として、「水平に動く輪を目で追う」と「垂直に動く輪を目で追う」という項目があります。セラピストが赤いヒモのついたあざやかな赤い色の輪を、ベットの上で仰向けになっている赤ちゃんの目の前でゆっくりと振って、赤ちゃんの視線が輪を捉えることができるように動かすのです。そして赤ちゃんの視線が輪を捉えたら、そのまま視線をぐっとひきつけつつ、ゆっくりと左から右、あるいは反対に、上から下に、そしてその逆にも移動させます。これは、どれくらい赤ちゃんが視線を赤い輪にくっつけていられるかを見るという内容で、やがては端から端まで目でしっかりと輪を追いかけることができることを目ざしています。端から端まで目でしっかり追視できるようになるためには、首が左右、あるいは上下にしっかりと動かすことができることが前提です。でもダウン症の赤ちゃんは筋緊張が弱いために首を自由に動かすことがむずかしい。だから目だけをちょっとだけ動かして、追いかけられなくなると目をさっと離してしまいます。視界から輪がそれたら、もうおしまい。輪はこの世に存在しなくなり、赤ちゃんは輪を追いかけるのをあきらめてしまうのです。

それに対してモノを目でみて追いかけることが自由にできるようになると、あれは何？　これは何？　とモノをもっとよく見たくなり、それに対する好奇心がうまれてきます。だからモノをしっかりと見る能力は、発達の土台中の土台です。最初のうち私は「○○ちゃん、真っ赤な輪っかが、こんにちは、って言ってるよ」など、ニコニコしながら声もあわせて輪を登場させ、上下左右にゆっくりと振って、全身で赤ちゃんの気持ちをひきつけようとしてゆきます。そして赤ちゃんが目を離してしまいそうなところにきたら、ちょっと大げさに輪を振り、「あらあら、輪っかさんが淋しいっていってるよ」など、声をかけつつ赤ちゃんの気持ちを再度ひっぱり、できるだけ端っこ近くまで目で追いかけてもらえるように誘うのです。赤い輪を見ることをほとんどしてくれない赤ちゃん、つまり視線を定位できない赤ちゃんの場合には、私は輪っかよりも大きな自分の顔を赤ちゃんの前にどアップにして、「○○ちゃん、あそびましょ」とやさしいけど大きな声をだしながらにっこりしたり、びっくりした顔をしたり、顔をくしゃくちゃにして笑ってみせたり、ほっぺたをふくらませたりなど、百面相をします。赤い輪よりももっと大きく動く人間の顔は、赤ちゃんにとっては積極的に焦点づけをしなくても容易に見ることができるもの。だから、さまざまに動く顔に楽しげな声で刺激を与えて、赤ちゃんに「何だこれは？」と思ってもらおうとするのです。いわば不思議さという魅力でとりこんで、視線を逃させず、とにかく見てもらおう、そして見続けてもらおうという作戦です。もちろん、このような変化球を加えることなく静かに課題を施行して結果を出すのが、正しい検査のとり方です。でもそれでは視線をあわせることがなかなかしんどく、困難さのある赤ちゃんたちには届きません。だからその周辺に騒々しさを加えることで、赤ちゃんたちの気持ちをひきつけようとするわけです。こういう工夫が大事なのです。

生後一～二か月のダウン症の赤ちゃんは、ある意味で繭のなかにいるような状態にあります。赤ちゃんは、赤い輪をしっかりと見るというより、偶然視線をそこにとめただけだったり、偶然ぼんやりとその周辺に目をやっただけかもしれません。でも何よりも大事なことは、セラピストが、赤ちゃんが赤い輪をみた、と読みとることです。それはいうならばセラピストの思い込みです。セラピストや親たち、外側からの声や仕種、動きなどといった関わりは、繭のなかにいる赤ちゃんにとって、間違いなく騒音という名の刺激です。くり返しくり返し、外側から呼びかけられる刺激は赤ちゃんに何かしら作用し、そこに注目させる動きをひきおこします。ここでセラピストや親との間に相互的な関係をつくるのです。赤ちゃんが赤い輪に視線をあわせると、セラピストや親たちはうれしくなって、より積極的にほめてゆくので、そこに視線をあわせてゆく確率は高くなります。このような外界からの刺激を受けることによって、目でみてモノを追いかけるという力が育ってゆくのです。その意味では、発達を促すために「しかける」のです。

赤い輪に全くのってくれない場合には、たとえば音の出る赤いジャラジャラやラッパを見せる場合もあります。色という視覚と音という聴覚をだきあわせにするのです。視覚的な反応は弱くても、音に対する反応は鋭敏である赤ちゃんもいるからです。大事なのは赤ちゃんの気持ちをひきつける玩具をみつけることの方です。また、このように目で追いかけてもらうことを続けていくと、自然に追視の能力がつくのと同時に、首の筋肉も育ってゆきます。首を上下左右にふって、ものを見ることができれば、赤ちゃんは寝たままでも首を自由に動かして、あちこち見ることができるようになり、赤ちゃんの見る世界がぐっと広がるのです。

先にもお話ししましたが、厳密にその子どものその時の発達を検査するためには、このような私のやり方は間違っていると批判されそうです。「赤い輪そのもの」に対する反応を測定するとしたら、代替えのモノで試すなどもってのほか。でもその子どもがどのくらいの発達状況にあるかを知る一番大きな理由は、その子どもに今、何をどのように手助けしてあげたらよいのか、という具体的なことがわかって適切な援助をうけることができることです。わかるのはそこを越えるため。別のところで援助を受ければいい、ということとは違うでしょう。代替え課題を試してみるなかで、その子どもの特徴や気持ちがのりやすいものやのりにくいものが見えてくること自体も、以降の発達を育ててゆくために有用なのです。

三人で一緒の空間を

この時期の赤ちゃんは診療ベッドの上に横になっていて、その横に親御さんとセラピストがいる、というような位置関係にあります。ですから私が赤ちゃんと関わる時にはお母さんはそれを見ていて、私がお母さんと関わる時には、赤ちゃんはその雰囲気をからだ全体で感じながら、ふたりの声を聞いているということになります。私は常に両者に目をくばり、どちらかがはみださないように気を配ります。もしここで私がお母さんとだけ話し込んでしまったら、赤ちゃんは淋しくなります。逆に私が赤ちゃんにだけのめりこんで、ふたりの世界を享受したら、お母さんがはみだしてしまいます。三角関係とは、誰かひとりをはみださせて二人の世界をつくりだすことで完成するといわれています。放っておくとそうなります。だからこそ、そうしないように意識しようとするのです。ただお母さんがセラピストに深刻な話があって、どうしてもそこにのめりこまなければならない状況になることもあります。その時には赤ちゃんに、「○○ちゃん、いまお母さんがとっても大事なお話をしているので、ちょっと待っててね」とほったらかすことをことばで伝えます。何か言ってもらってはずされる、というのは、わからないうちに静かに無視されるのとは全然違うからです。これは、ごめんね、ちょっとの間ひとりで待っていてね、というメッセージなのです。

ここで、相手は何もわからない赤ちゃんなのだから放っておいて構わない、と捉えるセラピストもいます。もちろん、赤ちゃんが語られていることばの意味内容を正確に理解しているとは私も考えていません。でも彼らはもっと根本にある、その場に流れている雰囲気を的確に読みとります。そこには年齢も知的能力の程度も関係ありません。ですからこれは相手を一人の人としてきちんと対応するということなのです。

からだの張りと精神発達との関係

ダウン症の赤ちゃんの筋緊張が弱いという特徴は、彼らの発達に大きな影響をおよぼします。視線をあるモノにあわせてその視線を長い間維持する、つまりモノをじっと見続けることがむずかしいのも、首のすわりが遅くなるのも、寝返りが遅くなるのも、からだの筋力の緊張が弱いことが一番大きな理由です。自分でからだを保持できるようになるのには時間がかかります。からだの発達がゆっくりだとそれにひっぱられて、精神発達全体もゆっくりになります。というのも、首がしっかりとすわり、座位が可能になるから、座った姿勢で周囲を眺めて観察することができるようになるし、おもちゃで楽しく遊ぶことができるようになるのですから。そうなると、人がしていることにも興味がでてきて、それを眺め真似しようとするようになってゆきます。真似をするなかで、これは覚えておきたいという気持ちが強くなると、それがバネにもなって記憶力が育ってきて、さらには記憶しておいて後で真似する、ということもできるようになってきます。さらにハイハイしたり歩けるようになると、自分が行きたいところに行って、したいことができるようになります。そうすると自分の世界がもっともっと広がってゆきます。ですから赤ちゃんの視線がしっかりとモノに定位し、自分がみたいと思うものをじっくりと見つづけることができるようになることこそ、まずは赤ちゃんの発達の出発点となるわけです。ていねいに見ながら弱いところを少し補ってあげるような働きかけをしてゆくと、その子どもがもっているハードルを低くしてゆくことができます。そうすると子どもたちは前に進みやすくなるのです。

発達課題で母子をつなぐ

赤ちゃんにとって、鮮やかな色の赤い輪は実に魅力的な玩具なので、ほぼ例外なく「チラ見」はしてくれます。でも、なかなか赤い輪の動きと一緒に自分の視線を運んではくれません。微動だにしない赤ちゃんもいます。あるいは数センチくっついて追っかけてくれても、その後ふらふらっと漂うように視線をはずしてしまう赤ちゃんたちもたくさんいます。

ではセラピストとしてどうするか。私は赤ちゃんに赤い輪を見せつつ、同時にお母さんに先に描いた発達の道筋をお話しします。「ほらほらお母さん。〇〇ちゃんはいま、赤い輪っかをちょっとだけ見て、数センチ追いかけてくれています。〇〇ちゃんはからだの張りが弱いけれども、直径五センチのこんな小さいモノを、ちらっと見て、ちょっとでも追いかけることができています。それってとってもすごいことなのです。もうちょっと視線を赤い輪にくっつけていられるようになると、今度はじーっとモノを観察することができるようになります。観察することができるようになると、今度はそこに手を出してつかみたくなります。そうなると、次にはハイハイで移動していったり、歩いていってつかむことができるようになります。そうなると、手の指で玩具をさわり、遊ぶことができるようになってきます。こんなふうに発達って一連の流れがあるのです。だから赤ちゃんが「ちゃんと見る」ことができる、ということは、発達の基本の土台なのです。ですからお母さん、おうちで〇〇ちゃんが目覚めている時に、こういう赤い輪のような本人が見たがりそうなものを使って、毎日少しずつ遊んでもらえますか？」とお願いします。もちろん、これは〇〇ちゃんに解説していることばでもあるのです。

というのもこの時期にはまだ、赤ちゃんはベッドに横になって寝ていることが多いので、お母さんたちはどこでどう関わったらよいか、わからず途方にくれていることが多いのです。たたき起こしてすることではありませんが、パキッと起きていなくても何となく目をあけている時はチャンスです。覚醒の方向に「何かをする」ために、お母さんたちに赤ちゃんにどう関わったらいいか、という手がかりをお伝えするのです。実際のところ、お母さんたちは赤ちゃんが自分たちの目の前でちょっとでも赤い輪を追いかけるのを見ると、さっそく、赤いヒモのついた赤い輪を買ったり、家にあるブレスレットに赤いリボンをつけてみるなど、家で実践してくださる場合がほとんどです。好みの色が違う場合もあるので、いくつかの色で試してみるのもよいでしょう。これは親御さんに「赤ちゃんに対して自分たちができること」をお伝えする、ということでもあるのです。

また毎日、あるいは時々でもお母さんや誰かが、赤い輪をもって現れ、自分に関わってくれるということは、赤ちゃんにとって新鮮な体験であるはずです。しかも毎回同じ輪がでてきて目の前をうろうろされる、ということは、それが嫌なものでなければ気持ちがひっぱられるので、自然に視線が動き、結果として目でモノを追いかけるようになるのです。

赤ちゃんが赤い輪を左端から右端まで、上の方から下の方までしっかりと目で追うことができるようになってくると、今度は私は、赤い輪を赤ちゃんの目の前でまあるく大きな円を描いて、それを目で追いかけてもらう遊びに誘ってゆきます。これは生後三か月の課題です。それができるようになる頃には、まだベッドで仰向きになったままの姿勢ではありますが、赤ちゃんは自分の視線を自分の関心のあるものに定位させて、かなりの間、じっと見るということができるようになってきます。

と次は、その視線でつかんだ赤い輪を自分の手でもって遊ぶ遊びへと誘います。そのために私は、赤い輪を目で追いかけてもらいつつ赤ちゃんの手の近くにもっていって、赤い輪で「遊びましょ」と語りかけ軽くやさしくつつきます。もちろん最初のうちは無視されます。でも私が「輪っかさんが○○ちゃんに遊びましょ」と言いながら、しつこくつんつんと手をつついていると、その赤い輪に対して、そのうち「これはいったい何なんだ?」と、指をもぞもぞとさせる瞬間がやって来ます。これはまだ、「触る」というところまではいっていません。そこで私はさらに、「つるつるしているでしょう。そうそう、おててでもってごらん」など、とにかくその光景をことばでも語りかけながら声としぐさで誘ってゆくと、やがて赤ちゃんは輪をつかみます。これが生後五か月前半の課題です。最初のつかみはたいてい偶然起こり、次の瞬間ぱっと離してしまいます。私はすかさず「そうそう、それが赤い輪よ」とうれしそうに声をかけます。ふたたび私がつんつんとちょっかいをだすことをくり返してゆくと、赤ちゃんが赤い輪に手でふれる機会がふえ、さらに目の前のセラピストもお母さんも、騒々しくそこにいるので、最初は簡単に手放していたのが、ちょっとだけ指に力がはいるようになってゆきます。その瞬間を私ははずさず、そうそう「これは○○ちゃんのものよ!」と声をかけます。先にも言った、自分に語りかけてくる雰囲気は、間違いなく伝わります。こちらが伝わっていると思うから、あちらに伝わっていく、ともいえるでしょう。ことばの周辺にあるさまざまなもの、雰囲気とかニュアンスとか感じとかいうようなものこそが、人と人とのコミュニケーションの根幹になるものなのです。また、発達をのばす仕掛けはこちらがつくるもののそれをいつ、どのように使うかは相手次第。

比較的早くとんとんと進んでくれる赤ちゃんもいる一方、じっくりと時間をかける赤ちゃんもいます。でも必ず「その瞬間」がやってきます。だからこそ「その時」をはずさないようにしつつ待つのです。

さて、このような私と赤ちゃんとのやりとりを、お母さんの目の前でみせることによって、お母さんは私に直接指導されることなく、目でみて盗んでゆくことができます。どういう風に声かけをするか、どういう風に私が赤ちゃんの関心をひっぱってゆくか、赤ちゃんに無視されてこまった時にはどうするかなど、発達相談のための一時間はあっという間にすぎてゆきます。

読みとってくれる他者がいることで

この頃まで赤ちゃんは受け身的に赤い輪と関わっているのですが、やがて世界が大きく展開する「とき」が訪れます。赤い輪をただ触っていた赤ちゃんは、触り続けているうちに握ろうとするようになってゆきます。ここでもまた、私が大げさに「そうそう、にぎにぎよ」と言って赤ちゃんの握ることへの注意を促します。自分がしていることが、何か意味ある、しかもよいことのようだ、という雰囲気を伝えたい。最初は赤ちゃんの胸の上で、赤ちゃんが実際に体感できるように置いておいた赤い輪を、赤ちゃんの胸から少し浮かせた位置にもってゆきます。つまり胸との間に距離がある状態をつくるのです。そこに赤ちゃんの目がむくと、みずから腕をのばして手で赤い輪を握ってひっぱろうとする動きがでてきます。

もちろん空間のなかに浮かんでいる赤い輪を自分の手でつかむということは、とてもむずかしいことです。ですので、最初のうちは赤ちゃんの胸の上においた赤い輪で触ってもらいながら少しずつ、自然に手があがってゆくように輪を浮かせてゆきます。これを繰り返してゆくと、そのうち自分の胸の上一〇センチほど離れた位置にある赤い輪を見て、片手をもじょもじょさせて輪をつかもうとし、輪をつかむ、という動きがでてきます。というか、つかみたい！　という意欲のようなものが赤ちゃんのなかに現れてきます。こうして片手でつかむことができるようになると、次には、左右から両手をあわせて、掴もうとす。こうして片手でつかむことができるようになると、次には、左右から両手をあわせて、掴もうとし、やがてぱっと瞬時に赤い輪をつかむようにもなってゆきます。これはいわば捕獲です。もちろん、このようにして赤い輪を見事にとった時の赤ちゃんの顔は、うれしさで輝いています。

よりこまやかにモノと関われるように

こうして赤ちゃんは、モノを見たいから目でとらえるようになり、手でもちたいから手を動かすようになり、さらに持ち続けたいからしっかりと握るようになってゆきます。赤い輪への興味をもつようになった赤ちゃんには、ラッパやガラガラなど、玩具をすこしずつ増やしてモノに対する興味、関心を誘発してゆきます。こうしてゆくと、好奇心が一層ふくらんでゆきます。モノに対して興味をもつようになった赤ちゃんは、次には五本の指を分化させてモノを操作して遊ぶ段階にはいってゆきます。というのも、最初のうちは五本の指は別々には機能せず、五本が束になって一つの動きをしています。ここで助けになってくれるのは、いくつか穴の開いたボードに、その穴にはいる棒（ペグ）をさすペグボードという玩具です。片手でペグをとろうとするという動きがでてくる、というのがＭＣにおける生後六か月の赤ちゃんの課題です。彼らは最初のうち、まずは一本の棒を五本指全部で握ります。でもくり返し握っているうちに、五本の指はやがてひとまとまりではなく、わかれてきて、親指から人指し指、中指の三本の指で掴むようになり、やがて親指とひとさし指の二本指でつまむことができるようになってゆきます。握る遊びをくり返してゆくと、指の筋力がついてくるので、このように指が分化してくるのです。練習をしないで突然これができるようになる、ということはありません。親指とひとさしでつまむ、というのが手指操作の完成形です。このつまみ方で小粒をとろうとする（生後六か月）、から小粒をとる（生後七カ月）、というようにもっと小さなものもつまめるように発達してゆくように誘います。食べてしまってもよいモノでないと危ないので、そこは要注意。アズキやタマゴボーロなど、赤ちゃんの注意関心をひきつつ、食べて大丈夫だったり、おいしい小さなモノを見つけるのがコツです。このように見てゆくと、発達するというのは、その赤ちゃんの気持ちをひきつける玩具をどのようにこちらが見つけられるか、ということでもあることがわかるでしょう。そのためにいろいろ試してみるのです。

自分の手指が分化すると、自分からより積極的に小さいものをつまもうとするようになり、細かいもので遊ぶことができるようになってゆきます。このように手指が細やかに自分の思うように動くようになるための練習をするには、まだ移動がむずかしい時期が最適です。動き始めてしまうと、自分が動くことに関心がいってしまい、小さなモノでちまちま遊ぶのはつまらなくなってしまうからです。

ふたたび赤い輪にもどりましょう。お座りができるようになり、手指の操作がある程度自由にできるようになった赤ちゃんの目の前の机に、今度はひものついた赤い輪のひもの部分を赤ちゃんの目に前に置きます。私がひもをひっぱって赤い輪を自分の方にひきよせるのを、赤ちゃんはじーっと見ています。繰り返していくと、赤ちゃんもマネをしてひもをひいて輪をとろうとし、ついには取ることができるようになります。これは生後八か月の課題です。この課題は、ただものを掴むのではなく、遠くにある輪をひもをひいてたぐり寄せるということがミソです。目の前にあるヒモをひっぱれば、あのちょっと遠くにある赤い輪を手にいれることができる、というように自分とヒモと赤い輪との間の関係を赤ちゃんがわかってくるということで、問題を解決してゆく能力の育ちです。

もちろんここでマネをさせない、つまりセラピストがデモンストレーションをしない、という選択肢もありますが、私はむしろ積極的にやってみて、マネをしてとりこんでもらうようにしています。そうはしても最初のうちは、ただの偶然でとれるだけです。でもくり返しやってゆくことで、そのカラクリがつかめてきます。と、自分でも意図的にするようになるのです。

丹羽先生（丹羽他、一九八五）は、MCCベビーテストの全部課題一一九を、

第一段階「視覚と聴覚の定位および協応を中心とする感覚知覚領域の発達」（生後二〜四か月）、

第二段階「手指操作領域の発達」（生後四〜八か月）、

第三段階「事物操作模倣領域の発達」（生後八〜一二か月）、

第四段階「問題解決領域の発達」（生後一二〜一八か月）、

第五段階「より高度な洞察的な問題解決および言語の発達」（生後一八か月以降）、

という五つの段階に分類しました。そして第一段階をベースにして第二段階がきて、それを土台として第三段階がくる、というように発達が重層的に育ってゆくことを明らかにしてゆきました。

母子の間にかけるかけ橋

当時私の目の前で展開されていたのは、今までお話ししたような赤い輪による魔法の世界でした。私はこんな風にスモールステップで、親亀の上に子亀がのり、その子亀の上に孫亀がのり……という順番に積み重ねながら発達してゆく、ということは実感を伴ってはわかってはいませんでした。また私は機能訓練（ＰＴ：physical therapy）の先生によるトレーニングにも陪席しました。当時はダウン症の子どもはいずれは歩けるようになるからという理由で、公的支援からはずれていました。陪席をするなかで私は、こういうからだの動きができるようになると、次にどの部位の動きができるようになり、という徹底的な系統的な積み重ねのなかにからだの動きがある、ということもわかってきました。

さて、これまで描いてきた発達の様相は、健常な子どもであれば最初からあたり前のように、加速度的にできるようになってゆくので、私たちおとながその過程を詳細に見ることはまず、不可能です。気がついたら赤ちゃんたちは目で玩具を捉え、そのうち玩具を勝手にいじり、やがてハイハイし、立ってしまうのですから。ところがダウン症の赤ちゃんたちは、ひとつひとつまごまごしてくれるので、私たちは一連の発達の様相を、まるでスローモーションビデオをみるかのように見せてもらうことができるのです。

発達相談に関わるようになって、私はふつうなら見過ごしてしまうような赤ちゃんのちょっとした動きも、彼らからのサインだと「本気で」受けとるようになってゆきました。赤い輪だけでなく、べッドに横になっている赤ちゃんに私が話しかけた時、赤ちゃんの手がちょっとでも握るような動きをすると、私はすぐに「お母さん、いま○○ちゃんがおててで、田中の話を聞いているよと答えてくれましたよ」とすぐさまお母さんに解説します。もちろん、本当のところはわかりません。だからお母さんも「ええ？　ほんとうですか？」と疑心暗鬼。ウソでしょうという響きも感じますし、かすかな期待も感じます。赤ちゃんの手がちょっとでも動いたことを、こちらに対する赤ちゃんの関わりを求める希求性の動きと私が捉えるから、そこにこういう意味が付与されるのです。だから私は赤ちゃんは今、動きで私に教えてくれたと断言するのです。このように、ちょっとした赤ちゃんの仕種でも、そうセラピストにひとつひとつ言われてゆくと、お母さんたちは「まさか？」と思っていた気持ちが「もしかしたら、本当に聞いているのかしら？」「本当に応えようとしているのかしら？」と、そういう気にもなってきます。これもまた、魔法です。「もしそうだったら…、この子は私に応えようとしている！」とお母さんが思うようになってゆくのです。私のねらいはここにあります。赤ちゃんが一生懸命、お母さんやセラピストに応答しようとしている、とこちらが読みとって本気で働きかけるから、赤ちゃんも頑張って動いてくれるようになるのです。このサイクルのなかにお母さんを巻き込んでゆくのです。それによって、お互いに何をどうして関わったらよいか、わからない遠いところにいる母子の間に、関わりあうためのかけ橋をかけるのです。というよりかけ橋を積極的につくるのです。かけ橋がかかればしめたもの。この母子の間の無数のやりとりのなかで、子どもは一歩一歩、着実に発達してゆくのです。その関係を活性化させてゆくことこそがセラピストの役割だと思います。

さて、モノを注視したり追視することでモノをしっかりと見る力が育ち、それができるようになると、目と手がうまく協力しあいながら動く能力が育ってゆき、これによって、モノを実際につかんだり握ったりする手指操作がくり返されると、モノを握りつづけることができるようになります。モノをにぎることができるようになると、意欲もでてきますから、もっといろいろな形のモノをいじり、握りながら探索をくり返し、それによって把握行動が一層分化してゆきます。この段階にはいると、モノの空間における関係を認識することができてきたり、その因果関係がわかってきたり、まわり道の課題を洞察するなど問題解決の能力が育ってゆきます。このように順次系統的につみあがっていく頂点に、言語の発達がのってきます。

こういったことはどの発達の教科書にも書かれています。でもそこにどれほど他者の関与が重要か、他者が影響をおよぼすかという、他者との関係性というダイナミズムが不可欠であり、それが個体の発達を開花させてゆくのだという視点からの記載は、それほど強調されてはいないように思います。子どもが発達するということ、そして子どもの発達を支援するということは、この関係性という視点を抜きにしては語ることはできません。

私たちセラピストは、こころに問題や苦悩を抱えている人の話を聞き、受けとめることを通して、その人がその苦しみをやわらげたり、ひきうけて生きてゆくことができるようにと伴走します。そこに不可欠なのは関係性という視点です。セラピストとクライエントという関係性を軸にものがたりが展開します。それは発達相談も同じです。人はひとりで勝手に育っていくのではありません。親や周囲の他者によるあたたかい関与や関心と、適切な働きかけを受けてその発達が開花してゆくのです。そしてその他者の関係を意味あるものにするためには、「できるだけ細やかに相手のことを見て、理解しようとする」姿勢が不可欠なのです。発達相談で得た関係性に対する理解と、できるだけ細やかにみるという視点は、私が心理臨床家としてさまざまな人の心理相談をしてゆく時に十全に役立ちました。

2　お母さんの側の視点から

ここまで私は赤ちゃんの側に立って、誕生直後からの子どもの発達を、私たちセラピストが積極的に、かつ細やかに読みとることを通して、そこにお母さんをまきこんでゆくという過程をお話ししてきました。ここからは、お母さんの側からこの過程をお話ししてゆきます。

私が発達相談のアシストをはじめた四〇年前にも、特に初回面談の日はご夫婦が一緒に見えることが多かったです。父母が子どもの相談に一緒に来るということは、最近ではわりと見られるようになっていますが、子育ては母親の役割、という理解が強かった当時は、見慣れた光景ではありませんでした。はじめて会った時、多くの場合お父さんはわが子がダウン症であるということについて、医者に言われたことや自分で調べたことを教えてくださり、わからないことはきちんと質問し、落ち着いて冷静に子どもの障碍について理解しようという姿勢が顕著でした。お父さんはお母さんと比べると、子どもは物理的にも心理的に距離がある、ということが関係していたのでしょうが、それだけでなく、この予期も予測もしなかった事態に対して、自分がしっかりと妻を支えなければ、という思いも強かったので、このような姿勢がとられるのではないかと思います。ちなみに子どもに障碍があると、ご夫婦はより緊密な関係になるか、あるいは破綻して離婚になるか、のどちらかになることが多いように思います。このことは、障碍をもつ子どもの養育はお母さんが一人で何とかできるようなものではなく、夫婦で、さらには家族みんなで協力しあっていくことが不可欠である、ということを示していると思います。とはいえお母さんの子どもとの関係は、誰よりも強く深く大きなものです。そこで、ここでは「お母さん」に焦点をあててお話してゆくことにします。

もちろん私自身も、最初からお母さんたちのこころの機微がわかっていたわけではありません。この領域はいわゆる障碍受容というテーマになりますが、当時はまだそれほど光があたっておらず、子どもを発達させるという輝きの影に隠れていました。ですからお母さんたちのこころのあり様についても、子どもの発達の様相の理解と同様、発達相談のなかで関わりながら理解してゆきました。そこで私の理解の推移を、ある程度追いかけることができるように描いてみたいと思います。

穏やかさという不思議な出会い

ダウン症の赤ちゃんをはじめてつれて来られたお母さんたちには、共通した特徴がありました。とにかく穏やかで落ち着いてみえるのです。障碍をもつ子どもを授かったことをめぐって、まるで心理的な混乱などなかったかのように、あるいはすでに混乱をとおり抜けてしっかりと受けとめている、かのような雰囲気なのです。もちろん次のミカちゃんのケースのように、心理的混乱が大きく、こころの動揺を赤裸々に語られるお母さんもいました。でもそれはむしろごく少数のお母さんでした。そして、どのようにこの子を育てたらよいか、教えてくださいという姿勢で相談に見えるということも、多くのお母さんに共通していました。ですから、先の発達相談でお話したような子どもの発達を促進させる提案を具体的にお願いすれば、比較的すんなりとセラピストの提案をうけいれ、次回までに家でやってきてくださっていました。そしてこのお母さんたちの穏やかで落ちついた姿勢は、基本的には継続してゆくのです。

もちろん、この親御さんの姿勢は子どもの発達を育てていくためにはよいのです。でもまだ若輩でかけだしの、かつなまいきなセラピストである私にとって、この立派すぎるお母さんたちの姿は、いやあ母親ってすごいなあ、偉いなあと思う一方、でもこれって無理じゃないか、違うんじゃないかという違和感があり、それをぬぐい去ることができませんでした。お母さんたちは苦しいのではないかと思い、その苦しみを「ない」ことにして子どもの発達促進のために治療同盟をむすぶのはおかしい、という思いがあったのです。でもその一方で、そんなことを考える私は単に人間ができていない、狭いこころの持ち主ではないか、という負い目ももちながら発達相談に携わっていました。私が「〇〇ちゃんがダウン症だと言われた時は、びっくりされましたか」などと能天気に尋ねることは不可能ではなかったと思う一方、当時の私はそれに触れることができませんでした。あとから考えると「お願いだから触らないで」というお母さんからの無言のメッセージを私の無意識が受けとったので、動かないほうがいいと判断したのだろうと思います。この頃の私の内奥の思いをもう少し整理するならば、子どもに障碍があるということがわかったお母さんたちは、いったいどのような心理的体験をされるのだろうか、という疑問であり、多くの人が穏やかで落ち着いた態度をとるのは、いったいどのようなメカニズムが働いているのだろうか、という疑問だったと言えるでしょう。

このような疑問が私のなかにとどまり続けたのには、やはりお母さんたちとの関わりが関係します。例えばお母さんと赤ちゃんが発達相談に通われるようになって、私との間に信頼関係ができてくると、「この子（ダウン症の孫）ができてから実家への帰省を禁じられているの」とか、「いとこの結婚式があるんだけど、私たちは招待してもらえないの」というような話を、帰り際などにふとお母さんがもらされることがありました。これはご実家で誤解や偏見が多く、ダウン症の子どもの誕生を実家で喜んでもらえてはいないどころか、親も子もその存在を「ない」ことにされているという現実です。あるいは、相談が終わって抱っこ紐をしめる手伝いをしている時に、お母さんが「（私がこの子の前で）涙なんか、みせちゃいけないのよね」と語るとき、お母さんは目を潤ませ涙をふいているのです。さらにはふと内奥の苦しい思いの断片を吐露されたあと「こんな話、墓場までもっていくしかないと思っていました。まさか……」などなど。これらは、この人（目の前のセラピスト）には自分の思いをわかってほしい、でもあんまり深追いはして欲しくない、ことさらにとりあげられたら自分がつぶれてしまうし、もし非難などされたら二度と来れなくなってしまうから、というお母さんたちのこころの逡巡が、この帰り際のギリギリの時に現れてくるのではないかと思われました。それほどそういう気持ちを表に出すことは怖いのでしょう。

もちろん、これらは診断告示時のこころの苦悩だけでなく、それ以降の思いも含んでいます。語られている内容は、いずれもお母さんのこころのなかは大変であり、何でもないわけではない、ということにほかなりません。セラピストとの信頼関係が育ってきたからこそ表に現れてきたのでしょう。ですから信頼関係は大事です。でもその前に、私というセラピストが親御さんたちの穏やかさに疑問をもち、その背後にもっと多様なお母さんの複雑な思いがあるに違いないと感じていたからこそ、このようなお母さんたちの情緒の受け皿になれたのではないかとも思います。つまり、もし私が子どもの発達のことだけしか考えず、お母さんのこころのあり様になど関心をもっていなかったら、このようなお母さんたちの思いが表出されることはなかったのではないかと思います。

やがてわが国でもあちこちでダウン症の子どもたちの発達援助が行われるようになってゆき、関係する学会での報告は、どれだけ自分のところの発達援助によってダウン症の子どもが顕著に発達してゆくか、という成果の競いあいとなりました。お母さんたちのこころのいたみに関する報告はほとんどなく、うまくいったら援助者のプログラムの手柄であり、成果がでない場合は親がちゃんとやらないから、というような風潮すらうまれていました。これではだめです。そこでもっと最初の頃のこの表面的な穏やかさの背後にあるお母さんたちのこころの苦悩を自分のために明らかにしたいし、その知見をより広くほかのセラピストとも共有してゆかなければと私は思うようになりました。

インタビューから見えてきた世界

発達相談をはじめて七〜八年ほどたった頃、定期的かつ継続的に発達相談に通ってくて下さっているお母さんたちにお願いして、妊娠したときから現在にいたるまでの間に、お母さんのなかに起きた心理的動揺や変化を自由連想的に語っていただくインタビューに参加していただくという企画をたてました（田中、丹羽一九九〇）（Tanaka & Niwa 一九九一）。そのなかでは特に、妊娠を知った時の気持ちからはじめて子どもを見た時の気持ち、さらにわが子がダウン症であると医者に告知された時のお母さんの気持ちなどを想起して教えていただきました。まず、以下にそのなかのいくつかをあげてみましょう。

「待ち望んだ子どもでした。はじめてこの子の顔をみた時、すごく変。本を見てすぐダウン症だとわかりました。医者に染色体検査をしましょうといわれて、結果がでるまでの待っている間、心臓が普通じゃなかったです。いてもたってもいられない。恐れおののき神経はピリピリしていました。泣いて泣いて泣きました。こんな子にでもお乳をのませなきゃいけないって思ったら嫌だなあと。でも育てなきゃいけないとも思い、絶対母乳で育てようと思いました。顔さえまともだったら……。最初の三か月の間はこの子をつれて死ぬことしか、考えていませんでした。神様の罰があたったのかと思いました」

「自分は高年齢だし、片足にマヒもあったので、障碍者なら絶対に中絶をと思い、妊娠がわかった時に羊水検査を依頼したけれども医者に断られました。出産して子どもの顔をみた時、すぐにダウン症だと確信しました。だからに入院中の病院で『この子つれて死んでやる』と泣きわめきました。そうしたら私だけ先に退院させられました。この子ずっと寝たきりだろう、一生何もできないだろうと思いました。何よりも、頭が遅れていたら生きていけません。だから絶対に嫌でした。最初の二か月間は泣きに泣きました。でも子どもの前では涙を見せまいとも思っていました。だからわらをもすがる思いでここ（当院）に電話したのです」。

「四回流産した後だったので、うむかうまないか迷いました。この子の顔をみた時顔が変で、ダウン症だと確信しました。染色体検査の結果がでるまでの一か月間は生きた心地なく、地獄でした。どうやって育てたらいいかわからず、気力もありませんでした。三か月までは施設にあずけたかったです。一歳の時に心臓の手術をして成功しました。そのときはじめてこの子に悪い親だったなあと。この子の発達をみて脈あるな、手応えあるなと思ったとき、じゃあがんばろうと思ったのです。」

「仕事が大好きだったので、早く産んで早く仕事に戻るつもりでした。ダウン症だと告知されて夫とふたりで呆然としました。もう仕事に戻れない。神の罰だと思いました。だからよけいつらく泣きに泣きました。仕事をすることをあきらめきれず、毎日求人広告ばかり見ていました。嫌でした。でも医者に母親が早く立ち直れば子どもの発達は絶対いいといわれ、無理して無理して立ち直りました。何かしないではいられませんでした」。

このインタビューから見えてきたのはやはり、お母さんたちのこころのなかには壮絶な苦悩があるという事実でした。お母さんたちのあの表面的な穏やかさは、第一には社会的儀礼の現れと捉えることができそうです。その背後には、「語らないこと」や「胸に秘めておいておく」という、わが国で美徳とされている伝統的な考え方が深く影響をおよぼしていると考えられます。でも、この穏やかさはこのような社会的儀礼のせいだけではありません。というのももしそうだったら、セラピストがお願いした発達課題を、そのまま家にもちかえってやってきてくださる、ということなど、起こり得ないと思いますから。

ここには何かカラクリがあるはずです。そこで次に、この問題を考えてみました。しっかりと子どもに障碍があることを受けとめたように見せているお母さんたちは、実際にはそうではない。お母さんたちにとってわが子に障碍があるということは、謎だらけの子どもを授かった、ということになるのだろう。妊娠前や妊娠中にこころの中に思い描いていた子どもとは全然違う。そしてそれはずっと続く。このままでは、自分のなかから育ててゆこうという気力も意欲もでてこない。だけれども、自分が関わらなければ、子どもは間違いなく死んでしまう。だからお母さんたちはおそらく、自分の気持ちはともかくとして、とにかく子どもを育てていこうとするのではないだろうか。そのために邪魔なのは自分の気持ち。そこでお母さんたちは、この「見たくないし考えたくない」「でもとにかく育てなければ」という葛藤に折りあいをつけるために、自分の、特に子どもに対する否定的な気持ちを凍結させてしまうのではないか、という仮説がうかんできました。ここで固めてしまうのは、自分の気持ちであり、子どもに対する情緒的応答性そのものです。固めてしまえば、お母さんは気持ちを動かすことなく、義務として子どもに関わることが可能になります。だからお母さんたちは、セラピストからの提案をすんなりと受けとって、家でとりくんでくださっていたのではないかと考えたのです。これはいってみれば、母子が共に生き延びるための、無意識の工夫としてのお母さんの気持ちの瞬間冷凍、といってもよいでしょう。このようにお母さんが自分の情緒を固めることは、特に初期の頃の緊急対応としては優れた工夫だといえるように思います。

でももしもこの仮説が正しいなら、お母さんたちは誰にも胸の内を語ることができず、気持ちをかためた孤独さのなかにいることになります。だからこそ、お母さんの穏やかさの内奥に私たちにはわかりえないほどのさまざまな思いがあるのだろうと推察しつつ、表面的にはその仮面を崩させないで、「この子にどのように関わったらよいか」という表にでている訴えにまずは対応してゆきつつ、「あんまにひとりで頑張りすぎないでね」という気持ちでお母さんに接してゆくのがお母さんたちを守り支える姿勢になるのではないだろうか、と考えるようになりました。背後でお母さんを守る姿勢をもつことで、表にある子どもの発達を支援しようという構図です。このようなセラピストの思いが、やがてお母さんの凍結した情緒や情緒的応答性を少しずつ解凍させていく力になり、お母さんが自分の情感をとり戻してゆく道を拓いてゆくことにつながるのではないかと考えました。

わが子をひきうけるための知恵として――強い響きをもつふたつのことば

障碍を告知されると、お母さんたちは悲しみや怒り、絶望感、恐れ、不安やあせり、方向喪失感など多様な感情の嵐のなかにまきこまれてゆくことが私たちの分析の結果から見いだされています。その揺れ動く感情のなかで、「こんな子いらない」と子どもの存在を否定しようとする気持ちが起こる一方で、同時に「でも障碍があるのだから、何とかしなくちゃ」という、正反対の強い母性的、保護的な気持ちもわきおこり、両者の間で板ばさみの状態になることが多々あります。そういう時には、子どもに対する拒否的な気持ちをいだく自分に対しても自分のなかで強い嫌悪感や罪責感がわき起こり、お母さんたちのこころのなかは揺れに揺れます。

この時期に実際に起こることは稀ですが、子どもを殺して自分も死のうとする「母子心中を考えた」ということばが、お母さんから語られることがあります。実はこのことばは私との信頼関係ができて以降に「あの頃は……」と後日談として私は聞きます。語られなくても、それほどの思いを胸の内に抱いていらっしゃるのだろう、と感じられる時もありました。これは強く怖い響きをもったことばですが、実際に起こることは滅多にありません。とはいえ、このことばは、文字どおりに受けとめれば、親がわが子を殺して自分も死ぬということを意味しています。

わが国は伝統的に、知的能力に極端に高い価値をおいています。そこにむずかしさがあるということは、その子どもの人生が終わりである、といってしまうほどに深い重みをもっているといっても過言ではありません。いえ、もちろんこんなことは誰も表だっては言いませんし、どこにも書いてありません。でもだからこそ、この偏見が人々のこころの奥深くに棲みつき固定してしまうのでしょう。ダウン症の人は、大なり少なり知的障碍をもっています。そのわが子がどんな人生を歩んでいくのか、自分たち親がどんな人生を歩んでいくのかと考えると、ただただ怖ろしく、挫けてしまいそうなほどに大きな不安が待ち受けている、とお母さんたちが考えたとしても無理ないこと。この子を殺して私もという発想は、「この子と共に生きていくことがむずかしいと思うほどに大変だ」という気持ちの正直な現れ。またわが国は古来より、濃厚な母子一体性を特徴としています。お母さんは子どもの障碍を自分と切り離して考えることがむずかしいのです。自分もこの子も一緒に死のうという発想は、そのような濃厚な母子一体性のなかで自然にうまれてきたものでもあるのでしょう。

もうひとつ強い響きをもったことばとして、お母さんたちは障碍をもった子どもの誕生をしばしば「バチがあたった」と語ります。たとえば、「以前公園にいった時、そこで障碍のある子どもが遊んでいました。その子をみたとき、私は『嫌だな』って思ったんです。きっとそのときのバチがあたったんだと思います」、「道を歩いていて、障碍のある子がいたとき、私は思わず避けたんです。今回のことはそのバチがあたったんだと思います」というような内容です。バチがあたったということは、よからぬことが起こったということで、なぜそれが起こったかというと、自分がよからぬことを考えたから、そのバチがあたった、という筋です。これはつらいことばです。でもこの文脈は最終的には、「自分のせいなのだから仕方ない、育てよう」ということになるのです。つまりお母さんたちは自分に課せられた運命として受けとめることによって、自分の気持ちを子育ての方向にむけてゆこうとするのです。これはすさまじい逆転の発想です。お母さんたちはこのように、徹底的に自分との関係のなかで子どもに障碍があることを捉えてゆくのです。

わが国では昔から災難に出会うと天罰があたったと受けとめ、逃れられない運命と捉え、あきらめる、という運命論的自然主義（南、一九八三）の考え方があります。私たち日本人は「自分の身にふりかかったことは、とりあえず受けとめていこう」とする受け身的な心性をもっています。それは日本人の無意識のなかに深く根ざした、自然の流れに添おうとするジネンという考え方です。現代は科学技術の進歩によって人工的に子どもをつくることができ、ものの考え方も価値観もすっかり西洋的な合理主義をとりこんで身につけ、生活しています。でも、このようにわが身に信じられないような衝撃的な出来事がふりかかると、このように古来から私たち日本人を底辺で支え続けてきた「運命として うけとめ、あきらめることによってひきうける」という心理機制がおのずからはたらきだすということを、このことは示しています。わが国の人々を遥か昔から支えてきた、わが子をひきうけるための知恵です。この「あきらめる」というのは、けっして消極的かつ否定的な姿勢ではありません。むしろ絶対的に受け身であるという意味で逆に、たくましく、腹のすわった姿勢なのだと思います。

とはいえ、お母さんたちがこのように障碍をもつ子どもを授かったことを、母子心中ということばを思い浮かべ、バチがあたったと受けとめ、逃れられない運命として一生担っていく悲しみの十字架として子育てをはじめてゆくということは、あまり発達相談を担うセラピストには共有されてはいないように感じます。

この問題を考えていくとき、欧米のダウン症の子どものお母さんたちとの違いが参考になります。エムディ（Emde, R., 1978）は診断告知による心理的衝撃からの立ち直りのためには、「母親たちが十分に悲しみの感情を出し切るのを援助すること」が必要であると述べています。当院の発達相談にも、例数は少ないもののアメリカやフランスのダウン症の子どものお母さんたちが来室されることがありました。その少ない経験のなかでも、彼らは最初の数か月の間は日本のお母さんたちとは違って感情を露わにし、嘆き悲しむ方が多かったです。いってみれば「感情を出しきるかのように悲しみ抜く」のです。そしてあたかも泣ききってしまったように、二～三か月たつと別人のように穏やかになって、自分が子どもにどのように対応したらよいか、機能訓練や言語訓練のためにどのような機関があるのか、などの情報や機関を積極的に探してゆくのです。しかしこのように立ち直ったかにみえるお母さんたちは、次に子どもの視線があいにくかったり、微笑反応が弱いことなどから再び悲嘆を感じ、それが次の心理的衝撃となってくるとエムディは語ります。これらの体験をへることで欧米のお母さんたちは障碍は嫌だけれどもこの子は可愛い、というように両者をくっきりとわけて考える合理的思考によって、子どもを育てることができるようになると言っています。このように欧米における心理的過程とはわが国のお母さんたちの心理的衝撃に対する受けとめ方は、ずいぶん違うのです。

気持ちのかたまりが溶けてゆくように

障碍をもつ子どものお母さんへの心理相談として当時行われていたのは、いわゆる話をきくカウンセリングだったように思います。でも「大変ですね」「おつらいでしょう」と何万回セラピストに言われたところで、お母さんたちのこころの苦悩や傷みが変わるものでも減るものでもありません。たしかに。一度は誰かに、たいへんなことですね、と言ってもらって受けとめてもらえる体験は有用です。しかし何度言ってもらっても、それによって子どもの状態が変化するとか、自分に何かできることが見えてくるわけでもなければ、わが子が変わってゆくわけでもありません。ですから、そういうねぎらいだけを与えてくれる場に行った親御さんたちは、やがて、静かにその支援の場から立ち去ってゆくのでした。

では一体、このような子どもの親御さんたちを精神的に支えるためには、何が必要なのでしょうか。それはまず、どうしたら「孤軍奮闘」から「(セラピストも)一緒に」というイメージをもってもらえるような関わりが可能になるのか、ということでしょう。そのことを模索しながら発達相談を続けてゆきました。答えはおのずから見えてきました。わかってみればあたり前のことです。それはダウン症の親御さんにとっては「わが子がそれなりに成長してゆく」という事実です。

その決して平坦でも簡単でもない道のりを、どのように一緒に歩んでゆけるか、ということがセラピストの課題なのだと思います。どれだけゆっくりでも、それなりに先が見えてくる、あるいは見えてくるように感じられること、そのこと以上に親が安心できることはありません。それが、お母さんがかためてしまった情緒や情緒的応答性を解凍させる起爆剤になるのです。

　具体的には次のようなお母さんのことばが理解するためのヒントを与えてくれます。来所当初、すでに子どもに障碍があることを受けとめているように見えていたあるお母さん。しばらくたって次のように語ってくださいました。「ここに通いはじめた頃は、子どもの顔をみるのもつらく、嫌で嫌で、どうしてあげたらいいかなど、考える余裕もありませんでした。ですからここに来て、ああするといい、こうするといい、といわれたことを、ただ指示どおりやっていました。それはものすごく助かりました。何かを言ってもらわなければ、自分は何もできなかったからです。でも、子どもが一歳をすぎて、自分であれこれ見たり動いたりしているのをみるようになった頃、ああこの子育っているんだなあ、と実感し、いままで悪いことをしちゃったな、これからはもっとちゃんとみてあげよう、って思うようになりました」と。

　これはつまり、子どもがゆっくりながらもしっかりと発達しているという事実、そしてそこにお母さん自身もそれなりに助力してきたのだという事実が、あらためてお母さんのこころをわが子にむけさせる原動力になり、お母さんを支えてゆくということです。言ってみれば、子どもによって世界の果てにつきおとされ、あらためてその子によって救われてゆくのです。お母さんが子どもの成長に期待を抱き、夢を描くことができるようになれば、お母さんの最初の頃の瞬間にかためてしまって凍結させていた気持ちも情緒的応答性も、自然に溶けてゆくことが可能です。このようにお母さんたちのこころのなかには、情緒の凍結と解凍という、ふたつの過程があるのです。

　凍結させると苦しい思いは感じなくてすみますが、同時に楽しい喜びの感情も感じることができません。だから徐々に解凍してゆくことでお母さんのこころが回復してゆくのです。そのためにはセラピストがお母さんの気持ち、情緒的応答性の解凍を急がせないように慎重につきあうことが必要です。その解凍のテンポはお母さんのこころの回復のテンポに同調させます。そのために必要なのは「時間」です。時の治癒力を味方につけます。セラピストが自分のペースで急いでしまうと、お母さんは一層傷つき、より深く凍結した状態を持続させることになるのです。

過剰にいれこむ時期もきて

相談開始当初、固めたお母さんの子どもにむける気持ちは、子どもがそれなりに育ってくるに伴い、徐々に溶けてゆきます。それは、そのままだと潜伏したままになっていた子どもの発達可能性が開花してくることであり、次第にお母さんたちのなかに「うちの子も健康な子どもと同じように発達するかもしれない」という期待や夢がうまれ、そこに挑戦しようとする意欲がわいてくるのです。これは子どもの知的発達に対して希望の光がみえてくるということでもあります。そこに向けてお母さんたちの子育てに対するのめりこみが起こってくる、つまり子育てに対する過剰ないれこみが起こるのです。このように子どもに対する気持ちを控える動きと、その反動ともいえるこのような過剰ないれこみは、たいていセットで訪れます。

ところで、アメリカをはじめとして世界各国で一九七〇年代から積極的に開始された、早期からの発達促進のための働きかけにおいて、一九七〇年代には infant curriculum model がつくられ、そのモデルを専門家が子どもに直接教えるという方法がとられてきました（Bromwich, R.M., 1990）。ついで専門家が両親に一定の体系化された方法を教示し、両親が子どもに関わるという parent-as teacher model がつくられました。でもこれらのプログラムは、子どもに刺激を与えれば与えるほど、子どもがよく発達する、という考え方を親たちに信じこませる、という問題をうみだしました。そうなると、両親を期待過剰にさせ、障碍のある子どもたちを正常にしようとする努力の両親にしいてしまう、ということがわかってきたのです。

さらにこの刺激を与えれば与えるほど子どもは育ってゆく、という思いこみは、結局のところ、わが子から送られる信号を両親がよみとる感受性を損なわせる危険がある、ということが、乳幼児世界精神医学の領域から提言されました（field, T.M. 1990）。これらの試行錯誤をへて現在では、乳児の示す信号や手がかりに対する両親の感受性や応答性は、初期の母子愛着関係の形成や母子の相互作用の発達にとってきわめて重要なものである、ということが了解されるようになりました。子どもの精神発達が促進されるということは大事なことですが、それは、親子の互恵的な関わりあってこそのことなのです。こうして、母子の相互作用の質が子どもの発達に深い影響をおよぼす、ということが明らかになってきて、現代では母子の相互作用の質に注目し、その質を高めるための親−乳幼児相互作用モデル（parent-infamt interaction model）が重要である、という理解が主軸となってきたのです。

お母さんの子育てへの過剰なのめりこみは、お母さんが子どもを見る目をくもらせてしまう危険があります。でも私は特にわが国では、お母さんたちが、子どもの能力を正常にしたいという願いを抱かずに、わが子を受けとめるということは、むずかしいのではないかと考えます。そこで私はのめりこみの時期を最大活用する工夫を考えました。

具体的にはお母さんが子どもの成長に過度に関心を抱いているこの時期に、ゆっくりながらも確実に成長しているわが子の様子を、きめ細やかにお母さんに伝え、それを通して、お母さんの子どもをしっかりと見る目を育ててゆく、ということです。まず「わが子は正常になるかもしれない」という期待を、「子どもの発達可能性をできるだけひきだしましょう」と言い換えて共有します。次に、セラピストを含む三者の相互的関係のなかで、子どもの発達を促進させるためには、こちらから子どもに一方的に刺激を与えるよりも、子どもからの反応にこちらが気づき、それに応対してゆく、という方向性で関わるほうが、はるかに子どもが育ってゆく、という一見受け身にみえる積極的な関わりの姿勢を相談のなかで見せてゆきます。知的な発達を育てながらも、彼らはことばを表出する力はゆっくりだけれども、理解する力の障碍は比較的軽いことや、豊かな感受性ややさしいこころをもっていること、だからこそ傷つきやすく、そのために劣等感を抱きやすく、失敗を避けようとするような行動もとる、というようなことなど、その子の全体としての持ち味にも注意をむけるように誘います。そうしてゆくと、彼らのほうが健常な子どもよりも豊かな感性ややさしいデリケートな気持ちをもっており、人にびっくりするくらいやさしくあたたかいこころをもっている、というようなその子の姿が見えてくるのです。

このような過程をへてゆくと、母子の間に緊密な愛着の関係が育ってゆき、お母さんが子どもの優れた面を知り、「その子なりに発達してゆく」ことを喜ぶことができるようになってゆきます。そして障碍があることは健常な子どもに劣るということではないことや、知的な発達だけが人間の価値を決めるのではない、というような、あたり前だけれども、しばしば私たちが忘れてしまう大事なことに気づいてゆくのです。そうするためには、この親の子どもへの「のめりこみ」の時期を活用することがもっとも有効です。さらにこの過程を同伴することは、私たちセラピスト自身のもつ人間観をも、より深めてくれるものでもあると考えます。

自分に期待したりがっかりしたりをくり返し……

しかしこのお母さんの「のめりこみ」によって勢いづいた子どもの発達は、やがてそのスピードを徐々に落としてゆきます。個人差はあるものの、どのように頑張っても、いわゆる健常な子どもと同じように発達してゆくわけではなく、できないことも苦手なこともあるし、知的な困難さもなくなるわけではない、という事実にあらためて直面することになります。このときお母さんは「やっぱり健常な子どものようにはならないんだ」とがっかりします。あるお母さんは「一歳までは本に書いてあるよりこの子の成長がよかったので、大丈夫と思っていたのに、一歳をすぎて周囲と比べてやっぱり遅れている」ということを実感して、自分のなかに障碍に対するこだわりが再燃してきた、と語っています。

親がわが子に抱く期待のなかには壊れるものもあり、特に健常な子どもになれるかもしれないという期待はほとんどの場合、壊れます。でも同時に、親が子どもをじっくり見ることで育ってきた夢のなかには、かなうものもあるはずです。私は知的障碍の有無に関わらず、親が子どもに何かしら夢や希望を抱くことなく、子育てなどできるものではないと考えています。夢を抱くから、子育てという大変だけども味わい深いいとなみをやり抜くことができると考えているからです。さらには、最初から夢を抱くことをあきらめてしまったら、壊れるがっかり感を味わわずにすむ一方、かなうかもしれない夢をつくることもできません。私たちは夢や期待によって支えられているのです。

子どもは親の夢や期待を受けて育ち、やがてその親の夢を壊して自分の夢にむきあって生きてゆくことが心理的な課題となります（田中、二〇〇〇）。これが心理的自立で、通常思春期から青年期にかけて起こります。一方知的障碍のある子どもの場合には、生後数年のなかで最初の親の夢壊しが起こり、彼らの思春期から青年期は障碍のない子どもよりゆっくり訪れるので、二〇歳をすぎた頃に再び親の期待や思いとの違いが明らかになる、心理的な自立の時期が訪れることが多いように思います。これはつまり、子どもに夢を抱き夢を託すことと夢を壊されること、の双方が親の仕事だということです。

とはいえ、子どもの側にも同じことが起こります。成長していく過程で彼らは何かを達成できないとき、自分自身に失望します。でもまた立ち直り、みずからの可能性に挑戦してゆきます。ささやかな挑戦とささやかな失敗もあれば、大きな挑戦と大きな失敗もあるでしょう。外からは見えにくいものの、彼らの挑戦は、学校でも家庭でもくり返し起こっているはず。無数にくり返されるこの過程のなかで、子ども自身が成長してゆき、同時に彼らの達成感も挫折感も、精神的なたくましさも精神的なもろさも、あわさりながら育ってゆくのだと思います。子どもも親も共に自分を生きるということは、知的障碍の有無に関係なく自分が自分に、あるいは親が子どもに期待をかけ、その期待が叶ったり叶わなかったりする、という体験をくり返すということである、といえるように思います。だからこそ、早い時期に期待が叶わないという心理的衝撃が訪れる知的障碍のある子どもの親子関係においいて、セラピストという第三者が横にいて、そのスタート地点からの一時《ひととき》を、苦しみも喜びも悲しみも悔しさも共にわかちあいながら歩んでゆく過程を伴走することが、彼らが自分をつくり、それぞれの味わい深い人生を生きてゆくことへの支えや励ましになるのではないかと考えます。ひとりじゃない、誰かと共にいる、誰かがしっかり見ていてくれるという感覚は、人を底辺から支えると考えるからです。生きるということはそういうことで、障碍の有無にかかわらず、私たちみんなに共通する人生のテーマです。そう考えてゆくと、発達支援という相談は、人がどのように自分の人生のある部分をあきらめたりあきらめないで紡いでゆきながら、自分自身になってゆくかということへの伴走であり、人を下支えする関わりなのだと考えます。

3 ミカちゃんとお母さんのケースから

では次に、私が担当したミカちゃん（仮名）とお母さんのケースから、まず第一に子どもとお母さんとの間の相互作用が活性化することでどのように子どもの発達が促され、お母さんも育っていったか、第二にその過程を通して、お母さんが障碍をもつ子どもを授かったことを、どのように自分のなかでひきうけていったか、第三に子どもを授かったことでお母さんの家族との関係がどのように変化していったか、という三つの視点から私との関わりをお話ししたいと思います。このケースはミカちゃんが生後三か月から七歳六か月までの間に五五回の発達相談を、さらにミカちゃんが一歳時と五歳時に、お母さんにインタビューをしています。その詳細は世界乳幼児精神医学会で報告（Tanaka &

Niwa, 1992)、論考化し(Tanaka & Niwa, 1994)、第一、第二の部分を中心に私の著書(田中、一九九三)にも描きました。このケースをあらためてとりあげた理由は、発表原稿や当時のメモ、記録が私の手元に残っていたので、ケースの流れにそいながら、その時自分が思ったことや感じたこと、後になって考えるようになったことをていねいに描くことができると考えたためです。さらに、ケースのなかで描くと生き生きと伝わると思った部分は、これまでお話ししたことと重複してもあえて書きました。

はじめて会った時のお母さん

私がミカちゃんとお母さんにはじめてお目にかかったのは、ミカちゃんが生後三か月目にはいった時でした。今から三〇年ほど前のことです。お母さんから予約の申し込みの電話がはいったのは、ミカちゃんが生後一か月という非常に早い時でしたが、予約が混んでいたために、二か月待っていただきました。お母さんは、面接室にはいってまどろんでいるミカちゃんをベッドに寝かせると、それこそ待ちに待っていたのでしょう。勢い込んで話されました。その話をまとめると、以下のようになります。

「私は妊娠がわかったとき、初産でしかも四〇歳をすぎた高齢でした。それでダウン症の子どもがうまれるのではないかと不安で、お医者さんに羊水検査をして欲しいと頼みました。でもお医者さんにはそのとき、『必要ありません』と言って断わられました。そのうち胎動が聞こえてきました。胎動が聞こえてきたら、もう……うむこと以外考えられなくなりました。生まれた時には泣き声が聞こえたし、体重も三三九〇gと普通にあったので、ああ大丈夫だ（ダウン症じゃないんだ）って思いました。でも病院は一週間も子どもに会わせてくれず、その理由も何も教えてくれませんでした。

一週間たってはじめて子どもを見ました。目が変で抱くとぐにゃぐにゃ、すぐにダウン症だとわかりました。というより、そうとしか考えられませんでした。でもお医者さんはまだ、『心配ありません。大丈夫です』とごまかすのです。それで『うそ！　この子つれて死んでやる』と錯乱状態になりました。病院は私が本当にそうするのではないかと思ったのでしょう。鎮静剤を打たれて二日後に私ひとりだけが先に退院させられました。ミカは染色体検査をするということで一か月間入院させられました。私が本当にこの娘を殺すんじゃないかって心配だったのでしょう。でもそんなこと……。本当にあそこはひどい病院でした。

私は手足にマヒがあります。それだけでも生きてくるのが大変でした。私の病気は先天的なものだったので、親は早い時期から訓練に通わせ、私が自立できるようにと手に職をもたせてくれました。だからいま、私は専門職についています。でも、頭が遅れていたらとてもこの日本のなかで生きてゆけません。だから、ダウン症なんてどうしてもいやでした。以前公園でダウン症の子をみたことがあって、ああいう子は嫌だなと思った、そのバチがあたったと感じました。この子は一生寝たきりだろう、何もできないだろうと泣きに泣きました。この子を殺して自分も死のうとすら、何度も考えました。病院のお医者さんは、私にダウン症について何も教えてくれませんでした。オッパイをあげなくちゃと思い、でもあげたくないとも思い……でもその時、すぐに病院の保健婦さんが『だからこそ、お母さん頑張りなさい』といって励ましてくれて、母乳で育てるのがよいからと、私の出ないオッパイをもんでくれて、ここ（当院）を紹介してくれたんです。だから私は、ミカが退院するまでの一か月間、オッパイを絞って冷凍しました。でも自分ではどうしてもあの病院には行けません。あの子の顔を見ると気持ちがくじけそうだし、あのお医者さんの顔も見たくないし。それで主人に頼んで、会社に行く前に毎朝病院に寄って届けてもらったのです」。

私が感じ、考えたこと

とにかく堰を切ったように一気に語られるお母さん。この二か月間をどれほど長く待っていらっしゃったかということが、ここからも伝わります。私は彼女の話を、診療ベットに寝かせたミカちゃんにタオルケットをかけ、そのタオルケットに自分の手を置いて、あなたのことを聞いているのよ、という雰囲気を出しつつ、目とからだはお母さんのほうにむけて、一言も聞き漏らすまいと一生懸命、耳を傾けました。まだ心理臨床の道にはいって数年にしかならない若造の自分です。目の前で語られている話を、まるでわかったのように聞くなどいう芸当はあまりにウソっぽくてできません。それでも私のなかにある、このお母さんの語りを聴こうという意欲と熱意は誰にも負けません。そんな思いでこのとき、私はミカちゃんとお母さんに会っていました。

ご自身も手足に若干のマヒがあって苦労されてこられたということや、高齢出産ということからも、もしも知的な障碍のある子どもがうまれたら、わが子がどれほど苦労して生きていかなければならないか、ということを一番よくわかっているからこそ、医者に羊水検査を依頼した。それなのに医者はまったくそういう配慮をしてくれず、いい加減なことを言ってごまかし、さらにうまれた時も適当なことを言ってごまかした、そういう医者の誠意のない態度をこのときお母さんは心底怒って語っていました。このお医者さんが検査についても赤ちゃんをみた時にも、どういうつもりで言ったのか、私にはわかりません。ただ現在よりも当時は、羊水検査をするということをめぐる医者の態度は、今よりもはるかに冷ややかで否定的、直接ことばには出さないものの、羊水検査を依頼するような親はまるで人でなしだと言いたげな雰囲気がありありでした。これは後に、私が出生前診断をめぐるインタビューをとったときに、複数のお母さんたちが共通して語っていらっしゃったことです。私がこのお母さんの立場だったら、やはりどうにもならない怒りに身を震わせるに違いないと思いながら、その時お母さんの話を聞いていました。そしてお腹のなかにあるこういった感情を未熟な私にごまかさず、まっすぐに私の目をみて語るお母さんを、私は正直な人だな、好きだなあと思いました。

この時のお母さんは、障碍がある子どもが生まれる可能性を回避できたはずなのに、医者のせいでできなかった苦悩を語っています。でも同時に、お母さんは正反対のことも静かに、しかししっかりと語っています。まず、お母さんが胎動が聞こえてきたら、もうその後の「……」（空白）は、あとで語っているように「堕ろすなんてもう考えられなかった」という意味が含まれていると考えられます。さらに子どもに障碍があるとわかった瞬間、お母さんは母子心中をすら考えると言っている一方で、医者や保健婦さんに助言を求め、何とかオッパイで育てようとし、ミカちゃんのために夫に冷凍した母乳を運んでもらい、さらにここ（相談機関）に来よう、とまっすぐに動いています。当時でも生後一か月の段階で、相談を申し込まれる親御さんはそんなに多くありません。何とかしなくちゃという強い思いに動かされてのことでしょう。そこには子どもに対する、さらには子どもをめぐって当惑する自分の思いはたくさんあるものの、それはそれとして、すでにまっすぐに前をむいて歩こうとしているお母さんであることが現れています。さらにお母さんの母子心中を考えた思いのなかに、ご自身に軽度の障碍があったために、おそらくは知的障碍をもつであろう、この子が生きてゆくことへの幾重もの困難さを誰よりもよくわかっているからこその苦しみ、という文脈も含まれているでしょう。お母さんの胸の内にはこのような複雑な感情が交絡していたと考えられます。

アンビバレンスの共有のために―セラピストが自分のなかの漠然とした思いをことばにする練習を

ミカちゃんのお母さんはこの時、すでに子どもをひきうけて生きようという姿勢をもっていました。ミカちゃんのお母さん同様、とんでもないことを考える自分が苦しくて、その迷路から抜けだせないでいるお母さんに、私は次のように語ることがあります。「多くのお母さんたちから、私は同じような苦しみを聴いています。……お母さんのこころのなかには、たくさんの自分がバラバラにいるのではないかしら。何とか頑張らなくちゃと思う自分がいる。とんでもないことを考えてしまう自分もいる。そんな自分を恐ろしいと感じる自分もいて、そんな自分に嫌悪感をいだく自分もいる……こんな自分は誰にも見せられない。ひとりで頑張らないとって思う反面、投げ出してしまいたい自分もいる、のではないかしら？　お母さん、どのお母さんたちもみな、ここからスタートするようですよ」と。

また、アンビバレントな思いを抱える能力が育っていくためには、長い時間がかかります。ですから「みな、この苦しみからスタートして、だんだんに自分のなかの複雑さを抱えられるようになってゆくようです」ということもお母さんに伝えておくと、自由に惑うことを許されるので、安心してセラピストの前で何度でも気持ちを語ることができるようになります。自分のなかでこのようなくり返しをくり返すことによって、お母さんのアンビバレンスを抱える能力は少しずつ育ってゆくのだと思います。

ちなみに私はこういうことをこういう場面で言おう、と前もって作文しておいてそれを語っているわけではありません。ほかの誰にでもあてはまるようなことばには、いのちがこもっていないので、相手のこころには響きません。でもここ一番、セラピストとして大事な瞬間にただ黙っているのではなく、自分の内奥に渦巻いている思いを、何とかことばにして相手に届けたいといつも考えています。もちろん語らずともこころとこころ、ということはあるとしても、それに全面的に依存するのではなく未完成で荒っぽくても、こちらの思いを自分のことばで伝えたい。それがお母さんがこの複雑さのなかを生きのびてゆくための、確かな支えと抱えを提供すると考えるからです。

肝心な時ほど、自分の思いはことばになりにくいものです。だから私はふだんから自分のなかにわきおこる気持ちを、ことばにおきかけてつかまえる訓練を自分に課して練習するようにしています。具体的には、その時うまく対応できなかったケースのその部分をとりだして、そのとき自分が何を感じたり考えていたか、さらにはそれをどうことばにしたらよいかを、とにかく思いついたらすぐにメモ帳になぐり書きするのです。メモ帳は私のカバンのなかにも、枕もとにもあちこちにおいてありま す。駅での待ち時間や電車に乗っている間、道を歩いている間、台所で野菜を切っている間など、ちょっとでも頭が自由になるときには、頭の中で転がしながら考えます。最初のうちは、がっかりするほどうでもいいような、つまらないことばしか浮かびません。でもそこでやめたらそこ止まり。とにかくダサくてもヤボくてもメモに書くのです。と次にはそこを手がかりとしてもうすこしマシなことばが浮かんできます。その添削をくり返してゆくのです。そのうち、自分のなかに漠然としかなかった自分の思いが、「これだ」「これでいい」と思うことばにまで変わってゆくのです。私はおそらく五〜六年の間は、集中的に徹底的にこれをしました。もちろん今でもしています。もちろんまだまだではありますが、この訓練によって、自分の漠とした思いをある程度はことばでつかめるようになってきたと思います。そうなると、心理相談をしているまさに「その時」、ことばが浮かんでくるのです。むこうからやってくるのです。黙って何もしなければ、上達はありえません。心理臨床は一生自分で自分を鍛えるものです。ちなみに、先のお母さんに伝える例文は、別のお母さんとの関わりのなかでうまれました。ひとつ型ができると、相手とのその時の関係や状況で柔軟に変えて伝えることばがうまれてきます。だからそれが、いきたメッセージになって相手に届くのだと思います。

子どもが親の話を聞くことをめぐって

ここでもうひとつ大事なことがあります。お母さんが心理相談のなかで自分の心情を私に語ることばは、ミカちゃん本人も聞いています。いくら生後三か月でことばをもたないから、あるいは半分眠り込んでいるからといっても、その雰囲気はちゃんと子どもに伝わっている、と私自身も当時から思っていました。でも私はこのとき、お母さんに「ミカちゃんが聞いているからお話しはやめましょう」と、話をとめる気持ちにはなりませんでした。そういう小手先のことでどうにかなる問題だとは思っていなかったからです。とはいえ、どのように理解していったらよいのか、ひっかかっていました。次第に次のように考えるようになりました。

ふだんお母さんが子どもに対して抱く感情は、ことばによってだけではなく、非言語のレベルで子どもに伝わっていると考えたほうが自然です。しかもことばで伝達されるものよりも、雰囲気として伝わるもののほうが確かです。子どもはことばで表現されるものに惑わされずに相手の本心、どのように自分のことを思っているかを本能的、直感的に感じとることができるからです。わかってしまう、ということです。そう考えていくとミカちゃんは、日常的にお母さんの自分に向けている否定的な感情も肯定的な感情も、ともに「あるもの」として受けとり、生活しているということになります。

だとしたら、相談場面でだけ「ないこと」にしようとするのは、いったい誰に対するどういう配慮なのか、ということが問題になります。こういう否定的なことばを聞きたくないのは、実はそういう場に立ち会いたくないセラピスト、なのだと思います。とはいえ、いくら家で日常的に触れているとはいえ、治療場面で語られるからには、そこに何かしらの治療的意味を加えたいものです。具体的にはそれをお母さんが語り、子どもがセラピストの目の前で聞くことによって、よい方向への変化がうまれるということです。

私はこのようなとき、目の前で言語化された子どもに対する否定的な母親の感情を、セラピストとして自分もそこにいて共有し、そう語らざるを得ないお母さんのこころの苦しみを私も一生懸命受けとめようとしながら聞こうとします。もちろん、簡単に受けとめられるものではありません。でもお母さんが語っているのは、通常誰にも言えないような内容です。どこにも表出されない自分の思いは、こころの奥深くに強く固く根をはり、へばりついて存在するようになります。そうなると親は子どもに対する否定的な気持ちを一生背負ったまま、生きてゆかなければなりません。ここで、語りの受け手である私は、このお母さんを否定する気持ちで聞いてはいません。お母さんのこころの苦しさはまっとうなもの、だけれども、それはものすごくつらいことでしょう、という理解をこめて受けとめようとしてゆきます。この子どもに対するお母さん自身も受けとめがたい感情を、お母さん一人ではなく、せめてふたりで抱えようとするのです。このようにしてふたりの間で共有された感情は、はじめて「あるもの」であり「あってもよいもの」になる、つまり「存在しているもの」へと変わってゆくのだろうと思います。というのもそれは本来、「あっても無理ない、自然な感情」なのですから。だからまず、それをセラピストが聞くことによってその道をつくるのです。

そしてそうやって聞いていくと、お母さんのこころの奥にある別の思い、つまり「でも、だからこそ育てなければ」「でも、だからこそ育ててあげたい」という、あたたかなこころが表に現れてくるという逆説的なことが起こるということを、私は数多く体験してきました。お母さんたちの否定的な思いの奥には、それとは反対の気持ちも隠れているのです。だから苦しいのです。というか、もし片方しかなかったら、そもそも相談の場に訪れるはずはないのです。だからこそ、一方の思いだけを捉え批判するのではなく、両方をお母さんのこころのなかに共存させられるようにしてゆきたいものです。これができるためには、セラピストがこころのなかでお母さんの複雑な思いをできるだけ正確に読みとろうとすること、だと思います。

ちなみに後日、お母さんから初めて妊娠した時は、自分が障碍をもっていたことと、若すぎて育児の自信がなく中絶したこと、二度目には流産したために、以降避妊を続けていた。今回は避妊に失敗して妊娠してしまった、ということが語られました。三度目の妊娠だったからこそ、お母さんのこころは通常以上に一層、複雑だったのだろうと思います。またお母さんはミカちゃんの誕生によって、事務所につとめていた仕事のスタイルを、しばらくして自宅勤務のスタイルに変えました。こうして徐々に、ミカちゃんを軸としながら、子どもと一緒に生きてゆく生活へと変わってゆきました。

はじめて会った時のミカちゃん――弱々しくだけど笑ったよ

さて、お母さんの話が一段落したところで、ベットのなかでとろとろっとしていたミカちゃんが目ざめてきました。そこで私は「ミカちゃんこんにちは。よろしくね……今までお母さんからミカちゃんのお話しを聞いていたので、今度はミカちゃんから教えてもらいたいと思っているの。よろしくね」と伝えながら、からだの向きをミカちゃんの方向に変えました。

ミカちゃんは合併症はないということでしたが、筋肉の手応えを感じられないほどに全体的にからだがマシュマロのようにやわらかく、首もまだすわっていません。泣く力も弱々しいとのことでした。「この子は何もできません。毎日寝てばかりです」とお母さん。私の目の前でお母さんはこう語りながら、ミカちゃんを見ているようで見ていません。見るのがつらいのでしょう。全体的にまだ時がとまっていて、発達してゆく動きが生じる前夜、といったところにいるようでした。

そこで私はMCCベビーテストの赤い輪を使って、発達状態をチェックしようと考えました。ただし、このままだとぼんやりしたなかで検査して、ぼんやりとできないという結果を出すことになってしまいます。そこで私はこのまったりとした雰囲気に「喝」をいれるべく、ミカちゃんの顔を覗き込み、あらためて「ミカちゃん、あらためてこんにちは。私は田中先生です。よろしくね……」と脅さないように、しかし明るい大きな声と顔にいっぱいの笑顔で語りかけました。すると、これまで場に流れていたゆったりとした、穏やかなトーンとはあまりにも違う騒々しさに、ミカちゃんの表情が一瞬ひきしまったように見えました。そこで私は逃さずに「あ、笑った。ミカちゃんが笑った」と叫びました。そうしたところ、お母さんは「え？　ミカが笑った？　この子が？」と信じられないという顔でミカちゃんの顔をのぞきこんだのです。そこで再び私はミカちゃんに、「ほらミカちゃん。お母さんよ。お母さんがおはようって」と。ここでもミカちゃんの顔は微妙に崩れました。それを見てお母さんは「これ、笑っているんですか？」「これが笑いなんですか」と尋ねてきました。そこで私は「そうです！　笑っているんです。筋肉の力が弱いので、まだしっかりとした、誰にでもわかるような笑いにはなっていません。とっても弱々しいんです。でも彼女はいま、笑ってお母さんにも私にも、お返事してくれているんですよ」と伝えました。お母さんは「ミカが笑っている」「ミカが笑っている」と何度も自分に言い聞かせるように、くり返しながらそのことばをまるでお守りのように唱えていました。

そこで私は赤い輪をとりだし、いまの段階の発達のチェックをさせていただきました。私の顔によって「喝」をいれた後なので、彼女の覚醒はちょっとよくなっており、赤い輪を目でとらえることはできました。しかしまだ追視をしたり、手をだして握ろうとする動きはでていませんでした。

私は、「ミカちゃんたちダウン症の子どもは、泣いたり笑ったりしたい気持ちは健常な子どもと変わらずにたくさんもっていること、けれども、筋緊張が弱いために弱々しくしか表現したり反応することができないこと、だからこそ、こちらから積極的に関わっていくと、子どももそれに対して一生懸命に反応し返そうとするのです。それが発達を育てていくことになるのです」とお話しし、あわせて刺激を与えてあげることが彼女の発達によいので、たくさん話しかけ、寝かせたままにせずに時々立て抱きをして身体を動かしてあげること、寝ている姿勢の時には赤い輪のようなカラフルで目にとまりやすい玩具をつかって、彼女の視線をそこに集中させ、前後左右にゆっくりと動かして目で追わせてあげてください、とたくさんのお願いをしました。

私が感じ、考えたこと

この時期のお母さんたちは、まだ診断告知に強くうちのめされ、茫然としているために子どもの顔をじっくり見て観察したり、あるいは笑いかけるといった行動はあまり起こりません。子どもの顔をみると一層つらいから、顔を見ないようにすることもありますし、何をどうしたらいいのかがわからないので見ない、ということもあるでしょう。見ないから、子どもが弱々しいながらも懸命にお母さんにメッセージを送っていることに気がつかない、という悪循環になるのです。でも、それでは赤ちゃんとお母さんとの間で自然に生まれてくる相互作用が活性化しません。そこで相互作用を活性化させるための工夫が必要になります。その一つの工夫がお母さんに、「子どもが一生懸命に反応して欲しいと感じている。だから働きかけてあげよう」と伝えることです。

私は赤ちゃんたちはみな、そのように感じていると思っています。でも身体の筋緊張が弱いために、行動として現れにくいのです。そこで子どもからの微細ながらもお母さんに懸命に送る反応に、お母さんが気づくことで、関わりがうまれてくるための導入ができるのです。この誘いが母子の関係を育て、子どもの発達をうながす鍵となるのです。

二回目以降一歳まで—子どもの発達に希望が持てるということ

このようにして、ミカちゃんとお母さんは基本的に月一回一時間、定期的継続的な発達相談に通われました。月一回というペースは、人がちょっとずつ発達してゆくためのまとまった時間、という意味でちょうどよい期間です。ミカちゃんのお母さんの仕事の都合とこちらの側の都合で、実際には二か月に一回くらいのペースになりました。

二回目の五か月時には、ミカちゃんは目をキョロキョロ動かしてあちこちを見ては、三か月時よりもにこにこと、微笑反応が増えました。赤い輪の課題でも、目の前の赤い輪を両目でしっかり捉え、前後左右に動く輪を、目でちゃんと追いかけるようにもなっており、まだ手でつかむことはむずかしいものの、とろうとして手指を動かす動作がでていました。前回とは比べ物にならないほど、外の世界との関係のなかで生きるようになっています。お母さんは、「この前家に帰ってから、さっそく家にあったブレスレットを赤く塗り、赤いリボンをむすんで毎日練習したんです！」と誇らし気です。関わりの少なかった世界から関わりがたくさんになり、母子が共に関係性の世界にはいってきていることが明らかでした。

私はひき続いて、赤い輪を用いてミカちゃんに関わりました。例をひとつあげてみましょう。ベッドに横になっているミカちゃんの手のひらに赤い輪を『トントントン』と声をだしつつ重さを感じてもらえるようにしながら乗せると、握ろうとするような反射が現れます。もちろんまだ、しっかりと握るところまではいっていません。そこでミカちゃんが反射的に握ろうとした瞬間、私はひもをひっぱってみました。そうすると当然ですが、ミカちゃんは赤い輪を放してしまいます。私は「ああ、もったいない、離れちゃった」と若干大げさに嘆いた顔で彼女に言い、ふたたびトントントンと赤い輪を手のひらにのせます。もちろん私の言っていることばを、ミカちゃんが正確に理解しているわけではありません。でも私の百面相の顔は、やはりそれなりの意味伝達力があります。私がややオーバーに口を大きくあけて、もったいない、という雰囲気を漂わせ、彼女が少し手をまるめて握るような仕種をしたときに、そうそう！　とにっこりする顔を見せたり、ということをくり返してゆくと、次第に赤い輪を逃がさないように、輪を握ろうとするようになってゆくのです。もちろん彼女が放してしまうときに私は、「あ〜あ、残念だあ」と言ってしょんぼりと口をすぼめた雰囲気をだすので、その雰囲気で彼女はまた握ろうとするのです。このようにして関係性のなかにひきこんでゆくのです。

このようにしてゆくと、やがて「ひっぱる」（ひっぱろうとする）動きが生まれてきます。これが私と彼女のひっぱりっこになる、というか、ひっぱりっこにしてゆくのです。これも関わりのひとつであり、これによってモノを握ろうとする力が育ってゆきます。こういうことをやりながら、何をめざしているのかをミカちゃんとお母さん両者に解説し、家でやってもらうようにお願いしてゆきました。

さて、このようにして目でみて手でもち、手から放さないようにすることができるようになれば、次は目でみるものを大きなものから小粒まで、だんだん小さくしてゆきます。赤い輪は大きいものですが、最終的に目ざしているのは、あずき大の小ささです。このようにしてゆくと、どのような小さいものでも左右の焦点をあわせて見ることができるようになってゆきます。同時に、握るものをガラガラなど大きいものしてゆけば、握力がついてくるので重いものでももつことができるようになってきます。そうなると、次は右でもったものを左に持ちかえるなど、両方の手が別々に動くようにしてゆきます。さらに五本の指が分化して別々に動かせるようにすると、どのような小さいものでもつまんで遊べるようになってきます。そうするとじっくり座ってモノと関わってひとりで遊ぶことができるようになるのです。

ミカちゃんはこの発達のレールにがっちり乗ってきました。三回目の八か月時には、人みしりがはじまりました。これは健常な子どもの平均的な時期と同じです。私たちは人みしりの時期を決定する要因として、母親の診断告知による心理的衝撃からの回復度と、母親から子どもへの働きかけの強さが関係していると分析しています（田中、丹羽一九八八）。最初の時間がとまっていたような状態からすると、びっくりするほどの早さです。これはミカちゃんのお母さんが、どれほど頑張って立ち直ろうとし、ミカちゃんの発達を育てることに一生懸命であるかを裏づけるものでしょう。ミカちゃんはこのとき、おもしろそうなものを見つけると、「ウーウー」とさかんに声をだし、目を輝かせてとろうとするようにもなってきていました。そして仕事から帰ってきたお母さんに、腕を伸ばして抱っこを求める仕種が現れるようにもなってきました。

この成長ぶりにお母さんはびっくりし、かつ、かわいいと感じ、わずかなことでも少しずつできるようになることに喜びを感じはじめるようになりました。「はじめは何もできないと思っていました。

でもそう考えたって仕方ない。とにかく今はこの子のためによいことは何でもしてあげたい」と子育てに対してぐんぐん意欲的になってきました。

私が感じ、考えたこと

早期からの発達相談を受けることによって、子どもがゆっくりながらも確実に発達してくると、お母さんに子どもを育てる勇気と意欲がわいてきます。そして約一年くらいの間は子育てが楽しく、子どもがかわいくてたまらないようになってきます。子どもの発達に期待と希望をもてるようになったことで、お母さんの母性的な感情がひきだされ、母子の間に愛着関係が形成されてゆくのです。筋緊張の弱さによって、みずから主体的に動くことがむずかしかった赤ちゃんが、お母さんからの誘いをうけて、人やおもちゃとの関わりの世界にのめりこんでゆくのです。これまでの「静かな世界」から「動く世界」に移動してゆくので、まるで水をえた魚といってもよいほどに急速な成長をしてゆきます。そのためにお母さんたちが、「もしかしたら健康な子どもたちと同じように育ってゆけるかもしれない」という期待を抱きはじめる時期になります。お母さんたちはそういう期待をもつのも無理ない、ほどの変化です。そこで私はこの時期を、「子どもの発達の可能性をできるだけひきだしましょう」「この子を一人前に育てましょう」ということばでお母さんと治療同盟を結ぶようにしています。

一歳をすぎて二歳まで—モノを投げる、かんしゃくをおこす

このように、ゆっくりながらも確実に発達してきたミカちゃんは、お母さんの期待に応えるかのよ

うに、七回目の一歳三か月の時には、私が彼女の目の前でデモンストレーションすることをしっかりと見て、即座にまねして自分でやりたがるようになりました。何でも自分でやろうとします。八回目の一歳五か月の頃になると「オンモ」「ウマウマ」などの片言をしゃべり、入浴の時には自分からシャツや靴下を脱ごうとするなど、場面にあった行動もできるようになりました。記憶力がぐんぐん育っていることがわかります。九回目の一歳六か月の時には、ハイハイが上手になりました。表情も豊かになり、模倣も上手になって、お母さんや私に本を読んで、とせがるようになるなど、自分からも求める相互的な遊びもはじまりました。

でもその一方で、その頃からモノを放り投げて、かんしゃくを頻繁に起こすようになりました。歩きたいけれどもまだうまくは歩けないというからだの育ちのゆっくりさとはやる気持ちのバランスのとれなさや、まだイヤとことばでいえない苦しさが、イライラする要因となっていると思われました。当然発達の検査にも、うまくのれないようになってきました。このようなミカちゃんをお母さんは扱いかね、「こういう子はやっぱりダメなんだ。ミカはやっぱりパーなんだ」とがっかりして、子どもに遅れがあるという現実にあらためて直面することになりました。そしてこれを契機に、それまでの頑張りが崩れて抑うつ的になってきました。この時期夫はあたらしい仕事に変わる準備で忙しく、お母さんの話をあまり聞いてくれないようでもあり、それも加えてお母さんはしんどい状態になっていました。

私が感じ、考えたこと

ではこのとき私はセラピストとしてどうしたか？　私はミカちゃんのなかに何が起こっているのかについての私の仮説をお話ししました。まず第一に、「ミカちゃんの発達がいま停滞しているようにみえるのは、お母さんとてもつらいと思います。またこんなにミカちゃんが言うことを聞いてくれないと、お母さんは毎日のやりくりが大変でしょう」とお母さんの苦労をねぎらいました。

そして続けて「でも、このミカちゃんの状態を発達の過程として見てゆくと、こんなにかんしゃくを起こしたり、自己主張をはじめたということは、物事に対する受け身的な関わりから積極的な関わりに転換しつつあるということで、ミカちゃんが確実に成長している証なのです。ミカちゃん自身の中から沸き起こってくる好奇心や意欲がこういう形で現れてきており、拒否できるようになったという意味では、『自分』がでてきたことなのです。これはお母さんの頑張りの成果なのです。この意欲や好奇心はミカちゃんの財産です。『イヤ』と言える能力も、彼女を支えていくものです。両方とも生きていくうえで不可欠です。ですから今は、ちょっとでてきたこれらの芽を摘んでしまわずに育ててあげたいです。ちょっと時間が必要ですが、十分に自分のやりたいことをやり抜くと、必ず落ち着きます。そうなると「○○をしたい」という自分の気持ちはちゃんともちつつも、その気持ちを抑えてこちらの言うことを聞いてくれるようになります。このような衝動性や欲求をコントロールする力が育ってきたら、ミカちゃんは自分でいろいろなことをやっていくことができるでしょう」と。

そして私は、お母さんのほうが上手に逃げることができるように、しのぐための具体策として、ミカちゃんがイヤといったら、それ以上は無理させようとせずにとりあえずは撤退する、彼女がものを放り投げたら、拾わないし拾わせようとしないでそのまま無視する、等々の方略をお伝えしました。というのもこれまでお母さんは、ムキになって彼女に投げた玩具やごはんを拾わせようとして一層、トラブルになっていたので、そこからの気持ちもからだもひきあげてしまうことがベストである、とお伝えしました。お母さんは私の話を真剣に聞きながら、「この状態はいいことなんですね」「悪くなっているんではないんですね」とお守りのようにくり返していました。私は「そうです。一生という大きな流れのなかで今という時期をみてみると、そうなんです。だから今のミカちゃんはダメミカではなく、スゴイミカなのです」と加えました。

こういう時は発達相談のなかでも一時撤退がよいのです。ですからしばらくの間、私も検査をするということはやめにして、検査道具を用いながら彼女と遊ぶ関わりに変えました。たとえば積木をカップにいれるという課題があるのですが、彼女が積木を放りなげると、私がカップで彼女が投げた積木をキャッチする遊びに変えてみたり、目の前にあったおもちゃを私のからだの後ろにかくして、いないいないバアー遊びをしてみたりなど、何かをさせようとするのではなく、関係のなかでおもしろい遊びを工夫して、この時期の彼女と少しでも楽しい時間をすごせるように試みました。これはまた、彼女に無視されてもめげずにさまざまな工夫や試みをくり返しひねりだす私と彼女の姿を、お母さんに見ていただくということであり、それがこの時期のお母さんへのヒントになり、励ましにもなると考えたからです。

できない自分をみたくないから

さて、私がこのような遊びに切り換えたのには、投げる行為が落ち着くまで待つ、という理由のほかにもうひとつ別の理由がありました。ミカちゃんがものを投げるのは、彼女は自分がうまくできないことをわかっている、と感じたからです。ミカちゃんは一歳をすぎた頃から、与えられた課題に一瞬目をとめるものの、そのますっと目をそらせ、関わることをやめてしまうという行動をとることが増えていました。この目をそらす行為はあまりに一瞬のことなので、私の理解が正しいのかどうかはわかりません。いや、でもそれまで無邪気なまでのひたむきさで、できようができまいが猪突猛進していた彼女と比べてみると、これはあまりに違う、回避行動といえるのです。もしこの私の理解が正しければ、彼女は失敗すると自分が傷つくので、やめているということになります。このことはつまり、自分にこの課題はむずかしく、できないかもしれない、と瞬時に判断していて、だから逃げようとしている、ということになります。もちろんこれは彼女が意識的、自覚的にしている行為とは思えません。ただ彼女の本能的な勘がそう判断している、ということだと思います。

私はあるとき、お母さんにこの私の仮説を伝えてみました。お母さんは「ええ？　この子がそんなことを考えているんですか？」と半信半疑。というのも、先の彼女の目線の動かし方はあまりに瞬時なので、よほど注意深くみつめていなければ、とらえることはできないからです。お母さんは彼女が、そんな高度で繊細な感受性と知力をもっていることにびっくりしつつ、でもうれしそうでした。とはいえ、挑戦をやめてしまったらもったいない。そこで私はミカちゃんが多少怖くても挑戦したくなるようなコツを考案し、お母さんにお伝えしました。それはまず、お家で何かを試すとき、むずかしい課題を与えずにできそうな課題からスタートさせること、そして「大丈夫きっとできるよ」とそっとことばを添えて励ますこと、そしてそれができたら一緒にめちゃくちゃ喜びあうこと、などです。

さて、この時期にお母さんから事後報告として、夫が出ていったということを語られました。それを語るお母さんの顔はいつになく厳しく、そこには「先生、この問題には（いまは）触れないでください」というメッセージがありありでした。これまでミカちゃんのことは何でもかんでもお話ししてくださっていたお母さんからすると、このテーマは本当に触れて欲しくはないのだろうと思い、立ち入ることを控えました。とはいえ、そうなるとお母さんはたったひとりで仕事をしながら子どもを育てている状態になります。ものすごく孤独だし何より毎日が戦争でしょう。別居したということよりもむしろ、こちらの方が気になりました。でも急いではだめです。お母さんの気持ちがほぐれてくるまで、とにかく話題にせずに時を待つことにしました。

しばらくたつと、お母さんから少しずつ実家のご家族について語られるようになりました。実母はすでに亡くなっており、実父がお母さんの妹さんとご実家にいるとのことです。「ああ、ご家族がいらっしゃるんだ」と私はうれしくなりました。でもこの時はまだ、お母さんは、からだを悪くしている実父には迷惑をかけたくないと、実家との交流はしていないようでした。

お母さんが子育ての協力者をふやしていく

さて、この頃のミカちゃんのお母さんは、子どもたちが自由に遊ぶ場などに行ってみても、周囲の健常な子どものお母さんたちが障碍をもつ子どもに対してまったく理解がないと怒り、日常生活のなかでは人と関わることを拒否してきていました。さらにこの時期ミカちゃんが伸び悩んでいることからも、お母さん自身のなかにある、わが子がダウン症であることへのこだわり、無念さ、やり場のなさが、周囲のお母さんたちへの非難として現れているように私には感じられていました。

それは無理ない自然な感情です。私はこの親なればこその苦しみに対して、何ができるだろう？と思います。そこにあるのは私自身、何もできないという無力感です。だからこの時私はお母さんの苦悩を「いくら想像しても、私のその想像などちっぽけなもので、はるかに越えるに違いない苦悩だろう」と受けとめ、少なくてもそこから決して逃げ出さず、また短絡的に解決させようともせず、このいかんともしがたい苦悩をともに味わい、できるだけ共に体験しようとしました。それがどれだけ功を奏したのかはわかりません。でもお母さんは予約時に必ず相談に見え、そして私がミカちゃんと遊びつつ、お母さんに対して語っていることばを、しっかりとかみしめるように、そして一言も聞き漏らすまいという思いで聞いてくださっていました。それはまるでお母さんが、「ここは私の場所よ」と言っているように感じられました。

そんななか、私はこの頃からいよいよ、お母さんとご実家との関係を何とかつなげないものだろうか、と真剣に考えるようになりました。夫が出ていってミカちゃんとのふたりだけの関係が一層、ふたりを逃げ場のない状態に追い込んでいるために、ふたりとも身動きがとれなくなっていることが、この事態を一層膠着状態にさせていると思ったからです。お母さんはいまピンチ、この時期こそ、理由はよくわからないけれども距離のある家族との関係を近づけていけるチャンスだと考えました。ある時、お母さんにこんなふうなことをお話ししてみました。

「ミカちゃんは今、うんと困った時期の渦中にいます。だから受け手のお母さんはきりきり舞い。だめだとわかっていても、ミカちゃんはいま、やめられない。いや、やめるわけにはいかない。だってそれが今のミカちゃんの仕事だから。とっても大事な仕事なの。でもミカちゃんは、受け手であるお母さんを困らせながら、そのことが自分でもつらいんだと思います。だってミカちゃんはお母さんが大好きだから。ふたりきりだと綱引きになって、お互いにひくにひけないし逃げ場がない。これはとってもまずいこと。だから誰か助っ人がいてくれると、自分の仕事をやり抜くのが楽になるのではないかしら……」と。

これはもちろん、お母さんにもうすこし楽になってもらいたいと願っての助言です。でもわざと最後の「自分の仕事をやり抜くのが楽になる」という部分の主語を省いています。だから一見、このことばを聞くと、ミカちゃんが自分の仕事をやりぬくことが楽になる、というように響きます。半分は正しいのです。というのも、私のことばは子どものための助言という形をとっていますから。でも実際には裏に、お母さんが自分の仕事をやり抜くのが楽になるという、お母さんへのメッセージを秘めています。というのもお母さんは、自分のために手助けを求めることなど考えないし、したくない、と考えている人だからです。でも、自分のためにではなく子どものためになら、手助けを求め、受けいれることができるのではないだろうか?

そうできるといいなあ、という思いをことばにしたのでした。具体的には誰か第三者を入れてみてはどうでしょう? というメッセージです。もちろんここで実家のご家族に助けを求めるとよいのでは、と積極的に言いたい気持ちはありました。でもこのお母さんなら、適切なやり方を考えられるだろう、とも思ったので、これ以上の余計なことは言わないでいました。

お母さんはその日、この私からの提案を黙って胸にしまったまま持ち帰られました。これはミカちゃんが一歳半をすぎて二歳になるまでの間のエピソードです。そこから二か月ほどたった次の相談の時に、お母さんはご実家にいる実父と妹と同居するためにひっこしをし、さらに近所に住んでいる女性をヘルパーさんとして雇いました、と私に報告してくれました。動かれたのだ、と私はものすごくうれしくなりました。

ではそれ以降ミカちゃんはどうなったでしょうか。実家に転居してからのミカちゃんは、ヘルパーさんにもおじいちゃんにも思い切りかんしゃくを起こして反抗しまくりました。もちろんお母さんは、おじいちゃんにもヘルパーさんにもすまない気持ちになるので、ミカちゃんを怒ってしまうのだと語ります。その思いは無理ないものの、それでは何のために助っ人をいれたのかがわかりません。そこで私は「せっかく人が複数になったのですから、役割を分担するといいです。申し訳ないけれども、ヘルパーさんとおじいちゃんに、思い切り彼女のかんしゃくの受け手になるという損な役割を担っていただき、お母さんはそのおふたりの愚痴をしっかり聞いてねぎらいつつミカちゃんには怒らない、という得な役割をとることができれば、この作戦は成功です。お母さんが彼女のかんしゃくの対象から離れれば、ミカちゃん自身も思い切り気持ちを出し切ることができるので、かえって落ち着いてくるのは早くなると思います」とお伝えしました。さらに「ミカちゃんが自由に歩けるようになったり、イヤとことばでいえるようになるというように、発達の階段を一段階登るとかならず終わりがきますので、楽しみに待っていてください」と保証しました。お母さんはまたしてもじっくり考え、結局おふたりにそのようにお願いしてくださいました。

二歳をすぎて――ミカちゃん、ふたたび落ち着く

一四回目の二歳二か月の時には、ミカちゃんは家の外でも歩けるようになってきました。先に描いたように転居し、ヘルパーさんやおじいちゃん、おばちゃんもいる複数の家族のなかで、彼女は思い切りだだをこね、ものを放りなげるなどのエネルギッシュな行動をとりながら、からだも気持ちも育っていったのだと思います。この頃には投げる行為も少しずつおさまり、ふたたび落ち着いて課題にとりくみ、集中して遊ぶようになってきました。そして高い椅子から降りる時には、どのようにすればよいか、つまり椅子の上で座っていた状態からうしろ向きになり、足を一歩ずつ出して降りる、ということを自分で考えてから行動するようになりました。お母さんはそれを見て「こういう子でも自分なりに考えてやるんですねえ。知恵があるんですね」と、いとおしそうな目でミカちゃんを見ながら語るようになり、久しぶりに家のなかに穏やかさが戻ってきました。

一五回目の二歳三か月の頃には、ミカちゃんは人のやっていることをじっと見てはすぐにまねしたり、お母さんと一緒に洗濯物をたたんだり、ぞうきんがけを手伝うようになりました。そしてお母さんが「〇〇して」というと、ちゃんとやってくれるなど、情緒的にも安定し、母子の間にさらに豊かな交流が育ってきました。何かをしたいと自分が思ったことを自分ができる、ということほどうれしいことはありません。そしてそれをまわりからほめてもらえたら、最高の喜びでしょう。二歳半ころにはアッタ、ネンネ、ヨイショなどのことばもでてきました。このヨイショはお母さんやおじいちゃ

んが立ち上がるときのセリフです。まわりの人の言動をよくみてとりこんでいることがわかります。

二二回目の三歳一か月時には、積木で塔をつくり、上手に積める「ミカじょうず」といい、お皿を運ぶ途中で落とすと「ミカダメ」と、ジェスチャーに加えて、単語や二語文で答えることができるようになりました。これを見てお母さんは「疲れて帰ってきてもミカの顔を見るとほっとするんです。こんなに成長してくれるなんて最初は考えもしなかった。本当にできるようになってくるんですね」と気持ちに幾分かゆとりがでてきました。このように三歳ころまでに、お母さんはダウン症であるわが子を健常な子どもに近づけようとするのではなく、ミカをそのまま、つまりありのままのわが子を受けいれることができるようになってきました。

三歳以降──プレイルームでの関わりで

ミカちゃんが三歳になる少し前から、面接室での発達相談はプレイルームに場を移し、からだを大きく動かして遊びながら発達を確認してゆく関わりになりました。私がミカちゃんと遊びながら時宜に応じてお母さんともお話しする、というスタイルです。ミカちゃんはトランポリンにのったり、お砂場で遊んだり、ごはんをつくるなど、すぐにプレイルームが大好きになりました。そして徐々に、相談の時間が終了しても帰りたくないとだだをこねる「おかえりしぶり」がでてきました。私はここでも「自分」がでてきて、気持ちを正直に表すことができるようになったと、内心ほくほくしていました。

この日も彼女は全開で遊んで、時間になったものの、思いが残ってとても帰りがたい状態でした。

ちょうどその日、お母さんから「ミカはしたいことをしている時に、切り換えることができない、それで私と言いあいになるんです」ということが語られていました。この日もお母さんから「ミカ、おしまいよ。時間になったんだから帰るわよ」と終了時近くに厳しい声が飛んできました。私はこのとき、お母さんが彼女のペースよりも、私のほうを配慮してくださっているために、ミカちゃんの反発をかえって強めていると感じました。そこでお母さんにここは私にまかせてください、というジェスチャーをしながら、ミカちゃんに「まだまだ遊びたいよねえ。今帰るなんてつまんないよね」「お時間なんて勝手におとなが決めたものだもんねえ」「帰ろう、なんて頭きちゃうよねえ」と彼女の内奥にあると思われる残念さの思いをぐちぐちことばにして一緒に遊びを続け、五〜六分ほど時間を延長してから、「でも、仕方ないからそろそろ帰ろうか。今度また遊ぼう」ときっぱりと言いました。そうしたところ、ミカちゃんは「ウン」と素直にいって遊びを終えることができたのです。

お母さんはそれを見てびっくりしました。私は「彼女にも彼女のペースや思いがあるから、ちょっと譲ってあげると、彼女も譲ってくれやすくなると思うの」とお母さんに伝えました。しかしこれはまさに『百聞は一見にしかず』です。こういうときは、お母さんにことばで説明するよりも、目で見て実感してもらうほうが早いのです。このときお母さんは、ただミカちゃんがただ我が強いのではなく、自分の気持ちを相手に理解して受けとってもらえると、相手の思いもくんでくれる、つまり指示に従ってくれるのだ、ということがわかったようで、以降家庭でのトラブルはへったようでした。お母さんと子どもと一緒の空間で関わるこの『同席治療のスタイル』は、このようにお母さんに、目で見て盗んでもらえることが利点です。ちょっとことばを添えるだけで効果抜群なのです。またもうひとつ確かなのは、このお母さんの吸収力の高さです。それに私はものすごく助けられました。

お母さんとまわりの関係がやわらかくなる

この頃になると私は、お母さんがミカちゃんと関わるペースをつかむことができ、心理的にも物理的にも安定してきたことから、実家のご家族との関係にもうすこし触れていけたらと考えるようになっていました。実母は亡くなっているということですが、それにしても話しにでてこないので、何かあるのではないかと感じていたからです。

たとえばある時、お母さんが「ミカにてんてこ舞いさせられちゃって」と語ったときがありました。このときお母さんは、一方で子どもの身勝手さに腹をたてていますが、その一方でこのふたりの関係を楽しんでもいるような雰囲気でした。そこで「親がしっかり見守ってあげると、子どもは子どもなりに伸びてゆきますね」と私がことばを添えたり、「昔から親のこころ子しらず」って言いますね、などということばを返したりしました。もちろんここで私は、直接的には目のまえにいるミカちゃん親子に対して言っているのですが、ここでも主語をぬいているので、かつて自分が子どもだった頃の親との関係を想起させるフレーズにもなっているという、二つの時期を重ねて想起させるメッセージを送っていました。それも関係していたのでしょう。お母さんは次第に自分の親子関係を想起し、そういえば自分もまた、小さい頃母親をさんざん困らせたんです、と思い出を語られるようにもなってきました。

ミカちゃんのお母さんは軽度だけれどもマヒがあったので、学校から帰ると毎日、母親にいわれて病院のリハビリに通わせられました。そのために部活にはいることも友だちと遊ぶこともできなかったので、リハビリなんてしたってしょうがない、やめたいと文句ばかりいっていたそうです。でも母親は頑としてやめさせず、彼女を病院に通わせたと。さらに将来は専門的な仕事につくことで自活できるようにと専門学校に行かさせられました。そのすべてに自分は不満ばっかりでした。感謝する気持ちにはなれませんでした。でもいまあらためて思い返すと、母親もまた今の私と同じように、私のことを不憫に思い、私にすまないとも思い、親として一生懸命できることをしようとしてくれたのではないか、と思えるようになってきました、と語られました。幼い頃から人の何倍も苦労して必死に生きてきたお母さん。それは確かにそうだけど、周りの人もそれなりに自分のことを心配してこころをつかい、思いやってくれていたんだと気づくことで、お母さんの厳しさの中にもともとあったやわらかさがもっとでてくるようになりました。そのために周囲の親を見る目に厳しさがへってきて、ミカを他児と遊ばせることができるようになりました。

四歳以降学齢期まで——家族の関係もより豊かに

このように周りの子どもたちと遊びながら成長してゆくミカを見て、お母さんは四歳近くなって、はじめて障碍をもつ子どもたちの通園施設にいれることを決めました。そうしたところ、それを契機に一層語彙がふえました。ミカは「おかあさん、ほらほら見て見て」とか「このおもちゃ、おもしろいね」と言ってはおんなの子っぽくフフフっと笑う仕種をします。

三〇回目の四歳二か月には、それまでは人の絵をかくのに、まあるい顔だけを描いていたのが、友だちの描く絵を真似して、手と胴体もくわえて描くようになりました。四〇回目の四歳四か月の頃には、ひとりでさっさとトランポリンにのって、「はやく～」と私を誘います。「ミカ、デンシャ、ヤル」「ママ、テレビ、メ（ダメ）」など三語文もでてきました。して欲しいこと、して欲しくないことなどについて、ことばをジェスチャーで補って相手に伝え、関係のなかで遊びがどんどん展開します。お母さんは家で、ソックスが裏返しだと、何もいわずに自分でさっさとひっくり返すようにもなりました。この頃お母さんは「ふたりだけでいると、ミカに障碍があるということを忘れてしまいます」と語っています。

さて、これまでもおじいちゃんはミカちゃんの遊び相手であり親友であり戦友となっていたのですが、ミカちゃんが五歳になったとき、ミカちゃんとおじいちゃんは一層、互いになくてはならない存在になっていました。というのもおじいちゃんはミカちゃんの養育を手伝うことによって、あらためて自分が誰かのために役立つ場と仕事を得ることができたからです。おじいちゃんとのことをめぐってある時、お母さんは私に次のように語ってくれました。

「ミカはミカに出会う人たちを幸せにしてくれます。父はミカがいたからこれまで頑張って長生きしてきたのです。それで私も親孝行してあげたんだっていう思いがあります。ミカとひっこしてきた頃、おむつと格闘して家中がウンチだらけになって、それでもミカのためにと一生懸命にやっている父をみて、ああよかった、父にとっては最高の幸せだと思いました。

父は人がくる度に言うんです。『オレはミカがいなかったら、生きていたってつまらない』って。これがもしミカが健常な子どもだったら、私はもっと違った生き方をしていたと思います。父のことなんか何も考えないで。母が亡くなった時に子どもを授かり、その子に障碍が与えられたのは、私の生き方に『もう少し考え方を変えなさい』という意味だったのではないかと今では思います。今はそれがわかります。この子が健常な子だったら、離婚した時『ああよかった、これで私は仕事に打ち込めるわ』といって、人のこころの傷みもわかっているようでわからないような人で終わっていたと思うんです。それをミカによってわからせてもらえたと思います。だからミカを授かったことを本当によかったと思っています。私、本当にそう思うんです。

父は一〇年前に交通事故で片肺をだめにしました。足腰も弱ってきたので毎年冬になると『今年はだめかな、今年はだめかな』って言って過ごしていたんです。だからミカがいなかったら死んだほうがよかった、というような人生になっていたことでしょう。でも今はそうじゃない。ミカのために自分は一日でも長生きしなくちゃ、と思っているから頑張っているんです……。私自身が障碍があって苦しんできたから、ミカがダウン症だったということは本当に絶望的なことでした。でも私は生きていて、素晴らしい人にいっぱい出会えたから、だからミカも素晴らしい人にいっぱい出会えると思うんです。嫌な人たちばかりじゃないと思う。今もそう、これからももっともっと素晴らしい人に出会えるって思うから、私はがんばってやっていこうという気持ちなんです。

……私がミカに残してあげられるのはお金じゃない。ミカを育てよう。私のようにミカにも自分の道を歩いて欲しいから、一人で生きていけるようにしてあげよう。ミカを自分が抱えこむんじゃなく、冷静な目で客観的に、一人の人間として扱いたいと思っています」と。

お母さんは実母には親孝行できませんでしたが、実父にはこういう形で恩返しができたことを喜ぶことができるようになっています。そして自分がこんな気持ちになったのも、ミカに障碍があったからだと語っています。ミカとお母さん、そしておじいちゃんとおばちゃんたち、という新たな家族の絆がますます強まり、さらにその周囲の人たちとの関係もひろがってきているのがわかります。別居から結局離婚になった夫に対しても、この頃になると、夫は最初のうちはそれなりに手助けしてくれていたし、仕事を変えたのもそもそもこの子の将来を思ってのことでした、こころを割って話した時もあったけれども、いつの間にかああしてくれない、こうしてくれないとどんどん不満に思うようになってゆき、結局それについてこれなくなったのだろう、あの人に悪いことをした、と反省する気持ちも語られるようにもなりました。

この頃ミカちゃんは次の年の就学に備え、障碍の子どもたちのための通園施設から健常な子どもたちのいる幼稚園に転園し、そこでも適応して楽しく通園しました。周囲の友だちがついついゆっくりなミカちゃんの着替えを手伝おうとすると、「ありがとう、でも自分でできるからだいじょうぶ」と自分で静かに断るのだそうです。他の子どもたちに比べると時間がかかります。だからできないことは手伝ってもらうけれども、できることは自分の力でやろうとしていました。六歳の時に特別支援級に入学し、そこからも彼女なりに適応して学校生活をいとなみました。小学生となった頃のミカのことばは、ちょっと聞きとりにくいのですが、やりとりは十分に可能です。何ごとにも一生懸命にとりくむ姿勢はまわりのおとなからから評価されています。この時お母さんはミカの将来に関して、あらたなる希望を抱くようになっていました。それは次のことばに現れています。「これからが大変。まだまだたくさんのハードルを越えなければならないから。でもミカだったら、きっとひとつひとつハードルをクリアしてくれるんじゃないかって思う。一生懸命生きていると絶対運が向いてくるのだから」と。

あらためてケースから感じ、考えたこと

わが子がダウン症だということへの苦悩を血を吐くように語ったところから出発したお母さん。ご自身も障碍をもっていたのだから一層、その事実は重かったに違いありません。そのお母さんが七年の間にこのような見事な心理的変容をとげられてゆくということは、お目にかかった時にはまったくわかっていませんでした。お母さんは発達相談の約束の日には、一度も休むことなく通いつづけました。自分のなかの内的葛藤はともかくとして、何よりもこの子を一人前にしなければ、という思いが彼女を相談にむかわせたのだと思います。このお母さんは、最初の相談の日に「この子はもしかしたら脈があるのかも（何とかなるのかも）」と感じられたことが原動力になったようです。お母さんはいつも真剣そのものでした。内奥の苦悩や疑問をセラピストである私に語り、同時に私のことばを一言も聞きもらさないようにうけとめ、納得のいくことはやってみるなど、ミカちゃんを育てていくことに必死でした。でも当初のお母さんは、本気であるがゆえにあまりに固く厚い殻をまとっており、そのために周囲の人から距離があり、絶望的なほどに孤独でした。

ミカちゃんが順調に育ってきて、お母さんだけでなく、他者の手もかりられるといいだろうという時期にはいってきた頃から、ご実家のみなさんとの関係について、お母さん自身もとりくまれるようになりました。私がそれに関心をもたなくても、自然にそうなっていったかもしれませんが、セラピ

ストが内奥にどのような思いをもちつつ関わるかということは、やがりお母さんに影響を与えると考えます。結局お母さんは、これまで物理的にも心理的にも距離をとってきた実父と妹とも、ミカちゃんを介してそれぞれの役割を分担しながら、あらたな緊密な関係を育ててゆくことになりました。ことばをかえるなら、ミカちゃんがこうして、お母さんやおばちゃんとおじいちゃん、ヘルパーさん、周囲の友だちの親、さらには幼稚園や学校の先生方ともつなげていくネットワークの要となったのです。もちろんそれは、ミカちゃんのためにしていることですが、同時にお母さんにとって、日常の生活のなかに位置づき、支えられるためにも役立ちました。お母さんはミカちゃんによって、日常の生活のなかでこれまでよりも比べものにならないくらい、味わい深い豊かな人との関係の世界を生きることができるようになったのだと思います。

障碍をもってうまれた子どもは、その誕生によって、ある意味で親たちをこれまでとはまったく違う世界へと誘うことになります。最初はほとんど、これまでいた世界と比べるとマイナスな世界になってゆくとしか考えることはできないでしょう。親たちはこれまでの人生の過ごし方を、相当変えなければなりません。そのことへの戸惑いや方向を見失うような感覚をもちつつ、親たちはとにかく子どもを育ててゆきます。親からの関わりという名の刺激を受けるようになると、どれだけ障碍が深く強い子どもでも、その刺激に対して反応するようになってゆきます。そのままだと親子の間に起こりにくい相互作用が徐々に活性化し、それにより、子どもは内側にある力を顕在化させるようになってゆくのです。それによって、親たちは子どもに対して夢や希望と抱くようになります。でもその希望は、次におとずれる困難さによってつぶされます。この希望を抱くこととその希望が挫けること、という両者の間をくり返し揺れることを通して、親たちは次第に、当初人がごくふつうに抱くであろう夢、つまりこの子が障碍が薄くなって健常な子どもになってゆくという夢から、障碍はあるけれどもこの子独自のよさを失わないように生きていって欲しい、というようにこの子を中心にすえた夢を抱くことができるまでになります。そしてそれまでの子どもとの体験をかけがえのないものと実感し、この子がうまれてきてくれたおかげで、自分がいかに成長させてもらったかと考えるまでに心理的な変容をとげてゆくのです。もちろん、全員がこのような体験をするわけではありませんし、それを強いているわけでもありません。でもこういうことが起こることもまた、事実です。でもここにあるのは、いわゆる障碍受容といわれるような四字熟語で語られるかた苦しく狭い世界ではなく、徹底的に子どもとつきあうことによってうまれた、広さと奥行きをもった味わい深い人との関係性の世界にはいっていった、ということなのだと思います。

最後に、現在でも子どもの発達相談は、子どもの発達をどう育てるか、というところに焦点がおかれ、親は子どものために何をなすべきか、という姿勢でセラピストが関わっていることがほとんどのように思います。親自身の苦悩をセラピストが直接聞くことはあまりないとも聞きます。でも私は、よりよい子どもの成長発達を援助するためには、子どもの発達を促進させることと同時に、子育て奮闘中のお母さんやお父さんたちのこころを守り支える環境をつくることも大事なことだと考えます。両者は共に車の両輪。どちらかだけでは廻りません。私がここで行ったミカちゃんの実家のご家族との関係の修復は、お母さんのためになったのは当然ですが、誰よりもミカちゃん本人の発達のために親も役立っています。くり返しになりますが、援助が必要なのは、子どもだけでも親だけでもなく、親子の関係そのものなのです。そしてそれはどちらからアプローチしてもよいのだと思います。

第2章

ひとりぼっちの世界から関係性の世界への旅

……抱える関係に支えられて

なぜこのケースを書くのか

このケースは今から三〇年ほど前に私がセラピストとして担当し、以降約一〇年間、全力で関わってきた初診時二三歳の女性です。彼女の名前を仮にヒロさんとしましょう。当時私は心理臨床の現場に出て一〇年目、心理臨床家として本格的に鍛えられることになる花クリニックに勤務するようになって八年ほどたった頃でした。彼女は大学卒業後、就職のため上京して来院されたのですが、郷里の相談機関からの紹介状によると、それまでのセラピストたちから境界例圏の人と捉えられていました。この病名はいわゆる〝やっかいでむずかしいケース〟と冠されます。ここからも推測できるように、彼女とのセラピーは私にとって、文字どおり息つく暇もないほどの真剣勝負の連続となりました。

彼女はひとことでいうと、人との生き生きとした関係性の中で育つことができなかった女性です。小さい頃から自分ひとりで考え、自分でつくりあげた世界のなかで生きていました。ですからその世界は、彼女の思い込みを大量に含みこんだものでした。感受性がケタはずれに鋭い彼女は、相手の気持ちの中に微量にでも含まれている、彼女に対する否定的な感情を極めて的確に読みとります。それは相手が自分でも気づかないほど微量なものであっても、です。そして彼女はそれを自分を一〇〇％否定する思いとして受けとります。ですから彼女はいつも誰か、あるいは誰に対しても怒っていました。とはいえそれは、ごく普通の感覚で捉えれば、本人が一方的に被害的にうけとめているということにしかなりません。そこにズレがあるのです。これでは誰とも関わりを継続させることはできません。だから彼女はいつもひとりぼっちでした。

もちろんその関係は、セラピストである私との間で幾重にも展開しました。ですから私たちの課題は、彼女がもち、彼女がはまっている自分のパターン（カラクリ）にまず、私自身もいったんはまり、そこから一緒に抜けだして関係性の世界に向かっていく、ということだったと私自身は理解していました。それは、彼女が自分自身とつながり、それによって外との世界ともつながってゆくことへの伴走でもありました。私たちの関係はセラピーの過程で何度も壊れそうになりました。彼女がからめとられているパターンに、私自身も突入し、あるいは投げ込まれてゆくので、その都度関係は危機を迎えました。その度に私は、互いの間で何が起こったのかをくり返し考え、それについて彼女と話しあい、互いにわかっていくことでそのパターンから抜けだしてゆく、という根気のいる作業をつみ重ねてゆきました。

私は当時、愛と情熱と根性だけを頼りに頑張る新米セラピストという域は年齢的には過ぎたものの、まだ自分の心理治療の軸のようなものは定かではなく、日々大勢の患者さんとの関わりのなかでもみくちゃになりながら、気力と体力という勢いを頼りに奮闘していました。片っ端から勉強会、研究会、事例検討会に参加して、たくさんの理論も技法も学びました。それらはひとりひとりの患者さんとの実際の面接のなかで、間接的には私を背後から支えてはくれましたが、面接での「いま、このとき」に直接役だつものではありませんでした。

そんな頃、私はヒロさんに出会いました。彼女は真正面から私に向きあってきました。私ももちろん、真正面から向きあいました。本気と本気のぶつかりあいです。当時すでにむずかしいケースをたくさん担当していて、どうしたらよいか悩むことが多く、このままでは乗り越えられない、もうひとつ脱皮しなくては、あるいはもうひとつ何かを掴まなければ、という切迫した思いがあり、神田橋條治先生にスーパービジョンを受け始めていました。それは通信分析という、私と先生の間をノートが行ったり来たりするスタイルで、それはインテンシブには五年間続きました。このノートでの体験については田中（二〇〇二）に描いたことがあります。

当時は今のように心理臨床の研修会やスーパービジョンの体制などは整備されておらず、自分で勝手に開拓し、お願いするという方法しかありませんでした。神田橋先生は花クリニックでグループスーパービジョンの会を開いてくださっており、もちろん私もその会に出席していました。その会で私は先生のケースの読みの深さと鋭さ、先生の〝ことばにならない部分をことばにするすさまじさ〟に圧倒され魅了されていました。何より一番の凄さはいま、ここでどう考えたらいいのか、具体的にどう言ったらいいのか、どうしたらいいのか、ということに必ず何かしらの具体的なヒントや具体的なことばを与えてくださることでした。私自身のケースではないけれども、ほかの偉い先生たちのほとんどが、「そんなことしてちゃだめだよ」という一言で終わらせてサジを投げてしまうようなハチャメチャになっているむずかしいケースに対しても、同じでした。先生の「〇〇してみたら～?」「こう考えてみたら?」といった発想は、まさに自由自在で縦横無尽。どこかに書いてあるセリフではなく、その場でうみだされたオリジナルなアイデアで、それによって沈没寸前だったケースがいのちを吹き返してゆくのです。目の前で展開されるその光景に私は息をのみ、すっかり魅了されました。でもそれだけではありません。これらを先生のシャープさと名づけるなら、それが人の成長を見守る先生のあたたかさとまなざしのやさしさにすっぽりとくるみこまれているのです。この両方が中途半端さのなかでうろうろしていた当時の私に必要でした。この先生しかいないと思い、おそらく断りようのない鬼気せまる勢いで指導をお願いしたのだと思います。

このケースは最初の四年強の関わりがあり、そこから私がアメリカに留学した一年間の不在をへてセラピーを再開して二年間、その後彼女が郷里にもどってからの手紙による三年間の関わり、という全体で一〇年間のつきあいになりました。この最初の四年間を、私は神田橋先生にたくさん相談しました。複数のケースを相談しましたが、ノートの半分くらいは彼女の相談でした。そしてその四年目の一年間は、私が留学するための別れをめぐるテーマが加わりました。このスーパービジョンによって私は、彼女とのなまなましいやりとりの世界を彼女と共に生きぬくことができ、かつ心理療法とは何なのか、人が人に関わるということはどういうことなのか、等々の心理臨床の本質をたくさん学び、自分の臨床の軸のようなものがみえてきました。私はヒロさんのケースでふだんよりもずっと多く、本気で腹を立てて泣き、悔しくて泣き、情けなくて泣き、恥ずかしくて泣き、うれしくて泣きました。

「はじめに」のところにも簡単に書きましたが、私は本書で私が患者さんとどのように具体的に対応しているのか、そこで何を思い、何を言い、うまくいかなかった時には後でどのように考え、後の関わりのなかに戻していかしていったか、というその実際を提示することが、さまざまな場面で悩み、迷っているセラピストたちに具体的に役立つだろうと考えています。ですから以下に描いているのは、その心理面接で実際にあった内容です。とはいえ、ただ、ある日のある部分をそっくり提示することは、ただ暴露的なものにしかならないのではないか、とも迷いました。

でも通常教科書に描かれているのは、こういう場合にはこうするといい、なぜならば……というような一般的なことだけです。ケースとは文字どおり、ケースバイケース。むずかしい場面ではそんな公式は役立ちません。一方、事例研究論文には、エッセンスの関わりが抽出して描かれているので、もちろん有用です。でも、その周辺やすそ野にあるさまざまなことも含めて描かれていればもっと自分のケースにひきつけて理解することができるでしょう。さらにそれが一つのケースの長期的な流れのなかで描かれていれば、そういう治療的関わりがどのように展開し、どうなってゆくのか、また、その人のなかでどのように内在化されてゆくかもみえてきます。治療者が自分なりにわかり、腑におちるから、そのアプローチがつかえるものになるのです。これらのことを考えていったとき、私の頭のなかにヒロさんとのやりとりが浮かんできました。

幸いなことがありました。カルテはすでに廃棄されていますが、留学直前に私はある事例検討会でこのケースを発表したことがあり、そのときの資料が手元に残っていました。もちろん、神田橋先生とのスーパービジョンのノートも手元にあります。これらの記録をもとに、いまだに生き生きと想起することのできるこのケースを詳細に描いてゆくことは、今の自分にはできそうでした。

次に気になったことがありました。当然のことながら、本章が単に彼女の個人史を暴いたり、彼女を傷つけるものであってはなりません。そう考えながら書き進めていくうちに、気づきました。ここでまないたの上にのっているのは、彼女ではなくむしろ私自身の方なのだと。確かに彼女は素材を豊富に提供してくれています。彼女がいてこその、私とのやりとりです。でも、実際には彼女からのメッセージを受けての私の側の内面、つまり自分の気持ちや考え、感覚をもとにうみだされた私の連想がケースを前に動かしもし、停滞もさせました。正直ものすごく格好悪くて、思わず書くのをやめにしたくなる部分や、なかったことにしたい、隠しておきたい部分が私の方に山ほどあります。もうちょっと有能なセラピストだと世間に思ってもらいたい自己愛もうずきます。でも、だからこそ、それらの部分が貴重です。相手の思いを受容体として自分はどう感じ、どう受けとめ、あるいは受けとめ損ね、それをどう考えどう関係のなかに戻していったかという、その詳細を描くことこそ、おそらく似たような道を迷いながら歩んでいる人の一番確かな手びきになると考えます。心理治療という営みは、臨床家が自分というものを安全地帯において、専門家としての部分だけで相手と関わればいい世界ではありません。臨床家が全身で関わるから、全身で関わってくる相手との間に化学反応が起こり、心理的変化が幕をあけるのだと私は思います。私は愚直なまでに自分を全開にして関わっていますが、格好悪さも臨床家の勲章です。ですからそっくりそのまま本書で提示しようと考えました。もちろん、ここにはケースのすべてのセッションを載せたわけではありません。膨大な面接のなかからテーマを限局し、さらにある日のある面接、というように抽出して描いています。ここでテーマと言ったのは、彼女の対人関係のむずかしさが、セラピストである私との関係のなかでどのように現れ、どのように変容していったか、という筋の部分です。これは専門用語でいうと転移と逆転移の交絡する世界です。

ヒロさんと私との間に起こった、互いの気持ちの微妙なズレや激しい感情は、大なり小なりどんなセラピスト－クライエント関係にも起こるだろうと考えます。私と彼女との関わりを読んでいくと「そうそうそう！　これって自分も言われたことある」とか「臨床家としてぜったいたい思っちゃいけないことだろうけど、自分もこんな風に思ったことある」、あるいは「そんな風に思った自分に愕然となった」など、膝を叩いて共鳴してくださるセラピストは少なくないと確信します。私たちは生身で接しているのですから、ナマな自分の感情こそが、その問題を解く手がかりなのです。だからこそ、このケースを語ることが多くのセラピストに役に立つと思います。その意味で、確かにヒロさんと田中のセラピーですが、おそらくもっと普遍的なやりとりといえるだろうと考えています。さらにここに神田橋先生のノートでのコメントを時宜に応じて登場させていただくことは、読み手の理解を深めるのに百人力。このことは先生に了解していただいています。

神田橋先生とのノートのなかで、私は最初のうち、まさに叫ぶように面接の出来事とその時の自分の感情の動きを書きなぐっていました。ノートが戻ってくるのを首を長くして待ち、先生からのコメントを読んではどうしたらよいかを考える、ということをくり返していました。ところがしばらくたつと不思議なことが起こってきました。私は相変わらず先生に相談しようと意気込み、必死で書いているのですが、書いている間、自分のなかの先生と対話していて、どう理解しどうすればよかったかということが、書き終わる頃には自分のなかから自然に導きだされていくようになりました。まるで自分のなかに神田橋（小）先生がいて、その小先生と対話しながら書いているのです。そしてその私たち（田中と小神田橋先生）の成果を、今度はホンモノの神田橋（大）先生がコメントしてくださる、というような入れ子構造になってきました。何とも不思議な体験でした。自分が先生から直接指導を受けなくても何とかやれそうな気になっていったのは、自分がこの入れ子構造を内在化したからだと思います。これはおそらくヒロさんも同じでしょう。つまり田中の言うことをただやみくもにとり入れるのではなく、また、言われたから考えるようになるわけでもなく、やりとりのなかで自分のなかで「ああ、そうか」と納得する自分にあう部分を、自分のなかにとりこみ、それが次第に自分のなかにとけこんでゆくので、自分がより自分らしく変わってゆくことができるのでしょう。自分のなかでどう考えていくとよいのかがわかってくるということです。最後にこのノートは何度も読み返しているのですり切れてボロボロです。でも、書かれているコメントはどれもむずかしく、いまでもどれだけきちんと把握できているかは自信がありません。ですので私の理解は浅く間違っているかもしれないということはお断りしておきます。

1　ヒロさんが病院にきて、ここで相談をすることにきめるまで

初回の関わり

ここでは、彼女がカウンセリングを希望して病院に訪れ、それ以降五回ほどの面接を続けるなかで、ここで相談をしていこう、ときめるまでの経緯をお伝えします。彼女は小さい頃から生きにくさをもっていて、大学にいくようになってから医療と心理相談を受けるようになっていたこと、就職で上京してから継続して相談できる場所を探していたということが語られました。

現在、当院（花クリニック）の心理相談は医療と独立した形態で行われていますが、当時は医師による初診診療を受けた後、私たち心理臨床家がセラピーを担当する保険診療の枠組みで行われていました。以下はその医師の初診診療で語られた概要です。彼女はある年の六月に当院を受診しました。（以下に彼女のことばを「　」、私のことばを〈　〉、神田橋先生の通信分析ノートのことばを『　』であらわ

します)。また私は医療にいるのでクライエントを患者さん、自分のことを治療者と日頃使っている名称で呼びます。

「私は今春、郷里の大学を卒業しました。ここ(当院)でカウンセリングを受けたいです。不眠で薬を服用しています。対人関係の不器用さについて相談したいです。

大学生の頃にはA病院で薬をもらい、B先生のカウンセリングを受けていました。就職で上京後、C精神科に行ってA病院からの紹介状を渡したのですが、そこでは重症の人が多いのと料金が高くてやめました。そこで自分が今住んでいる社員寮の近くのD病院に行って薬をだしてもらいました。だけれども、そこも何か違う気がして大学の時に授業を受けたことのある臨床心理のE先生に電話して、このクリニックの田中先生を尋ねてみるようにと助言を受けました。最初のA病院には三年間通院しました。そこでは自分が他人と打ちとけられない、学部があわないというような問題で、親に内緒で通院していました。留年し、手首も切ったこともありました」というような概要です。

もともと田中のセラピー希望ということだったので、初診医は先の概要と「スキゾイドの対人緊張の高い人だと思う」という判断を加えてすぐに私の面接となりました。

待合室で待っている彼女は、背が高く、痩せていて、怖いほど硬い表情、緊張の高さは並はずれたものがありました。面接室に入ると彼女はたくさんのことを語りました。その話をまとめると以下のようになります。

中学の頃から人との関係が悪く、親との関係も悪く、学校から帰ると部屋でじっとうずくまっているような状態で生きてきた。大学も不適応。親は浪人は絶対させない、女は大学なんか行かなくってよいと言っていた。自分はどうしても大学に行きたかったので、仕方なく希望ではない大学に進学した。大学生になった時、親の監視から離れられたことが嬉しくて、一年生になった時に学生相談室に相談に行ったけれどもすぐやめた。二年になってA病院の心療内科に行った。四〇代の女性の心理のB先生が担当になった。甘えられる感じの温かな人で、うまれてはじめて人とのつながりがもてた感じがあった。二年時に転科をめぐってのトラブルがあって留年した。リストカットはしょっ中。四年時にも留年した。校舎が代わったので、大学の保健センターの先生のカウンセリングもうけた。この先生がE先生（男性）。卒業間近の今年一月には大量の薬を飲んで自殺を企図した。今は会社の寮にいる。寮の三人の同居人からは何となく仲間はずれにされている。それで困っている、と。

この時彼女からは、とにかく表情は硬くて険しく猜疑的、誰も寄せつけない厳しさが全身に漂っていました。簡単には人を信じまい、だって人はどうせ私を裏切るんだから。でも本当は人を信じたい。この先生（田中）はどういう人か、信じるに値する人なのかどうか、ということを全身で評定されているのをひしひしと感じていました。孤独で淋しく、愛情に飢えている人のもつ独特の雰囲気が漂ってきていました。何とか力になってあげたい気持ちが私のなかにわきおこりました。そして同時に、だからこそ、彼女にしがみつかれたら大変だろう、とも思いました。何度も転院しながら自分にあったセラピストを探す行為からは、感覚の鋭さと、あきらめない、ねばり強さのある人だと感じました。さらに彼女の話し方から、知的に高い人だろうということと、その反面、情緒的には未熟な部分のある人だろうと感じました。力はあるけれども、自分のもてる力を発揮するための土台がうまくつくられておらず、力がだだもれになっていて、自分らしく生きることを求めつつ、それを得られない苦悩を感じました。別の言い方をすると、自分自身をこの世にひっかけて生き延びてゆくフックをうまく掛けられていない、彼女の自殺企図はそういうことと関連するのではないかと思いました。だとするなら、これからも自殺企図はくり返されると考えられます。当然、面倒でやっかいな患者さんになるだろうと思いました。と同時に、私は彼女から漂うあまりの寂寥感に気持ちが揺さぶられており、何とか力になりたい気持ち、つまりどこかそのやっかいさを背負いたい気持ちにもなっていたと思います。だからこそ変にべったりと依存される関わりではなく、彼女自身が何とか自分の足で立てるような形の治療関係をつくりたい、と初回から漠然とではありますが考えていました。

ここでの私との具体的なやりとり

彼女はこれまで何度もリストカットや大量服薬で自殺をはかったと語った時、それを話しながら「自分は生きている価値がないと思ってきました。……過去からつながっている自分を抹消してしまいたいです」「過去の全てがいや、自分は失敗の連続」等を語りました。それに対して私は〈過去そのものは変わらなくても、過去に対する思い、自分の想起が変わっていったとしたら、そしてその先に自分の未来が続いていく感じがみえてきたら、あなたは生きていくことができそうかしら？〉と尋ねてみたところ、じっくりしっかりと聞きながら彼女は「ええ」と答えました。

さらに前のセラピストであるB先生のことを、あたたかなよい雰囲気で語った彼女に、〈その先生としたことは、〝あなたそのままでいいのよ、そのまんま生きていていいのよ〟というあなたの存在の土台づくりをしたのではないかと思うのだけれども、どうかしら？〉と尋ねたところ彼女は「そうです、そうです！」と。私は〈だとしたら、その土台が少ししっかりしてきたから、その先生と離れて東京に来ることができたのではないかしら。でもあなたにとってそのB先生との関係はとても大事でしょう。もしここでセラピーを続けるとしても、手紙を出すとかして、その先生との関係、つながりは切らないようにした方がいいのではないかとと思います〉と返しました。

このようなやりとりをして終了時間がきた頃には、緊張していた彼女の頬が少しゆるみ、笑みのような感じが漂ってきていました。そこでここでセラピーをするかどうかを決めるために、何回か通ってみるのはどうでしょうと提案したところ、即座に「そうします」と。そこでB先生から彼女とのセラピーの経過を紹介状として書いていただくと、より私があなたのことをわかると思うけれどもどうだろうかと提案したところ、彼女はすぐに同意し、それならE先生にも紹介状をお願いしたいと語りました。そこでおふたりの先生にお願いすることにしました。

なぜここで、このような対応をしたか

私はまだ会ったばかりですが、彼女の内側から漂ってくる言いようもない淋しさは、まわりの人と思いや気持ちをわかちあえない苦しさからきているように感じていました。でもそんな彼女もB先生のことを、甘えられる感じの温かな人で、うまれてはじめて人とのつながりがもてた感じがあったと語っています。彼女にとって、こころがあたたまるような関係だったのだろうと想像します。もしかしたら卒業間際の自殺企図は、この先生とのお別れをめぐって、淋しくなって起こったのかもしれないともその時思いました。彼女にとって大事な先生です。だとしたらこのB先生との関係とのつなが

りの上に、ここでの新しい関係をのせてゆくことができれば、彼女にとって「関係が続いてゆく」感じがもてるスタートになるのではないか、と考えました。そうしたところ、彼女は彼女を大学のなかで支えてくれたE先生からも紹介状をいただきたいと提案しました。彼女はこれまで、このふたりのセラピストに相当支えられていたのだろう、その先生方と私をつなごうとしているところから、彼女はおそらくここで腰をすえてセラピーをしていこう、という気持ちになっているだろう、と漠然と感じていました。とはいえ、実は私の方からその提案をしているわけですから、セラピーにむけてお互いに積極的です。

私はもちろん、他のセラピストとそのクライエントが関わったセラピーを、別のセラピストがそのままひきつぐことは無理だということはわかっています。でも彼女のように、人とのつながりに重篤な問題を抱えていて、自分の生きる土台をつくろうとしている人の場合には、それまで関わってきた大事なつながりをぶつぶつと切り離して、いちからスタートさせるのではなく、できるだけつながっていくようなイメージでセラピーをしていけるといい、それによって人との関係は続いてゆくし、育ってゆくというイメージをもてるようになるといい、と考えていました。それは前のセラピーの上に次の私とのセラピーが乗って、ひきつがれてゆく、というようなイメージです。

以降五回目までの関わり

二人のセラピストからの紹介状

両先生からすぐに紹介状がとどきました。次のような概要でした。

まず病院のB先生からの紹介状はていねいに、長い文章で描かれていました。彼女の初診時の訴えは頭痛、不眠、過食、学部があわない、人の考えていることがわからない、幼い時から親、特に父親との関係が悪い。小学校以来、友だちや教師からわざと悪意のいじめを受ける、高校一年生の時に脊椎則湾症といわれて気になっている、自分に自信がもてない、常に対人関係で悩んでいると、その訴えはとても多かった。

セラピーをしていくなかで、彼女には自分の存在への危機感が強く、そのために数回の自殺企図があった。彼女は心の基盤となる部分が欠けている、だから生きていくエネルギーがわかない、と訴えていつも死への願望があり、リストカット、首つり行為、薬物の大量服薬というアクトアウトが出現していた。医師は統合失調症と判断したものの薬物への拒否感が強く、それに関わる薬は投薬できず、眠剤中心の処方を行っていた。B先生自身は境界例様の悩み方を感じる。今回東京への出発前に親が本人のありように理解を示し、自殺企図を境に現在のところ家族関係は変化しつつある。

一方E先生からの紹介状の内容は、自分は無事に卒業してもらえるように援助した。睡眠障害とそれにもとづく集中困難が主な訴え。対象のスプリッティングも顕著で、軽くみても境界例の人という印象である、という内容が簡潔に描かれていました。

医師依頼の心理検査をめぐって

初診時、医師は彼女にTPI（MMPIを改訂した東大パーソナリティ検査）とSCT（文章完成法）を渡して自宅でチェックしてきてくれるように依頼していました。二回目に彼女から結果を受けとったときに私は、〈この結果については次回の時にお話ししましょう〉と言ったところ、「ええ！　結果を教えてくれるんですか。前のところではだめだといわれたんですよ」と。〈検査をうけたのだから結果を知りたいのでは……？〉に「うん。そりゃもう！」と。

このやりとりをしているだけで、私はもう自分が彼女のペースにはまっていくのを感じていました。検査の結果を本人に返すことが、時としてなされないことがあるのは知っています。それは基本的には間違っています。ただ、もし彼女が結果を教えてもらえなかったとしたら、本人にそのまま伝えることがむずかしい部分をはずしてフィードバックされた、ということではないかと思いました。彼女は、隠された部分があることに気づいて、だから言ってもらえなかった、と私に言ったのではないかと思ったのです。

数回の通院をへて、彼女はここでの継続セラピーを希望しました。これまでの経過や検査の結果を話し、ある時には過去のことを思い出すと気が狂いそうになるといっては、面接室のなかでボロボロと泣いていました。寮でも夜、おいおいと出てしまう声を殺して泣いているとのことです。

ここでセラピーを受けたい、ということになった時、私は彼女に〈ここでの面接の方向についての相談をさせてください。やり方としては二つの方法があると思います。ひとつはあなたのひっかかっている過去そのものをとりあげていって、それを整理し直していこうとするやり方です。もうひとつは過去のことではなく、現在の困っている問題をとりあげてゆくやり方です。今いる自分は過去からのものをたくさんしょっています。ですから今困っている具体的な問題を解決してゆくことは、過去からの自分の問題を間接的に扱うことになります。あなたの場合、いま困っていることがたくさんあるようだから、それを具体的に相談してゆく形のほうがよいのではないかと思いますがどうでしょうか〉と尋ねたところ「そうですね」と。そこでとりあえずの問題として、寮と会社での人との関係のうまくいかなさをテーマにしようと合意しました。

ちなみにあるとき幼少期をふり返って、自分は幼稚園入園時に今の家を父親がたててひっこした。そこは田舎だったので、はじめからはみ出しっこでいじめられた。でも幼稚園、小学校と知能テストがずば抜けてよく、成績がいいということで自分の場所をつくってもらっていた。でも中学高校となるに従い、まわりの人の成績があがってきて、いわゆるできる子、という立場を失っていった。ひっこしをした頃に弟がうまれた。弟がうまれるまでの三か月間、叔母の家に預けられた。弟は両親に可愛いがられた、というような自分の家族との関係も語っていました。

2　最初の一年目が終わる頃までの面接

彼女は週一回の定期的面接を希望しました。しかしはじめてみるとすぐに、週一回の面接ではぜんぜんもちません。そこで面接と面接の間で電話も了解することにしました。彼女はすぐにセラピーにのめりこんできて、面接のなかがごちゃごちゃになり、それに対応しながらお互いがお互いを知っていく、という一年目でした。

“あれ”と“これ”がごっちゃになる

セラピーをはじめてすぐに、彼女がもっている特徴が見えてきました。その一つはいろんなことがごっちゃになること。例えば彼女は腰が痛い、頭が痛いなど、体調の不調をしばしば訴えました。そこで彼女の寮の近くにある病院の受診を勧めたところ、そこに行ったら医者に○○と言われたが、それはどういう意味か？　そこで出された薬はこれだが、これは一体何の薬か教えて欲しいというようなことです。また、ある病院で感じた不満を別の場所で語り、その別の場所で受けた対応の不満をさらに次の場所で語り、ということもくり返しました。同様にかつてのセラピストであるB先生に私の言ったことに対する不満を電話で語り、B先生の不満を私に言ってきたりも、もちろんしました。腰痛に関しては、腰痛で通っている病院で書いてもらった診断書を会社に提出するのですが、ここ（当院）で書いて欲しいと言ってきたりもした。彼女が不満や疑問を直接本人に問えないことが明らかです。直接言うことができないのでそうなるのですが、問題はもっと複雑です。というのも、どうも彼女自身が聞く相手を間違えているということをまったくわかっておらず、当然のことのように聞いてくるので、こちらが相当注意して聞いていないと、まきこまれてしまうのです。おまけに、本人にどこで誰に言われたことかを尋ねても、人に話しているうちに彼女自身もごっちゃになって、わからなくなったりするのです。時間軸も過去と現在がすぐに混濁するので、いったい自分たちが何について、どういうやりとりをしているのか、しょっちゅうわからなくなりました。

これはおそらく、誰にも相談できなかった彼女が、自分の頭のなかだけでさまざまな事態を理解し対処しようとしてきたために、〝あれ〟と〝これ〟と〝それ〟がまぜこぜになってくっついてしまうようなことが頻発してきたことの現れなのだろうと思われました。本人に悪意はありません。彼女がまったく気づいていないので、そのおかしさを批判する感じではなく、本人に伝えることがまずは大事な作業でした。ですから私にできることはしつつ、できないことはどうしてできないかを伝えながら、ごっちゃになることの区分けをていねいにくり返し伝えてゆきました。

こういう状況下で、彼女にある出来事について尋ねると、一瞬のうちに表情が無になり「わかりません！」と言われることがしばしばでした。失礼な言い方になるのですが、何とも演技的というか、芝居がかっていて、わざとらしいのです。この間ずっと、私は相当意識的に彼女のペースにはまりこまないように、まきこまれないように注意している自分を自覚するようになっていました。彼女の郷里のふたりのセラピストは共に、この時点でもかなりまめに彼女の電話をとってくださっていました。私も同じように電話をすぐにとってあげるとよいのだろう、と思いつつも、パッとはとらずに約束の時間をきめてとるようにしていました。あまりゆるめすぎないほうが、私がつぶれないで、この関係を安全に維持できるのではないかと思ったからです。しかしこのように彼女のペースにはまらないように、まきこまれないようにしている自分を自覚していると、同時に自分は冷たいのではないか、ただ理屈をこねて距離をとっているだけなのじゃないかという気もしてきます。そういう自分に居心地の悪さを感じながら、私はこの頃面接していました。

神田橋先生は『あなたがこの時思わずもらした「彼女のペースにはまらないように」という逆転移をいつか、このクライエントに話してあげることがキーポイント。彼女をめぐる多くの人が同じ逆転移を起こしているはずだから。そして多くの人はそのことについて本人とは話をせずにアクトアウトしているのだろうから』と。以降も『こちらに起こっている逆転移感情を正確に相手に伝えるように工夫しましょう』とくり返し伝えてくださいました。私のなかに起こっている気持ち、追いたてられることへの腹立ちや困惑、自分はあたたかさややさしさがたりないのではないか、というひけめや自分に対する負い目などの感情をきちんと自分のなかでうけとめ、みつめていきながら相手とそのことをわかちあう、つまり話しあえるとよいのだろうと私は理解しつつ、でもすぐには無理なので、そのことを自分の課題として抱えていました。この頃には彼女は自分の医療面での環境を整える一方で、両親のこともぽつぽつと話し、面接開始から二か月後の八月には、自分は小さい頃から親に愛されたことがなかった、と語っていました。

話したいことを話せるようにメモをとる

一〇月のある日の面接。話をしていたら突然「私、甘やかされているように見えますか！」と、まるで私をふくむ世間全体に対して抗議するかのように語ります。やはり芝居の中の女優さんみたい。びっくりする私に「これまでいろんな人にそう言われてきた。大学の先生、はじめてあった医者、B先生にまでいわれてきた……」と語った後、また突然「父も母も早くにそれぞれの両親を亡くした人だった。ふたりとも親戚の家をたらいまわしにされ、やっかいものとして育った。その意味で似た者同士だった。母は父が嫌いだったけど、結婚するしかなくて仕方なく結婚したと言っていた。自分は小さい頃は何でも言うことを聞く子だったから、父はうまれた私をホイホイ可愛がった。母は父をとられたと思って私を憎んだと思う。でも学生時代にはずっと母親のグチの聞き役をしていた。家の近所に同性の人がいなかったから自分がそうするしかなかった」と。

これまでの両親に関する話はいつも悲しく苦しいものでしたが、人に嫌われ、いじめられてばかりいたと言っていた彼女が、苦しい幼少期を送ってきた両親それぞれに対して、自分との関係をふりかえり、何とか親を理解しようとしているこころの動きを垣間見たように感じた瞬間でした。彼女は両親に対して、一生懸命よい子でいようとしていたことがわかります。この頃には彼女がここで話そう、と思うことをメモってきてメモをみながら話すようになってきました。忘れないでちゃんと聞こうと思うからと。その姿にはどこか必死さが漂っていました。

なじりあいのけんか面接とそこから得た気づき

一一月。彼女は面接室に入室するなり椅子にへたへたと座り込み、自分の横にあった壁に頭をもたれかけさせます。壁がなかったら床に倒れてしまうほど。この頃は待合室にいても、ソファーにゴロンと横たわって寝ています。待合室はそれほど大きくはないので、彼女が横になると三人分の患者さん用の椅子を占領することになります。ほかの待っている患者さんたちが不自由だし居心地悪い。でも彼女はこのようにして思い切り自分の不調を見せつけます。いえ、わかっています。彼女は見せつけているのではなく、ただ自分のつらさを表にだしているだけなのです。でもこうして決して言語化せず、態度で訴えるのが彼女の特徴。自分がいかに大変かを態度で見せつけて相手にわからせようとする彼女のやり方は、わざとらしいので人はうんざりし、本人の大変さへの思いいれが薄くなってしまいます。この彼女の態度が寮や会社での周囲の人とのトラブルの要因となっているように私には思われました。でもこのことを中途半端に伝えても彼女は「相手は態度で察するべきだ！」と一刀両断に切り捨ててしまい、もち出したことが〝かえって悪い〟結果になるであろうことは明らかでした。そこでどのようにしていくとこの問題に触れていくことができるのか、慎重に考え、タイミングをまちながら面接を重ねていました。

でもそれとは別に、うれしい変化もありました。面接開始から半年ほどたったこの頃になると、彼女は今の会社で仕事をするだけでなく、新聞をとりはじめ、小さい頃から好きだったという芝居の話をするようになり、英語学校に通いはじめました。あれも読みたい、これもしたいと、どんどんしたいことがふくらんでゆき、困ってしまうとも語っていました。そして大学受験を失敗したからあらためて大学を受け直したい、あるいは大学院で心理学を学びたい……とも言うようになり、さまざまな模索が始まってきました。

そして「私は小さい頃から芝居が好きだった。学校で舞台をみにいくという授業があって、いつもワクワクしていた。舞台女優になりたいという思いが小さい頃からあった。あるときとっても素敵な女優の〇〇さんにサインしてもらった。その時うまれてはじめて〝きれいになりたい〟って思った。でもこんなこと言うの恥ずかしい。はじめてこんなこと人に言った」と語ります。私はこのとき、あまりにもびっくりしてしまい、頭真っ白、何も言えませんでした。

一体何に私はびっくりしたのか面接が終わってから考えました。ふだんの彼女はひっつめ髪で化粧っ気もなく、衣服にも気をつかっていません。いわば女性性とは縁がないのです。その彼女がきれいになりたいと思ったことがある、という告白にまず私はびっくりしたのだと思います。彼女は鋼鉄でできた知性の鎧を身につけていますが、その一方で、内側の情緒はあまりにドロドロとした溶解状態。気持ちとあたまがばらばらです。そのちぐはぐさが身体不調として現れていると私は考えていました。そんな彼女に、こんなやわらかい、女の子だったら抱いて当然の思いが秘められていたことに、私はほっとして、うれしくなりました。同時に彼女の最初の頃の芝居がかったものの言い方も、ここにルーツがあったとわかりました。さらにこういう乙女心を両親のどちらともわかちあえていなかったのだろう、それが淋しかったんだろうとも思いました。

神田橋先生からは、この彼女のいうはじめては〝はじめて〟ではないかもしれないと。私もそんな気がしました。はじめて言った、ということばは、相手をとりこみ、秘密を共有するふたりだけの世界をつくりあげようとする誘惑のことばです。こういうことばに人は弱い。もちろんこれは、彼女が作為的にしていることではありません。しかし私の仕事は、無意識的に人をまきこみ、まきこむことで相手をとりこんでゆく彼女のカラクリに気づき、そこから一緒に抜け出してゆくことです。これは操作だ、と冷たく考えても相手は防衛的になるだけで、治療には役立ちません。真に治療的になるためにはセラピストが自分のこころの中にわきおこるもやもやをみつめてゆく作業が不可欠です。といいつつも、私たちの関係はどんどん濃厚になってきていました。

面接は当然、むずかしさが顕著になってきました。彼女の話をうけて私が何かを言うと、「そんなことわかっている、自分でよーくわかっている。じゃあどうしろって言うんですか！」と。私はその頃、いつ、どのように今顕在化している問題に触れていったらよいか試行錯誤していました。ちょっとでもその問題に触れようとすると蹴飛ばされ、あしらわれてしまいます。私の対応がうまくいっていないのは重々わかっているものの、次第に気持ちが挫けていって気の抜けた、頭でだけ考えた対応が増えていきました。そうなれば一層、面接と面接の合間に手紙も電話も来ます。彼女の場合、電話を了承したら頻繁になって大変になるだろうとは最初から覚悟していました。ですからその大変さはいいのです。参るのはその中身です。手紙や電話をめぐっては、とにかく腹が立つことばかり。例えば彼女から「昨日手紙を書いて送ったのですが着いていますか」と尋ねてくるので、まだの場合は〈いえ、まだ受けとっていません〉と返事します。そうすると「事務が渡していないいんじゃないでしょうね！」と語尾を強めた抗議がきます。あるいは彼女から電話面接依頼の電話がかかれば、なんとか時間をつくる調整をしますが、どうしても時間をつくれない場合もあります。そんなとき私はものすごくすまない気持ちになりながら、明日では駄目でしょうかと受付さんに尋ねてもらうと「明日は○曜日。どーせ間に合わない、どうせね！」とまた全面的に蹴飛ばされてしまいます。いえ、わかってはいたのです。私自身もこうなるだろうことは。でも相手の気持ちを何とか汲もうとしつつ、時間を割こうとするものの、うまくそれができないとあしらわれ、足をすくわれ、そんな共感ちゃんちゃらおかしいとあざ笑われているような彼女からのことばが返ってくると、自分が挫けてしまうのです。それでこちらが傷つくから小理屈をこねたり、思わずピシャっとやっつけるような仕返しをしてしまうこともありました。そうすると当然悪循環で、恐怖の〝一〇倍返し〟が待っています。彼女は理屈に関しては私以上に理屈をこねます。私たちはそのくり返しのアリ地獄のなかに、いつしかずるずる突入していきました。くり返しますがこれは最初から予想していたことではあり、想定外の展開ではありません。でもその磁場の強さと大きさは、私の予想を越えており、私も彼女も一緒に溺れそうになっていました。でも私はやっぱり治療者です。必死にたて直そうとしてゆきました。

なぜ私はこんなに自分がヒートアップしているのか、をあらためて考えてみました。先の神田橋先生からのコメントにある自分の逆転移のルーツを自分のなかにたどってみました。彼女は淋しい女性。人に対する関わりの希求性が猛烈に高く強い。でも関わり方は下手の極致。彼女の得意芸は議論とか論争。つまり競争関係。彼女は田中という四つに組める治療者に出会うことで相手を得た。この勝つか負けるかという競争関係にこちらが巻き込まれてしまっている、というのが今の状態といえるでしょう。もちろんこれは彼女が意識してやっているわけではなく、彼女自身もはまっている関係なのだけれども、知らないうちに私たちふたりが巻き込まれていっているわけです。こうなると通常は治療者は彼女に競わされ戦わされ、消耗して力尽きて彼女を投げ出す、つまり彼女は放り出されることになります。そして「やっぱり私なんか生きていたって仕方ない」と自殺企図する、という結果が口をあけて待っていました。だから治療者として私は、このカラクリをどのように彼女と共有するかだと思い対策を考えていました。これは面接がはじまって五か月たった頃のことでした。

次の日の面接の前に彼女から抗議の手紙が届いていました。それはこれまでの面接で私が言ったことに対する恨み節。彼女は開口一番「私の手紙を読んで先生はどう思いましたか」と尋ねてきました。そこで書かれていることに具体的にひとつひとつ答えていってから、〈あなたの手紙を読んで、どうしてこんな風に私のいったことを歪めてうけとめてしまうんだろう、何でこんなことになっちゃうんだろう、あなたがすごく被害的になっていると感じました。そして今までの私とあなたとのやりとりは、お互いに言い返しになっていると思うのです〉と。それに対して彼女は頷きながら静かに聞いています。〈私自身、言い返しが多いのです。それで私のしているほかの患者さんとの面接をふり返ってみると、ほかの場合にはそうではないのです〉に彼女は「エエッ!!　そうなんですか！」とおどけるような、若干大げさな言い方です。

私は静かに続けます〈だとしたら、どうしてあなたとの面接だけがそうなってしまうのか、私はずっと考えてきました。私はずっとあなたが私につっかかってきていると言ってきました。でもあれ？もしかしたらつっかかっているのは私の方なのかしら？　とふと、この前思ったのです〉と伝えました。

そうしたところ彼女はおちついて「前にも言ったことがあるけれども、先生は飲み込みが早いんです。ペースが前の先生たちよりずっと早い。だから面接がポンポン進んでいきます。そのなかで二〜三回、先生が早とちりしているなって思ったことがありました。先生のペースにぐっとついていって、面接が終わると疲れてしまうこともありました。でも落ち込んだり嫌になったりしたことは一度もありませんでした。早いペースだけど、この道間違ってない。この道でいいと思ってきました。でも先生は時々、私が喧嘩を売っていると言って私を責めたけれども、あれ〜変だなあ、喧嘩を売っているのはどっちなんだろう、って思ったりしたこともありました。これが先生のスタイルなんだろうって考えていました」と。

ここまでの彼女の話しを聞きながら、今日はなじりあいになっていないで、ちゃんとこの問題をまないたの上においてふたりで眺められている、とこころのなかでガッツポーズ。そして彼女がそんな風に考えていてくれたことに、心底うれしいと感じつつ、ことばを続けました。〈私がこの手紙のなかで一番ひっかかったのは、「(田中が) あんたのような力のある人にはかまっている暇はない」って書いてあるよね。これは本当にそう思ったのですか?〉に彼女は即座に「うん」と。〈今はどう思っていますか〉に「今でもそう。ここ (この病院) には重症の人が多いから私なんかあと回しなんだと思う。大分前にも私より見るからに重症の人がいて、その人に先生が時間をつくって私の時間が短くなったけれども、私は定時に時間を打ち切られて、またその人が私の面接の後にはいった。私のことなんかどうでもいいんだと思った」と。そこで私は〈治療者は患者さんのことを完全にはわからない〉と言いかけると、彼女は間髪をいれずに「そりゃそうですよ! 当然ですよ」と勝どきの声をあげます。私は〈でも治療者は、私は、あなたのことをわかりたい、わかりたいと思いながら会っています。私はあなたのことを暇がないから会わないなんて思わなかった。今でも思っていない。それをそういう風に捉えられるのは心外です。私はあなたのことを少しでもわかりたいと思っている。わからない部分は多いだろう。でもわかりたい気持ちもたくさんある。なのに、あなたは、患者さんは、あなたは治療者のことをわかろうとしてくれているだろうか〉と。

ちょっと黙って彼女「私怒っていないですよ。私の時間をとられるのなんて、あんなこと今までだっていつもそうだった。怒っていないですよ。医者なんてそんなものだもの」と。これに対して私は〈私は怒っている。私は怒っています。私にとって患者さんはみな一人一人大事。あなたのことも大事です。あなたの時間にはあなたのことだけを考えようとしています。(これには「それは知っていま す」と彼女)。実際にはなかなかそういかない場合があるけれども。さっきのあなたの話した状況は覚えています。緊急事態が起こって、飛び込み面接がはいった時でした。病院は閉院後の事務方の仕事がたくさんあるので、とにかく六時には診療を終えるようにと言われています。だからみなさんに少しずつごめんね、と思いながら時間を詰めてもらっていました。あなたにもすまないと思っていました。だから面接開始時間が少し遅れること、短くなることについては、あらかじめ看護婦さんに伝えておいてくださいと頼んでありました（に彼女「ええ、聞いていました」と。）その時の面接のなかでも直接お詫びしたと思います。彼女「ええ、ごめんなさいと先生言っていました」と。）〈私はあなたが軽いから我慢させたのではない。こころからすまないと思っていました。でもあなたは、そういうことをわかってくれない、わかろうともしてくれていない〉と。それに対して彼女は「そうです。そうかもしれない」。ここで彼女は静かにもっていた自分の手紙の下書きをカバンから出して「そのあとに私は、どうせたかが一人の患者が言ったことなんか、覚えていないでしょうけど……と続けている……」と言って思わず笑います。〈それって怒らないほうが不思議じゃない？〉。に彼女「ええ」。私は〈それってふざけんじゃないって？〉。に彼女「ええ」。私は〈あなたのことを本気で、真剣に考えている、そういう人なら怒るよね〉と続けました。

そして彼女は「病院なんて気楽なものですね。六時になれば閉めればいいんだもの……」、といったので私の血圧は再びあがり、〈冗談じゃない。どんな思いで限られた六時までの間にやりくりしていると思っているの。どれだけ苦しい思いで、どれだけ心配しながら毎日閉めていると思っているの。そういう治療者の苦しみなんか、何もわかろうとしてくれていないじゃない〉と、ここはこちらがヒートアップ。「先生なんか、この前苦しくて這ってきた時、すごく冷たかったじゃない！」と。そこで私は〈そうね。ちっともわかろうとしていなかったと思う……〉とクールダウン。そして彼女「私にはそんなことをわかる余裕なかった……。それと私は人に警戒心を与えてしまうんです。いつも、小さい頃からずっとそうだった。最初はすごく仲良くなってどんどん溶け込む。でも途中から人は何か私に対して警戒して、すごく警戒的になってふつうそこで関係は終わっていました。それを越えたのは前の二人の先生だけだった。だからそういう態度をとらせたのは田中先生のせいじゃないです。〝あ、まただ〟って思ったから」と。やっぱりただのなじりあいから抜け出せています。そこで私は〈今の、警戒的になるっていう話しだけれども、それを越えた時、前の先生たちとそのことを話してみましたか?〉、と尋ねてみました。彼女は「いいえ、もっと警戒されちゃうんじゃないか。何て嫌な患者だろうって思われると嫌だったから、話していません。私は小さい頃から人のことを読めたので、私はすごく嫌な子で扱いにくい子どもだったんです」と。

私は〈あなたの方から治療者が警戒的になるっていう話を言ってもらえてよかったです。確かにあなたと話していると、はまらないようにこっちがしていかないと、という感じになってしまうのです〉。というと、彼女はうんうん笑いを浮かべて聞いています。〈わかるわかる、といった雰囲気です〉。〈でも、そのことをどうやって伝えようかと思って、ずっと困っていたのです。はまらないように、という言い方をしてしまうと、あなたを傷つけちゃうんじゃないかとか、いろいろ考えて、なかなか言えなくて……。でもこの感じというのは、あなたがさまざまな人との間でくり返し起こってきたことなのではないかと私は思っていました〉というと、彼女は「そうそう」と。そして彼女は続けて「先生まだ怒っている?」というので私は〈いいえ〉と返しました。

この手紙をめぐる私と彼女とのやりとりのなかでこの時私がしたのは、彼女のペースにはまらないようにと注意せざるをえないという私自身の思いを、できるだけていねいに読みこんでゆき、私の側の問題として捉え直して相手に提示してみた、ということです。相手と一体になってごちゃごちゃになっている時、一番役立つのは治療者自身の体感感覚であり、それについての詳細な分析です。相手の問題が写し絵のように治療者のなかにとりこまれているので、どちらから捉えても同じものを見ていることになるのです。しかもこの場合、治療者の内省として彼女は話を聞くので、自分を非難されていると感じないですみます。ですから彼女は余裕をもって、私のその内省を聞きながらふたりの間に起こったことを理解することができるのです。そのとき、この作業は穏やかに進み、お互いにとって「はまってしまう」ということがしっかりと共有できるテーマとなりました。

ここに至るまでの過程で、私はずっと子どものなじりあいのようなやりとりに、自分にも相手にも腹をたて、情けなくてしょげていました。神田橋先生はこの時の私の彼女への対応に『よい治療になりました』『このような雰囲気でおこなわれるのが正しい転移解釈です』『正直正太郎が転移解釈のコツです』とコメントをくださいました。また、『あなたと彼女の対決のようにみえるものは、実は患者の内なる対決の外在化である場合もあることが、ここからわかる』とも言っていました。言われてみればその通りです。しかしなまなましくその渦中にいた私には、はっとしたことばでした。そして治療者である自分がその片方をしているだけでも、これほど疲弊し消耗するのだから、両方ともが自分のなかにあって、それが自分のなかでいつもいつも闘っている彼女は、どれだけきついだろうと途方にくれたのを覚えています。こうやってひとつひとつのエピソードをふたりで体験しながら、私たちは互いを知りあってゆきました。さらにいうなら、以降患者さんとの間に類似のバトルが起こったときには、自分のなかにわきおこった感情をみつめ、それをもとにして相手とわかちあうことをこころがけるようになりました。あなたが悪いと責められていては、それがどれだけ正しいことだとしても、嫌になって耳にはいってくることはむずかしいもの。でも治療者側に起こったこととしてこころの動きが語られると、落ちついて聞くことができ、かつ理解することができるのです。これが逆転移を活用するということだと私は理解してゆきました。

ここでひとつ加えておきたいことがあります。実は上記の面接の前の週に、私は個人的なことが原因でひどく調子が悪かったことがありました。ふつうの具合の悪さをはるかに越えた調子の悪さでした。そのとき彼女は面接室にはいるなり、「先生どうしたの？　椅子に座っているのもしんどそう。前にも一度とても疲れた顔をしていて、でも一生懸命話してくれていたのを覚えている。でも今日は話すこともできないくらいひどい状態」と心配そうにいわれました。この日、他の患者さんにも同じことをいわれていました。私は〈そうなの。何かね、疲れてしまったみたい。ごめんなさい〉と謝りました。そしてその日の面接は疲れた私を彼女がかばって展開する、という風になりました。

私はこの時、自分の身体疲労でごまかして危機的状況を越えようとしたわけではないものの、結果的にはそうなってしまったことが情けなく、自分が自分にがっかりしていました。ですから次回（前にお話しした回）がその本番だと準備していたのでした。

この時神田橋先生は二つのことばをくださいました。ひとつは『患者はセラピストに対していつも心を寄せているということがこういうところからわかります』ということと、『患者はセラピストを hold することによって自分の価値が高まります』ということばです。本当にそのとおりです。いつも治療者に守られているばかりでは、患者さんたちは自分で自分が情けないに違いない。時には代わって自分の大事な先生を自分が支え守ってあげられるという事実こそ、「ちょっと私っていいかも」って思える体験になるのでしょう。この時私は本当に私をよくみていて気にかけてくれているんだなあと気持ちがほっこり、あったかくなりました。

彼女は言いにくいこと、聞きにくいことをしばしばまっすぐ私に問いかけました。それに対して神田橋先生からは、『真実をさけない態度は、おそらく治療者への信頼感に支えられている』ということばをいただきました。きちんと関係をつくるということは、きついことをもふたりできちんとみつめる関係をつくることなのだと私は学びました。

この最初の半年をへて、私の面接はただの子ども同士のけんかから、やっと心理治療っぽい風が吹くようなものになってきました。そしてこの彼女のペースにはまらないようにという心臓に悪い話を共有して以降、確かにふたりの間の何かが変わりました。互いにかみつきあう関係は消えました。私のフィーリングでは、私のなかに安心という感じがでてきて、それによって相手に対する警戒の鎧が緩んできたように感じました。

これまで自分を支えてきたもの

一二月になると彼女はある大学院の受験をしました。その勉強をしてゆく過程で、小さいころからいろんなことを吸収して勉強するのが大好きだった。授業はつまらなかったから自分でどんどん勉強した。休み時間もひとりで勉強していた。そうするとまわりの子が邪魔した。いつも周囲の人は私の邪魔ばかりしていたと語ります。

私はこの時、神田橋先生からいつか問えるといいね、言われていたことを尋ねてみました。〈そうやってあなたはいつも頑張っている。頑張りがあなたを支えている。いじめられたりしながら、という大変さのなかであなたを支えてきたものは何だったのかしら〉と。そうすると「実はこの前私もそれを考えたのです」と。不思議な偶然です。「自分は学校の先生からも親からもみんなからいじわるされ、いじめられたことから力を得ていたのかなあ」と。「頭にきて、そのエネルギーでいろんなことをやってきたのかなあ。でももしそうだとしたら、まわりと仲良くすると私って、力を得られないことになるのかなあ」「このことが私の不適応っていうことなのかなあ」と自分で自分に問いかけていました。実にタイムリーに、前の事件がこのことを自分で考えるきっかけになったということでした。これは以前重症な患者さんの対応をしていて、彼女の時間にくいこんだことに対して、自分は患者に順位づけがあって、自分は常にあとまわしされてきたから何とも思わなかったけれども、田中先生はそこにひっかかっていたということがあったので、自分でも考えてみたのだと。〈私がひっかかったのは、私があなたに対してすまないと思っていたからです。患者さんに優劣はつけていないつもりだけど、確かにあの時には私はその人のほうを優先させた。でもあなたはこういうことを小さい頃からずっとされてきたんだね。同じことを私がしてしまったことは、すまないと感じていました〉と伝えたところ、静かに聞きながら「（私はこれまで）夢中だった」と彼女。私は〈とすると平気になるしかないよね〉に「ええ」。〈かなしいね〉と私は思わずつぶやきました。

3　二年目（翌年の一月〜一二月）の面接のなかから

彼女のもっている対人関係のパターンからふたりで解放されたことから、次は前の治療者とのつながりと、新しい治療関係とのバランスをめぐるテーマが中心になってきました。私は先方の意図を彼女にとってよいものになるように翻訳することを続けながら、いちどつながった関係は新しい関係によって切れるものではないことをくり返し伝えました。そうしてゆくなかで、彼女のなかで固め凍結させていた気持ちが少しずつ融けだしてゆきました。

前の治療者のメッセージの翻訳を

三月の面接で、B先生があぁ言った、こう言ったけど、それはどういう意味かと私に問うてくることは、昨年からひき続いてくり返されていました。面接をはじめてから九か月ほどたったこの頃からは、B先生の彼女への返事をめぐる彼女の思いも語られるようになりました。そのなかには「あの先生には今まで私のことをわかってもらえていると思っていたけれども、本当は何もわかっていなかったんだ」、という思いもあらたに含まれるようになってきました。

B先生が彼女の治療の担当者ではなくなったのにも関わらず、あいかわらず彼女の電話をよく受けて手紙を書いていることは、どういうことなのかを、あらためて私なりに考えてみました。もちろん第一には私という新しい治療者が、それを否定していないことの影響はあるでしょうが、それだけでこれほどまでに続くことは不可能です。実際には少しずつ、彼女のことがよくわからなくなってきているはずなのに、ご自身の診療中に突然かかってくる彼女からの電話にも頻繁にでているようですし、手紙にも必ずお返事をくださいます。しかもB先生は私と違って、彼女に腹をたてたりせず、一貫してやさしくあたたかく見守っているようです。ということはつまり、B先生ご自身が彼女とご自分との関係を深く大事なものとして捉え、ずっと続いてゆくものとして、切るとか切れるという次元で捉えていらっしゃらないということでしょう。先生ご自身が特別な思いいれをしている患者さんだということです。しかしそれ以上にこのことに大きく影響を与えていたのは、彼女自身がB先生を過去の先生とはまったく考えていなかった、ということの方だと思います。私も最初からこの関係を切らないほうがよい、とは思っていましたが、それは彼女の強い思いを無意識的に受けとっていたからでもあるのだろう、とあらためて思います。

であるならやはりその関係をきちんとみつめ、おさめ、内在化させてゆくのが私の役目です。〈あなたは前の先生に対して当時、その先生がいなかったら、その先生との関係が悪くなったら大変だと思っていたのではないかしら。もしそうだとすると、その頃ちょっとズレたり違うと思ったことがあっても、それは考えないようにしてきた、見ないようにしてきたのではないかしら?〉と問い、さらに〈それが東京にでてきて別の新しい関係ができて、あらためてふり返ってみたとき、そのズレが新たに見えてきたというようなことはないかしら?〉と尋ねてみました。そうしたところ、「そうかもしれない。あの頃はあの先生しかいなかった。でもその頃から、どこかわかっていないっていうのも感じていた。でもそれは言わないようにしていた」と語りました。もちろん私がall goodになって前の先生がall badになるのはよくないし、その逆になってもまた駄目です。
彼女にとってB先生は、はじめてこころを寄せあい、しっかりと人とつながり、人のぬくもりを感じることができた相手でしょう。自分を全面的に受けとめようとしてくれた人ではあるけれども、その一方で、そうではあってもわかってもらえていない部分もあったという全体を、彼女自身も、少しずつわかって受けとめつつあるようでした。神田橋先生はこれらのことを『どっちも一長一短ということが彼女に伝わっていくといい』『人と人との関係ではアンビバレントなのが自然。こちらをgoodにするのに別に悪人をつくるのは、アンビバレンスの安易な処理法である』『アンビバレンスの復活をめざすといい』と、あたまではよくわかるけどむずかしいお話をしてくださいました。

一度つながった関係は続いてゆく

ゴールデンウイークで帰省したときにB先生に会ったが、そのとき先生から〝もう私はあなたのことわからないの〟っていわれたということと、「最近ではあの先生は三回に一回しか電話をとってくれない。前はどんな時でもとってくれていたのに！　もう私のことなんか（どうでもいいんだ）」と怒っていました。続けてこの前、部屋で荷造りをしていてカッターナイフをもったら腕を切りたくなり、ハサミをもったら目をつつきたくなり……という状態になった、と語りました。この気持ちはB先生との関係が薄れてゆくのではないかという不安からきているのではないか、と私は感じていました。

そこで〈B先生が三回に一回しか電話をとろうとしないようにしていることに対して、あなたが自分のことなんてどうでもいいんだと先生が思っているんじゃないかと感じているということを、先生に問いかけてみましたか？〉と尋ねてみました。そうしたところ「聞いてない。聞こうなんてこと、考えたことない。聞いてどうなるの」と。しゃべっている語気は強いものの、気持ちはそれほどテンパッていません。〈B先生があなたにとって遠くなってしまうのが、あなたにとって不安なのではないかしら。直接会っているのでなければ、よくわからない部分が多くなるのは無理ないこと。私のようにしょっちゅう会っていたって、わからないことがいっぱいあるのだから。電話を三回に一回に減らしたのは、こちらの新しい治療関係を大事に思ってくださっているからなのかもしれません。私の憶測ですが。でも、あなたと深い関係にあった先生なのだから、遠く離れてしまっても、どうでもよくなっていくとは私には思えません。先生の気持ちのなかにあなたは居続けていると思います〉と伝えました。そうしたら「私ったらB先生に、だいぶよくなってきたとちょっと見栄を張って言っちゃったので、余計不安になって、ググーっと調子が崩れてきているかなあ」とちょっと笑いながら言いました。私の言ったことがはいっていった感じでした。彼女は、自分がプログラミングができないなど会社で求められている技量がたりないことや、そこからくる配置転換、寮の移動など、現実な問題を話して帰りました。

自分の不安に気づいてゆく

七月。めまい、吐き気、だるさ、頭痛といった身体不調、プリンのように自分が崩れていく感じを激しく訴えるなかで、私は手紙をうけとりました。手紙のなかで彼女は不調を訴えるとともに、B先生が大好きになった経緯を語り、さらにB先生と同様にいま、自分のことをシビアにみてくれる田中先生の存在が私のなかで大切なのだ」ということを書いてきました。私はやっと、私たちがこの問題にきちんと向きあう機会が訪れたと思いながら彼女を待っていました。面接室にはいるなり「恥ずかしい、変な手紙書いて恥ずかしい」と恥ずかしそうに笑います。何だか空気が柔らかで、彼女は素直です。〈恥ずかしいという気持ち、わかります。っていうのは、私はあの手紙うけとってあなたの気持ちが正直に書かれているなあって思ったから……。新しい治療者と話していくと、そこに新しい関係が育っていって深まってくるよね。そのことは大切なことだけど、逆にあなたにとっては、前の先生との関係があまりに大きかったから、新しい治療者への思いが深まると前の先生への気持ちが薄まっていくような感じがして、それで不安定になっていったのではないかしら?〉と尋ねてみました。これは彼女のなかに起こっているのは、新しい治療者との関係が育つことで、自分が前の治療者を忘れてしまうのではないかという不安である、という神田橋先生の指摘をうけての私なりの返しです。もちろんここには相手に忘れられてしまうのではないかという不安もはいるでしょう。彼女はこの時、「そんな風に考えたことはなかったけど」といいながらも、何となくこの考えがはいっていった感じでした。そして次の面接では「今回の帰省ではあまり崩れませんでした」と言い、B先生との関係について、自分には自分があの先生を忘れてしまうのではないかという不安と、先生に忘れられてしまうのではないかという不安の二つがある、と自分のことばで語っていました。

押し込めてきた自分の気持ちが蘇ってくる

九月には、このような大きな仕事をした後なので、少し力の抜けた雰囲気の面接になっていたのだと思います。と「体調が悪い。不安なんです。杖をついて歩いていて、その杖が折れているのに気づかなくて歩き続けていて、つんのめってしまう感じ……いやな思い出ばかり思いだす。破滅の予感がする」と電話がはいりました。私は〈こんなに調子が悪いのは、この前の面接の影響ではないかと思うの。杖というのは治療者のことのように思うけれども？〉と尋ね、〈ここのところの面接は、何か焦点がぼけていた感じがしていたのだけれども〉と伝えてみたところ、「そうですね。焦点が定まっていなかった感じなのかもしれませんね」と彼女も同意しました。

と、翌日の電話で「背中から淋しさがジーンと押し寄せてきて、小さい頃の苦しかったこと、辛かったことがまざまざと蘇ってきて思い出される。次々に浮かんでくる。こんなことははじめて。そしてそれを何故か楽しんでいるみたい」と。この〝背中からジーン〟という言い方には凄味があったので、とっさに自分のなかで、背中からジーンと淋しさが押し寄せてきて、全身がすっぽりとその淋しさでおおわれた雰囲気をイメージの中で味わってみました。彼女はもともと敏感な人です。自分がこれまで感じてきた、たくさんのつらいことを押し殺し、何も感じないようにして生きてきたという歴史をもっているように思います。その押し込めてきた気持ちが今、重しがゆるんでわーっと蘇ってきて、噴出してきたのではないかという連想が私のなかに浮かんできました。凍結させていたものが溶けだしてきたという感じです。

私は〈以前あなたは、昔のことを思いだすとパニックになって、すぐに死にたくなるといっていましたね。今の話しをうかがうと、思い出している内容はつらいことだけれども、それをじっと味わっているように感じます。それもそんなに嫌な感じじゃなくて、どこかなつかしさすら感じながら。つらかったことを少しずつ再構成できるようになっているのではないかしら。前は体験するとすぐに、あまりにもつらいから、とにかく箱のなかにその記憶をしまいこんでいたように思うの。だから、ばらばらにいろんな記憶がしまいこまれていたのではないかしら。それらを箱のなかからとりだし、少し整理したり、まとめたりする作業……そんな感じかしら?〉、と伝えてみました。

彼女は「言われてみるとそうかもしれない」と。これ以降彼女の体調は悪化します。私の言ったことは間違ってはいなかったと思います。でも私の〝再構成〟ということばが頭を忙しくさせたのだろうと神田橋先生。このことばは、これまで頑張ってきた彼女を一層頑張らせる方向に作用しました。何よりこれは気持ちのことばではなく、頭で考えた知的なことばだったと思います。

次の回は職場での話しをしたのですが、偶然次の予定が三週間後になりました。これは面接開始以来はじめてのことでした。彼女はやってみると。少し余裕がうまれてきていることと、私との関係も、こころのなかでつながるようになってきているのかなあ、とうれしくなっていました。この面接の二日後、電話で「何かカラ元気がでてきているの。会社で怒鳴られたりのけ者にされたりとか、いろいろあったのだけど何か元気で感性が暴走している感じ。何かしでかしちゃいそうで、危なげで自分をとめたい、とめてほしくて電話したの」と。続けて「この前はじめてああ、今私の住んでいる町が好きだなあ、好きになったなあと思いました。この病院のある代々木も総武線も生活の感じがして、ああいいなあってはじめて思ったんです」と。やっぱり彼女のこれまで押し込めてきたさまざまな思いが溶けだし蘇ってきて、それらが暴走しているのだろうと思って聞いていました。

おっさんと大おっさんの関係をたとえとして

一〇月の面接では、身体不調が顕著で頭のシンがまわらない、朝早くから夜中すぎまで仕事をしているというなかで、彼女はカルチャーセンターの演劇サークルに参加するようになっていました。そこで〝おっさん〟と名づけた先生に指導を受けていたのだけれども、そのおっさんの手の内が読めてきたと語ります。この前そのおっさんの先生である〝大おっさん〟に出会ったらすごい人だったと。で、これからは大おっさんのほうのサークルに出たいから、おっさんのほうは辞めようと思うというか、やってはいけないと思って、最後のつもりでおっさんのサークルにでた。なのに何とジャケットを忘れてきてしまったので、とりにいかなくてはならなくなってしまって……と。彼女はこの偶然のように起こった自分のした行為の象徴的な意味を自分でも十分に理解していて、笑いながら言いました。「おっさんはけっして嫌いな人じゃないんだけどな。もう私、大おっさんのほうにいくし」と。ここから大おっさんのほうにいくならおっさんとの関係は切らなくてはいけない、と彼女が考えていることがわかります。そこで〈大おっさんの方にいっても、おっさんの方には時々いくとか、半年に一度いくとかして関係をつなげていってもよいのではないかしら〉と言ったところ、はっとして「そうですねえ、そういう考え方ありますね。いわれてみればそうですね」と彼女は穏やかに言いました。

しばらく沈黙が続いたので、〈いまのおっさんと大おっさんとの関係のことで連想したことがあるのだけれども、話してみてもいいかしら?〉と伝えたところ「うん」と。〈今あなたが話したこと、大おっさんとの関係を育てていくと、おっさんとの関係を切らなければいけないということについて、私はあなたの前の先生と私の関係と似ている状況だなと思ったの……。私との関係が育って深くなったとしても、あなたと前の先生との関係が薄まったり、それを邪魔するようなものではないってこと。こっちはこっち。あっちはあっちで両方とも、そしていくつでも、いろんな関係を育てていけるっていうこと……ううん、うまく言葉がみつからない……〉と、だんだんわけがわからなくなって口走っていました。そうしたところ彼女は、「〈先生は今〉頭が高速回転していて、ことばがついていかないっていう感じですか？」と、目の前でのたうちまわっている私をサポートしてくれつつじっと聞いていいます。そして「先生がこのことをこうやって、くり返し言ってくれると、情緒的にはまだしっかりとそうは思えないけれども、知的にはそうなんだと思えるようになってきます。安心できるんです。だから時々くり返しいってもらえると安心できます」と語ってくれました。

以前B先生が彼女に「私にはもうわからないもの。私にはもうわからなくなってしまったもの」と悲しそうに言っていたと彼女から聞いていた頃、神田橋先生は『今度はむこうの先生のわかるように、彼女が自分のなかの気持ちをまとめて話せるといいね』『そうやって彼女が親孝行をする時期にきています』ということ、『その先生との関係は母子関係と同じように〝別れても切れないものだ〟と彼女がちゃんと思えるようになっていくことが大切よ』と言われました。私はいつかこれを彼女に伝えたいと思っていたのですが、この時やっと、B先生に彼女が自分で自分のことを詳細に話してあげるようにする、という親孝行的な関わりがあるようだよ、と勧めることができました。そうしたところ、彼女は自分にも先生に何かができるんだとうれしそうでした。そして帰り際にはとてもよい顔で「先生の連想、とてもタイムリーだったよ」とほめてくれました。

実はこの頃、私がこれまで前の先生の言いたかったことを〈それはね、きっと……〉と彼女に説明するようにしていたことを、必要なことだと頭ではわかっていても、あまりに長い間くり返されることに若干ウンザリしてきていました。それを思わずぐちった時、神田橋先生に『（おやおや）これはとてもいい方法なのよ（もったいない）』という雰囲気で言われたことがありました。そうだよなあ。私のこころは狭くて小さいなあ、とがっかりしつつ反省して、以降もうすこし気持ちをひきしめ、たぶんこの部分はB先生が、ただ感情的に言っただけじゃないかと思うときにも、なるべく肯定的に理解して彼女に伝えていくことを続けました。でも察しのいい彼女のこと。私が無理していたところはバレていたものもあったはず。でも私のしたことは、翻訳作業そのものが治療的だったのは確かでしょうが、もうひとつ、それよりも彼女にとって治療的な翻訳をしようとこころがけている私自身の彼女への思いそのものが、彼女に治療的に響いたのだろうと、あらためて思います。

どう生きてゆくかの迷い

この一二月に私は以前より執筆していた博士学位論文を提出し、審査が行われるという慌ただしさを受けて、私自身が個人的に余裕のない毎日を送っていました。面接に響かせないように細心の注意は払っていたものの、実際にはどうしても仕事中、途中で抜け出して大学にいかなければいけないようなことも起こっていました。スタッフにも担当している患者さんたちにもすまないと心のなかで頭を大きく下げ続けていた月でした。

そこでこれに関しては〈あなたとの関係によって生じているのではありません。また私が個人的な事情でばたばたしていることなのです。時間を急に変更してもらったり、電話がとれないことがあると思います〉と事前に伝えてありました。当然彼女は不安から毎日電話をかけてきていました。「頭がいたい、夜眠れない。どうしても自分が癒されなくて自分がたまらない。何としても心が癒されたい。本当にやりたいものがこれなのか、どうして私は劇団を受けたいのか……。うまくいけば今度こそ一人でなくなる〉と。

彼女は私が博士号を取得しようとしていることは知りません。当時の私にとって学位とは、自分が心理臨床の現場で生きていくうえで、おかしなことを勝手にしている、小さなクリニックの変な臨床家ではない、ちゃんとした考えをもってそれなりにきちんとセラピーをしている心理治療者である、という証明のような意味をもっているもの、と位置づけていたので、とりたいと思って頑張っていました。でも勘のいい彼女のこと。その事実は知らなくても、きっと田中先生に大事なことが起こっているのだろう、と感知していたに違いありません。だから彼女も、自分の生き方をどうしたらいいか、まっすぐ私に投げかけてきていたのでしょう。この私の動きと彼女の心理的不調は間違いなく連動していました。でもこの時には私には余裕がなく、そのことを話のなかで共有することはできませんでした。そしてクリスマスの頃、私は無事学位を取得しました。

4　三年目の面接のなかから

関係に対する安定感が少しずつできてきて、どのようなこともふたりで時間をかけて詳細に検討してゆくことを徹底的に行いました。それはまさに二者関係のせめぎあいから「〜について考える」という治療の三角形の育成のプロセスそのものでした。あわせて治療者の入院を機に、治療者と患者さんは実はただの人とただの人との関係である、という治療の本質について、私自身が理解を深めた時期でもありました。

バラバラだったものがつながってゆく

二月のある日の面接。B先生と私と彼女の関係がごちゃごちゃしているなかで、むこうとの関係はむこうとの関係、こちらの関係はこちら側だけ、とこれまできっちり区切られていたものが、すこし混ざるようになってきました。具体的には、「田中先生の不在中にB先生に電話したら、ちょうど忙しい時だったらしく、電話でものすごい勢いで叱られた。叱られるのは電話した私が悪いからいいんだけど……。B先生は私を叱ったことを気にしているのかしら?」と問うてきました。理由は「以前、田中先生が電話口でいらいらして私を怒ったことがあった後の面接で、田中先生が怒ったことを相当気にしていたなあって思い出したから」と。むこうのことをこちらに聞いてくるのはいつものことですが、このような関連づけははじめてのことでした。押し込めていた気持ちや思いがよみがえってくると、これまでひとつひとつのことが分断されていてバラバラだったものが、つながりやまとまりを呈してくるのだと思います。そうなるとあっちのこのことは、こっちのこのことと関連してくるとわかってきて、全体として把握しやすくなるのだと思います。

雰囲気の世界が彼女を支える

三月。部屋にはいった瞬間、彼女はうしろをふりかえりました。いつもはそこに小さな丸椅子があるのですが、今日はありません。彼女はその椅子に座って隅っこにいたかったと。で、話をはじめるものの話しがつづいてゆきません。そこで私はちょっと勢いをつけて〈あそぼうか?〉と提案し、〈ハコニワを見に行こうか?〉と誘ったところ、即座に「ウン!」と。以前はB先生のところで、ハコニワの砂をいじっていたという話を聞いたことがあり、それを思い出したのです。

当院のハコニワはプレイルームに置いてあります。はじめてプレイルームにはいった瞬間、彼女は「わ~広いんだあ」といってしばらく見回してから、ハコニワの前に座りました。じーっとみていて時折砂をさわります。しばらくして「これ何か作らなくちゃいけないんですよねえ」と言ったので、私〈いいえ。誘惑したい気持ちはあるけどね。つくらなくてもいいんです〉と保証しました。四〇分くらいそうしていたでしょうか。私はその間ずっと、そうしている彼女を邪魔にならないように、しかし彼女の視界にははいる位置に座って黙ったまま見守り続けました。終わりがけに〈こうしていると気持ちが落ち着きますか〉と尋ねると「ウン」と。そして「こんな風にハコニワを見ているだけでいいいって、誰にも言ってもらえなかった」と。神田橋先生はこの『ハコニワに誘ったのはよいセンス』、そして『これは新しい関係の育成の場であり、転移からの離脱の場になったと思う』と言われました。

この面接の三日後に彼女から電話がかかりました。「今度（の面接）まで待とうと思っていたんだけど待ちきれなくて」と「この前私が砂に触っていたら、スコップで先生が砂を足してくれたでしょう。私とてもうれしくなったの。先生が神々しいくらいに思えて」と。これは彼女が砂を手でかいていたら、砂が少なかったために下地のブルーの部分が見えていました。彼女はもっとたっぷりとした砂に手をうずめたいんじゃないかと思ったので、黙って砂を足しました。その時彼女に尋ねてからしようかとも思ったけれども、どうも余計なことはいわないほうがよいような気がしたので黙ったまま、静かな静寂のなかで砂を足したのでした。

続けて彼女は「人からこんなに親切にしてもらったことないなあって。でもね、それだけを思えばよかったんだけど、同時に反射的に理由ないんだけど、田中先生は何らかの役割っていうか、技法っていうか、そういうもので砂をこういう時には足すといい、っていう方略があって、定式的にそうやっただけなんじゃないかと思ってしまったの」とつけ加えました。「そう思うとくやしいというか、みじめというか、うれしいと同時にくやしくて」と。それに対して私は、〈その気持ち、わかる気がします。私はあのとき素朴にあなたにとって、もっと砂があるといいなあと思ったの。技法ではないのよ〉と伝えました。彼女「くやしいというのはちょっと違うかもしれない。あの時あそこにいた自分を自分が信じられないの」と。つづけて「同時に二面を見るようなところが自分にはある。とってもみじめ」と。彼女が感覚的にそういう風に裏を読んでしまうことは、私にもすごくわかりました。

翌週の面接では、身体的な不調は続いているけれども、混乱状態は少しへっているようでした。そして「いつか、いつか、いつかね、もし私がハコニワをつくれる日がきたら、つくってもいい？」と聞いてきたので〈もちろん〉と答えました。そして今日も沈黙がつづくので〈またあの部屋に行ってみましょうか〉に「うん」。

今日はプレイルームのなかを見まわしながら、ゆりいすに座って揺られながら、玩具をみながらじーっとしていました。プレイルームという空間が彼女をholdingしている感じです。「弟は何でも好きな玩具を買ってもらえた。私の玩具は何ひとつなかった」「小さな玩具をいれる箱があって、その箱がある時壊れた。本当は弟が壊したんだけど、私のせいにされた。弟が違うというとみんな信じて、私が違うといっても誰も信じてくれなかった。それから何かまずいことが起こると、いつも自分がしたんだ、と思うようになった」と、つらい体験を語ります。何もいえません。ただ面接室で話しているよりも、プレイルームにいるみんな、玩具もぬいぐるみもトランポリンもがみな、彼女の話を一緒に聞いてそれを悲しんで彼女の苦しみに共感してくれている、プレイルームのみんなに彼女が支えられているように私は感じていました。神田橋先生は、『このみんなで彼女を支えているというこの連想が、ことばにならないのに彼女を支えている』、そして『それは雰囲気の世界である』と。それはそれは深いところでの支えなのでしょう。

肝心なところは〝横並び〟の関係で

ゴールデンウイークの連休の後の面接で、「眠りが浅い。昔のいろんなシーンが次から次に現れて、そうなるとからだから気持ちが離れてふわふわとなっておかしくなる」と。それを聞いて私は、この前の面接でも弟とのことを想起したことを皮切りにつらい体験が想起されるようになっているのだろう、このふわふわ感は、彼女が寄って立つところがない感じではないかと感じました。神田橋先生は、『彼女のふわふわした体調不調は、自分で自分の治療ができる部分が育ってくると、こんな風に自然治癒力が動きだす』と、彼女がよくなってきているが故の現象ではないかと私とは違う連想を提示されました。

実はこの時期、私は長く抱えていた病気を治療するために一か月長期休暇をとって入院手術をすることをきめていました。そこで七月から一か月間の私の入院治療のという不在の話をしたところ、次の回に「田中先生が急に遠くに見える、目がまわり、間をあけていられない」と言ってきました。

このことに対して神田橋先生は『お留守番する子どもは、ママがいまどこで何をしているのかをイメージではっきり描けさえすれば、母とのイメージのつながりで母不在をのりきれるのです。お見舞いにきてもらうのが最もよい方法です。病院の名前を教えておくと田中さんと別れる前に病院をみにいくということも可能です』と語られました。加えて、『人と人が会っている、ということは、何よりもただの人とただの人とが会っている、という関係が基盤になくてはなりません』とも。

一か月というのは長い不在です。彼女には入院することは伝えたほうがいいと私は考えていたものの、病院の名前を教える、というアイデアはありませんでした。神田橋先生からの助言を読んだ瞬間、お見舞いにこられるのはちょっとイヤだなあ、という気持ちが自然に浮かびました。私はスッピンでパジャマ姿のよれよれです。自分のプライバシーを垣間見られることも何でもなくはありません。でもその時私は、彼女のプライバシーをものすごく知っているなあと思い、はっとしました。

私は師匠にいわれたからだけではなく、もっと根本のところ、心理治療の本質に触れる部分が今、私の目の前にある、と感じました。私はすべての患者さんが治療者を見舞えるようにするとよい、とは考えていません。でも、今の彼女にとってはどうだろう？　と考えた時、おそらく彼女にとっては病院を教えてもらうというアイデアはベストだろうと思いました。肝心なところは〝横並びの関係である〟というフレーズが私の頭のなかにわいてきました。この考えがうまれた背景には、私は子どものセラピーもしていますが、子どものお母さんたち、つまり健康度が高い人たちには、入院するのでしばらく不在になる、ごめんなさいと伝え、尋ねられれば病名〈病院名ではなく〉を平気で教えていました。これはつまり、相手が侵入してこないで互いの領域をきちんと守ることができる人との関係では、それはたいしたことではないと自分で思っていたから、ということでしょう。

あれこれ考えた挙げ句、私は彼女に病院の名前を教えることを決めました。こうして腹をくくり、最終的には自分できめたとはいえ、自分のなかにある迷う気持ちは完全には消えません。そこで〈こういうことを私はアドバイスされてね……。迷う気持ちもあるんだけれども、病院の名前をあなたに教えておくとあなたは安心かしらと思って……〉と切り出してみようかと思い、そうしました。

結局彼女は、術後の私が自宅に戻る数日前にお見舞いにきてくれました。やはり私が入院してのち絶不調がつづいていて、最後の面接の日以降、目がまわることが続き、この一週間は会社を休みました。でもそろそろ田中が退院しちゃうだろうし、今日は何とか来れそうだったので来たと言って、四〇分ほどお話をしていて帰りました。ふたりで話をしている間に、彼女の表情がめきめきと良くなっていくのが手にとるようにわかりました。もちろん私と直接会えたことが一番の効果でしょうが、彼女が無理して会社に行こうとしたりしている状態に対して、〈私も安静に休息するのが下手だけど、休むことってすごい意味あるよ。もう少しおやすみしてごらんよ〉と体験から言ってあげたこともよかったのではないかと思います。この病院訪問の直後に彼女は「ばさっとあいた傷口にたっぷり軟膏をぬってもらったみたいな気持ちだった」と私に語りました。ああやっぱり彼女にはこうしてよかったんだなあ、と私はしみじみ思いました。教科書には、こういう問題をどのように考え対処するとよいかがたくさん書かれています。先人の知恵は貴重です。でも大事なことは、自分で考えて試してみて、で実際にどうだったか、という結果です。そういう体験なく、ただ人がだめだといっているからだめだ、と捉えて何もしないのは、治療者の手抜きだと思います。治療者とは相手のことを相手の側に立って考え、感じようとしつづける存在だと思います。

この彼女とのやりとりに対して神田橋先生は『やっぱりgenuinessということの意味がよくわかる人になったねえ』、さらに私がぐだぐだ迷ったことを『どちらを選ぶにしろ、選ぶ前にこれだけ〝意識して〟迷えるということの健全さをうれしく思います』とほめてくださいました。

手紙をめぐって

一一月頃には、彼女は自分が学びたい芝居の師匠をみつけ、その関係で鍼治療の先生にも出会い、仕事を続けながらそういう関わりのなかで生活をしていました。この新しい関係性は彼女にとって、よい方向に作用しているように思いました。

この日はふたたび、B先生に出した手紙の返事が来ない、ということに彼女が猛烈に不安を強めていました。彼女に両親から見合いの話がおこり、父がその気になっていて、彼女はイヤと思っているものの親にイヤだといえない、どうしたらいいだろう?、という難しい内容の手紙をB先生に出したとのこと。同じ内容の手紙は私のところにも届いていました。

この手紙に対する私自身の対応から先にお話しすると、これまでにも彼女はむずかしい問題、つまり、どう答えてあげたらよいのか途方にくれるような手紙を頻繁に書いてきて、しかも電話で「すぐに返事をください」と念を押してきていました。私はとりあえず手紙を送る（贈る）のが最善の策だと考え、しかし内容は熟考しなければわからないので、これにどのようにお返事するかは、とてもむずかしいことです、という書き出しで、でもあなたは途方に暮れているのだろうから、見切り発車で感想だけ送ります、お目にかかったときにゆっくりお話しましょう、と書いて手紙を送りました。これに対して彼女は「ポストのなかに田中先生からの手紙があってうれしくて、あけて読んだら、すごく気持ちが楽になって、三日間は仕事を難なくこなすことができた」と面接の時に言っていました。もちろん具体的なことなど何も書いていません。でも彼女は支えられたというのです。これに対して神田橋先生は『人は小さな浮輪があればひとりで泳げるのよ』と。

B先生に関しては、これまでは必ず返事がきていたのに、今回は来ないと。私はふたたび先生に尋ねることを勧めたところ、今回は彼女は聞いてみようと思ったようです。そして次の面接のときに、自分はB先生になぜかを尋ねる手紙を書きながら、B先生は自分との関係を切ろうとしているのだろう、それは残念だけど仕方ないことなのかもしれない、結婚のこととか仕事のこととかは、やっぱり田中先生に相談すべきなのだろう、と語りました。でも彼女はこの時続けて、だけど郷里に帰った時には会いに行こう、とも語りました。私は二つの意味でうれしくなりました。ひとつは前の先生との関係が現実的なサイズにおさまってきたこと、もうひとつは彼女自身が、関係をつなげてゆくように考えることができるようになってきたこと、です。

神田橋先生はこれをめぐって、以前『むこうとの関係をつなぐようにあなたがしてあげると、あなたとの関係がつながる』ということばをくださっていました。私たちの三角関係はまさに嵐でした、でも前の先生との関係を私自身が切り捨てて私との関係をつくろうとしたり、前の先生を無視したりしてこなかったことは、彼女がこちらでの新しい関係を紡いでゆくことに確かに貢献したのだろう、と思いました。でもこれは本当にしんどかったし、先方の先生は私以上にしんどかったろうと思います。

これに関しては後日談があります。彼女の手紙のむずかしさについて、次の年の一月の面接のときに、〈あなたの手紙はとてもむずかしいことを尋ねてきているの。そのことを自分で気づいている?〉と尋ねたところ、この問いかけは彼女にはチンプンカンプンでした。そこで若干の軽さをこめて、彼女に〈バカタレ！　本当に何にもわかってないんだねえ。B先生はきっと答えを考えるのがむずかしかったので、あの時のあなたの手紙をなかったことにしたんだと思うよ。だって、そのあとのクリスマスカードにはちゃんとすぐにお返事が返ってきているじゃない。あなたが書いた、前の手紙の返事はどうなっていますか？　ということも返事はなかったでしょう。忘れたことにしたんだよ。だからあなたが心配しているような関係が薄くなったっていうことじゃないと思う〉と断定的に伝えました。これは三角関係を再燃させようというたくらみではもちろんなく、すでにおさまっている正常な関係のなかで、相手との関係をもっと現実的に捉えることを試みたものでした。彼女はそれを聞いた途端、「私ってバカタレなんだ！　バカなんだ。知らないことといっぱいあるんだ」ともの凄く嬉しそうな顔をして、「何か元気がでてきた」といってにこにこしながら帰りました。私はこういうショッキングかつ野蛮なことばを時に使います。関係に対する信頼がなければただの暴言ですが、そうでない場合には愛情のこもったパンチの効いたメッセージになるのだと思います。

さて、先程後回しにした彼女の結婚をめぐって浮上した両親との関係について。彼女からの手紙では、自分が結婚しているイメージがわかない、自分はひとりがいい、ひとりでいい、という気持ちある、東京でやりたいことができてきている、ということが細やかに書かれていました。全体として自分を冷静にみつめており、やわらかい文体でした。でも彼女はそういう思いを親に伝えることがまったくできないでいました。彼女には、ある部分に対する徹底的な受け身性、何かあるとすぐにあきらめ、弱気になってしまう自分と、あきらめようとしつつもあきらめきれないから苦しい自分、の両方がありました。このことの輪郭が次第にくっきりとみえてきていました。

5　四年目の面接のなかから

彼女は自分の生き方の選択を人のせいにして諦める、という形から自分できめてゆく、という方向に舵をきりかえつつありました。それに伴い、彼女はさまざまな世界に参加するようになり、新しい師匠がふえてゆきます。

ひとのせいにする

二月のある日、ぶんむくれた顔で登場します。「何かしようとすると田中先生は反対する。夜間の芝居の学校に行こうとしたら疲れるのではと言い、小学校の先生になろうと言ったら、いいかもしれないけれども、嫌なことを思い出して辛いのではと。そして今度私が心理学を勉強しようかと言ったら侵襲性が高いかもと。何もかも反対する」と抗議してきました。私はびっくりしたし、あんまりじゃないか、という気持ちも起こりました。親との間で示されている彼女のあきらめるという受け身性が、治療者である私との間に移しかえて展開され、私にあきらめさせれられる、というシナリオになっています。どうしたらこの問題をぬけだせるかをたくさん考え、ふと私は、自分のことを伝えてみようと考えました。まとめると以下のような話になります。

私はいま臨床心理の専門家。私が心理学を学ぶこともだけれども、何をするにも重要なことは親から反対されてきた。臨床心理の専門家になろうという思いは、大学の指導教官にすら反対された。自分できめていたので理由は聞いていない、でもその先生は、たぶん私のなかにある患者心性のようなものを心配したのではないかと思っている。大抵のことは自分にとって重要な人々に反対された。だから何をするのも怖かった。不安はものすごいものだった。自分に自信があったわけでは全然ない、むしろ逆だった。周囲の言うようにやっぱりだめだったらどうしよう？　とは常に思っていた。でも、だからといって人のきめた道は歩けない。自分がきめた道を歩むしかないと思って無茶苦茶頑張ってきた。私は周囲の言うことに逆らって逆らって生きてきた。だから、しくじったとしても私のせい。

私はその結果もひきうけるつもりでやってきた。私はしないで後悔するよりも、やって後悔するほうがましだと思って生きてきた、というような内容です。そして続けて〈だから私はあなたに対して、あなたが何かアイデアをだした時に、そのプラスの面とマイナスの面の両方を伝える責任があると思っています。それは私にとっては反対意見ではありません。その両方を踏まえてあなたに決断をして欲しいと臨んできました。もしあなたが、マイナスの面をも踏まえて、でもやってみたいというのであれば、私は全力で応援します〉と。

もちろん、私がそうしてきたのだからあなたもすればいい、と言おうとしたのではありません。自分を主張してゆくということは、半端なく怖いことだけど、私はその道の先輩として歩んできたから、あなたも踏み出してみたらどうだろう？　ちょっと先を歩いている人生の先輩としてちゃんと相談にのりますよ、というエールを送りたかったのだと思います。つまり田中先生が反対したからあきらめた、のではなく、田中先生にもいろいろ意見を言われたけれども、あきらめたのは自分自身、自分で人生を決めていくのでいいんだ、それしかしょうがないし、そのプロセスを私は一緒に歩んでいくよ、と伝えたかったのだと思います。ただ〈あなたは巻かれて巻かれてきた人だと思っているから、マイナスの面をいわれると、こんちくしょうと跳ね返すよりもペッタンコになってしまうのでしょう〉とも伝えました。

ちなみに私は好きで自己暴露したのではありません。告白すればよいと思っている治療者でもありません。この時のことも心底いろいろ考えました。そしてこれを話すことは、彼女がどのような人生を歩むにしろ、自分の人生を考えていく上での補助線になるのではないか、と思ったのです。彼女はいつも自分ひとりの世界のなかで考えて動いてきました。うまくいくことも多かっただろう反面、体験のたりなさからうまく考えられないこともたくさんあったことでしょう。人がどのように人生を歩んでいるか、ということを聞く、すなわち〝知る〟ことは、自分が考える上で参考になるものです。それが圧倒的にたりない彼女にとって、私という他者は、それを聞くことのできる相手である、と私が考えました。

この時神田橋先生は『これは最もよい技法をしたね、大切なところではタダの人になること』と言われました。これに関してひとつだけ言い訳をするなら、私は数えきれないほど大勢の患者さんと出会い、濃い関係を紡いでいますが、このような私自身の人生の歩み方をここまで具体的に伝えたのは、彼女ただ一人だけです。

そしてこの日の面接の最後に彼女は夢を報告しました。一つは、父親が死んだという夢で、夢の中で何も感動がわかなかったと。もう一つは、彼女の好きな童話作家がいて、その人の作品を読んでいた。そうしたら内容がいつもとちょっと違うので、あれ別の人の作品かと思って読んでいたら、その話の最後に、その好きな童話作家は死にましたと書いてあった。ああ死んだんだと思ったと。

この夢に関しての彼女の連想です。正月に帰省した時には自分に結婚話があって、そのために親はちやほやしてくれた。だから家に戻りたくなりました。でも戻ってもどうせ、このまま働かないでぶらぶらしていることを続けることはできないだろう。親は自分に幻想を抱いている。それが一緒に暮らしていれば壊れていく。だからやっぱり離れていたい」と。親からの呪縛から解放されてゆく方向の夢かなあと思いました。父は彼女に強く影響をおよぼしていて、その父と好きな童謡作家が共に死んだということは、象徴としての死と再生、新しい芽が伸びる方向を示しているように思えました。

余裕がでてきて素直になって

三月には、ちょうど日記をつけていた頃のことが思い出され、いてもたってもいられなくなって手紙を書いた、ということがこの日の直前にありました。〈手紙を書いたらその気持ちはどうなりましたか?〉と尋ねたら「気持ちは少し楽になった」と。〈返事はくると思っていましたか?〉に「来ないと思っていた」と。そこで私は〈返事を期待して来ないとがっかりするから、期待しないようにしてたのかしら?〉と尋ねると、彼女は「はい」と。そこで私は〈で、返事が来たのを見たときはどうでした?〉と尋ねたところ、彼女は「うれしかった」と。

ここまであまりに素直な自然な雰囲気で話が行き来するので、私は次に〈(私からの返事の手紙の)内容はどうでした?〉と尋ねたところ、「私の問いかけに一対一対応で書かれていたのでよかった」と。彼女素直になったなあと。これまでだったら、こんなになめらかなやりとりには、なかなかならなかったですから。このとき神田橋先生も『彼女素直になったねえ。素直になったということは、自己受容が増したということです。悟った人は素直』と。

次の面接ではパソコンを介して、ある心理学の関係の通信教育に参加しはじめるようになりました、と。再び「自分のやりたいことがわからない。田中先生が反対する」と言いながらも彼女、「私、反対して欲しいのかもしれませんね」と言ったのです。ただ彼女がそれを言った瞬間、ほとんど同時に私のなかにも同じフレーズが浮かんでいました。なので私は〈あ、今私もそうかなあって思ったの。

きっとやめなさいといってもらって、あきらめようとしていたんじゃないかしら〉と伝えました。これは後日、「先生にそういわれて、本当にそうだなあと思いました。何かすごいプレゼントをもらったような気持ちになりました」と言っていました。自分がやめろといわれてやめようとしていた、という彼女の気づきに対して、神田橋先生は『クライエントが new idea をだしてくれる（多くは洞察ですが）と、とてもうれしくなるけど、その裏に本人の喪失体験があることを忘れないようにしましょうね』と言われました。そのとおりです。彼女は自分がどのようにしていろいろなことをあきらめてきたかというカラクリに気づいたのですから。人のせいにしていた自分に気づく体験でもあり、ガッカリ感を伴うはず。

話の後半に私は、〈あなたはネガティブな関係だけが実在感があるように思っているのではないかしら〉と尋ねたところ「そうなんです」。「ええ、ほわほわしたものは信じられないです」と。そして「でも最近は、ひどい関係になっても、何とか修復できるようになっているけど」と加えてくれました。最後に毒の話になりました。自分には毒があると。「まったく、毒ばかりじゃどうしたらいいの？」と聞いてくるので、私は〈私もモーレツな毒をもつ人だよ。私なんか心臓ど真ん中に命中させる毒矢をいっぱいもっているよ。気づいてた？〉と言ったところ彼女は「うん」と笑います。続けて私、〈でね。私はその毒を何とか治療的に役だてようと必死にここまでやってきたの。毒はエネルギーになり得るもの。だから使わないのではなく、何とかいい方向に使っていきたいね〉と。

先生抱きついてもいいですか

ゴールデンウイークで彼女は先の心理学の関係で宿泊研修に参加し、新しい師に出会います。でもやはり、そこでも何となくはみだして、具合悪くなって寝込んだそうです。でもこのまま寝込んでいても、その講師の先生は声をかけてくれません。そこで彼女は前に田中が言ったように、講師の先生に自分から声をかけようと思って声をかけたら、先生はいろんな話をしてくれたと。このワークで彼女は「つらかったとき、田中先生の力をかりて一生懸命に立ち直りました。自分がこんなに田中先生のことを頼っているなんて、自分でびっくりでした」と語ります。私はそれを聞いてうれしいし恥ずかしい、照れくさくなりました。だからしっかりと受けとめることができず、その時は何となくごまかして逃げました。

このとき大事件が起こりました。私自身の自己愛を守るためにはこの件は書かずに隠してしまい、なかったことにしたい出来事です。めちゃくちゃ格好悪いのです。私さえ黙っていれば世間に秘密にできますから。でも、だからこそ後続の治療者がここから学べる大事な事件だと思うので、がんばって書きます。

私が先の話を受けとめず何となく流してしまったからでしょう。彼女はこの日の面接でぐんぐん調子が悪くなり、最後に「帰れない……」となりました。そしてこともあろうに、「先生抱きついていいですか？」と、何ともショッキングなことを言い出したのです。こんなことはもちろんはじめてのことで、めちゃくちゃ面食らいました。だから驚いて絶句していた私ですが、その私に彼女は、これはこの前参加したワークで互いが抱き合う、というワークがあったから、と言いました。私はもちろんとっさに駄目でしょう、と頭のなかでは答え、でも次の瞬間、もしかしたら彼女にはよいのかもしれない、と思い、でもそれは違うよなあと間違いなく思い、でも、でも、でも……その狭間で迷っていて、〈どうしようか、ウーン、違うような気もするし……いいか？　いいかなあ？　まあいいか〉と言ってしまったのです。そういうクレイジーな発言をした背景には、先のほめられたことを受けとめなかった居心地の悪さや、うしろめたさでも混乱していたからだと思います。そして私がそう返事した途端、後ろから抱きつかれて、しばし私の首のまわりに彼女はとまっていました。そして面接室からでていきました。私には自己嫌悪しか残りませんでした。彼女が何かを得て帰ることができたとは到底思えなかったからです。

この事件の私の内省に対して神田橋先生は、『ピンポ〜ン！』と。私がめざすべきは、こころとこころが抱きあう治療。神田橋先生は『自然な感情反応がまず基本であり、次がその表出の工夫なのです。基本の部分は技法ではないのです。それは技法の素材です。素材を捨てたら技法がつくれないことになります』と。

一生懸命考えて

次の面接。彼女は会社には毎日行っているけれども、保健室で何時間も寝込んでいる状態が続いていました。新しい医者が来て、その医者と面談する、という流れのなかで「自分にとって新しく学びはじめた心理学の先生たちとの会話は鮮烈で記憶に残るけれども、会社でのやりとりは何も残らなく、ものすごく薄い」と語ります。

ここが〝その時〟だと判断し、次のように話しだしました。〈あなたにとって、先のワークのほうが鮮烈だったというのは、そのワークがものすごく情動をゆさぶったものだった、ということだと思います。あなたの情緒が大きく揺さぶられた体験だということです。この前ワークで抱きあう、自分を愛してくれている人に感謝の気持ちをこめて抱きなさい、というすごいシーンがあったよね。この前私に抱きついたでしょう。あの時どんな気持ちだった？〉と尋ねてみました。彼女「……」そして「あのワークのセリフを聞いたとき、私は自分を愛してくれる人も自分が愛している人も誰もいない、って思ったの。そうしたらものすごく孤独になったの」と。せつなく響きます。それを受けて私は、〈その時もしかしたら、田中先生に抱きついたらその孤独は埋められるかなあって思った？〉と聞いてみました。「うん」と。〈……で、埋まった？〉と尋ねたら、もちろん「いいえ」という返事。私は〈そうだと思うの。そうなのよ。たぶん、もっと孤独に感じてしまったのではないかと思うの。そういうことで埋まるものではないから〉と話しつつ、〈なぜならね……〉と話しました。

〈あの時私はあなたに言うことができればよかったのだけれども、このワークをここで試みる直前に、田中先生のことを考えて考えて立ち直った、自分がどれだけ田中先生を頼っているかって思ったと言ったでしょう。あのことばすごく照れくさかったの。それでこれは時々してしまう私の悪いクセなんだけど、照れくさかったから、中途半端におちゃらかしてしまったの。あなたのことばに私はまっすぐにむきあえてなかった。それで混乱のうちにあのワークに突入してしまったの。で結局あなたがあの日それ以降、ぐんぐん悪くなっていっただろうし、このままだとあなたはもっと調子悪くなるだろうから、お話をする機会を待っていました。

私がなぜ照れくさくておちゃらかしたか、あとで考えてみました。私はあなたのことを一生懸命考えているし、治療者として頑張っているつもりです。だから頼ってくれている、というのはうれしかったです。でもここでほいほい喜んでしまうと、そんなことないわ、何あなた喜んでいるのよ、バカネエ〜ってやられてしまいそうで、それが怖かったんだと思います、とまず伝えました。

そして次に、〈それと抱きつくっていうのは、ものすごく情緒的な体験なの。そのワークの話を聞いただけで私は頭をこん棒で殴られ、気絶しかけたような気になったくらいだもの。一方、日常の体験はもっと濃度は薄い。だから濃い世界にひかれるのは当然のことだと思うのです……〉と伝えました。〈あなたの思いは、あのような体験では埋まるわけないの。あれをとめることができなかったことを、私は猛烈に反省しています〉と。

彼女は「そうなんですか？　それって（あのワーク）そんなにすごいことなんですか」と。〈ウン、だと思います〉と。このように私の弁解と説明を彼女はじいっと聞いてくれていました。これもすんなりはいっていった感じを受けました。〈そしてもうひとつ思ったのは、田中先生に頼っている自分に気づいたとき、自分がふがいないなあとか、ちょっぴり残念なような気持ちもあったのではないかしら？〉と尋ねたところ、「少しありました」と。この日はこんな話をして帰りました。これでおそらく今彼女を襲っている無気力感や食欲不振は少し楽になるのではないか、楽になるといいなあと思いました。

この私の彼女へのやりとりについて神田橋先生は『投影性同一視のルートに、こちらから告白という形で解決をのせてゆく最も高級な技法と、(自分が)正直であるということが同じものである、ということは、とても考えさせられるでしょう?』と、むずかしいコメントをくださいました。言うまでもなく私たちがこのワークをすることは二度とありませんでした。もちろん、ほかの患者さんともそういうことはその前にも後にもありません。私はこういう行為をすることの問題について、よくわかっている治療者だと思っています。そんなことで気持ちがおさまるはずなどなく、かえって刺激してしまう分悪いとすら思っていました。

とはいえ、やったことは格好悪いけど後悔はしていません。治療者として一番なりたくないのは、優等生のような顔をして教科書に書いてあることは守るけれども、そこから決してはみださず、相手と四つにくんでこころが触れ合っていないような人間です。私は一歩一歩、愚直でも自分で自分なりに体験しながら掴んでゆく治療者でありたいと思っています。格好悪さは財産です。その意味では私は豊富な財産家です。

セラピーがふつうの雰囲気になってきた

それ以降、ワークの後遺症は何となくあるものの、それは少しずつ減ってゆきつつありました。七月頃には、彼女の身体不調は毎日勤務することは無理でも、週に二日ほど休めばあとの日は通常勤務ができるくらいまでに回復しつつありました。この頃から彼女は、自分がいまの状況を何とかすることができる先生がいるとしたら、それは田中先生と先のワークの心理学の先生だとまでいうようになっており、以前のセラピストであるB先生の姿は薄くなってきていました。こうしてB先生との間での三角形は、その心理学の先生とのあらたなる三角形に代わってきつつありました。ですから私は、今度はその心理学の先生の話の言ったことの翻訳をしながら、そこそこ平穏な面接が続きました。しかも今度の翻訳は、私自身が絡んでいないので、以前よりずっと楽なものでした。

この頃の面接は、〝ふつうの面接〟といってもよいでしょう。そのなかで私は来年九月にいくことを決めた一年後の海外留学の話しをどのように彼女に伝えるか、ということを考えるようになっていました。告知は早ければ早いほどよいと神田橋先生から助言されていました。言う前に必要なのは言ったあとどうなるか、という予測をたてることです。そこで私は今、彼女のことをもういちど考えてみました。今の彼女は、当院に転院していた頃のふたりのセラピストが言ったような境界例のような状態ではないといってよいでしょう。それはまず第一に、私という実際に関わることができる対象がいること、第二に認識のレベルでも彼女はぐんぐん育ってきている、と考えられるからです。だとすると最初の関わりの大事な対象としての私が留学によっていなくなることで、彼女はふたたび基底がぐらつき、大揺れになるのではないかということは容易に予測できます。その揺れをできるかぎり弱めるためには、認識のレベルをふやすこと。私がいなくなって彼女が崩れてしまうようなら、私の治療は失敗です。私が途中いなくなってもなお、彼女が踏みとどまって歩みつづけることができれば、私はただ依存させてそこで相手を支えていた、というだけの治療者から一歩抜けだしたといえるのではないか、と考えたりしながらぐるぐるしていました。そしてまだこの年には私は彼女とこの話をしないで終わりました。

6　五年目の面接のなかから

この時期は私の一年間留学したいという思いを伝え、それをめぐるやりとりが中心になって進みました。そのなかでも彼女は外の世界とどんどんつながってゆき、人との関わりの世界をひろげてゆきました。

留学の話と関係を育てること

一月。自分は毎年、年賀状を出す人（出したい人）がいなかった。でも今年は何人か師匠がいて出すことができた。うれしかった。正月に帰省した時に父に、あなたから以前言われたりされて嫌だったことがあるけど、覚えているかと尋ねたら、父はすっかり忘れていた。私は自分が言われたことやされたことの記憶に寄って立って生きている。それを否定されたらどうしたらいいのか。土台が崩れていくと。しかしこう言いながらも、あまり怖れや不安におののいている雰囲気ではありませんでした。

次の週の面接で〈この前、ある詩歌を読み上げる人の舞台をみました。私はどうやら、その人を好きになったようです。次の舞台で幕をとじる時、舞台に駆け寄ってお花を渡しました〉と。以前ならもっと、彼女の気持ちが大きく揺れてぐちゃぐちゃになったに違いありません。でも彼女は体調的にも情緒的にも比較的安定しているように感じられました。ずいぶん自分の軸がしっかりしてきたなあと思いました。

そこでこの華やいだ話を聞いて話が途切れた時、私は思い切って〈私の方でお話したいことがあるけれども、いいですか〉と尋ねたところ「ウン」と。〈実はここのところ自分のなかにわきおこり、考えに考えた末にかたまってきた、そしてぜひそうさせて欲しいことがでてきました。でもそれはあなたにはとてもショックなことだと思うから……迷惑かけるだろうし……だからいつ言ったらよいか、この数か月の間ずっと悩んできました。実は今年の九月くらいから一年間、海外で勉強してきたいと考えています〉と伝え、そういう気持ちにいたる経緯とそこでしてみたいことを彼女に伝えたところ、彼女はぱっと「こういう関係がいつまでも続くわけじゃないし、自分がもし、いま好きになっている人が暮らしているところに勉強にいけば、この関係はそれで終わりになるわけだし」とオロオロしはじめた。

そこで〈いいえ、患者さんが巣立っていくのと治療者がいなくなるのでは意味が違うと思います。何といったらいいか、何をいっても弁解にしかならない。あなたを見捨ててしまうとあなたが思うのではないかと思うとつらい。でもそうじゃないといいたいけれども、そんなことをするつもりはないけれども……。でも結局そういうことになってしまうのかもしれないと思ったり……〉とぐちゃぐちゃした心境をそっくりそのままことばにすると、「ううん、そうじゃない。違うの、先生が私を見捨てていくって、そうは思わない。そうじゃない。でも何か困ったことがあったら困るなあ」と泣き出しました。「みんないいな。自分のしたいことがあって……それをめざせて」と。私は〈言う言葉がないな……あなたのこと、これからどうしていったらよいか一緒に考えていきたい。

これから八か月かけて〉と言い、〈先走りになるけれども、自分なりに面接は別の先生にお願いして、でも私も手紙でご相談にのれるかなあと。でも手紙は往復の時間がかかるから、あなたがすぐにっていう時に困るかなあと思うのと、私がそれがしんどくなるかなあって思ったり（彼女頷きます）でも、できるかなあと思ったり……まだ私もわからない……。でも私にできる限りのことはしたいと思っています。とにかくすべて一緒に考えていきたいと思っています〉とやっとのことでしどろもどろに伝えました。

このとき彼女は、私に出会って、ものすごく頭のいい先生だって思ったということと、あとこれは誰にも言わなかったけど、田中先生は心があついんです、といってくれました。私はこころのなかで〝熱い？〟〝厚い？〟などどうでもいい漢字を駆けめぐらせたりしながらどきどきしていました。最後に彼女は「さびしい」と。

以降彼女は、芝居を学ぶなかで知りあった人に、詩歌の手ほどきをうけられるように頼んでゆくという不慣れな仕事と、田中との面接をどのようにしてゆくかという二つの課題を抱え、連日電話がかかるようになりました。そして「目がまわる」と。そりゃそうだろうと思いながら、私はその電話をうけていました。

この前後の面接で関係を育てるという話になりました。「そうなの。私は関係を育てるっていうことしてこなかったんだ！。相手に聞くこともせず、一人で勝手に考えて、で切っちゃって、切っちゃって、どんどん切って……」という話が彼女の方からでてきました。〈そうでした。だから私があなたとずっとしてきた作業は、あなたの前の治療者たちが、どういうつもりであなたに言ったかを、その先生たちに代わって一生懸命考えて翻訳してきたのです。それはあなたと前の先生たちをつなぐため。そして一度つながった関係は、切れるものではないのだということ、同時に、何本もの関係の絆が育っていくんだということをあなたに伝えたかったから、そうしてきました〉と話しました。そうしたところ、彼女は「そうですね」と。

〈それと私は極めてよくしゃべる治療者だよね。教科書には治療者とはしゃべらずに、聴く人だと書いてある。いろんな連想はいっぱいしても抱えておくって……。私は必要なときにはしゃべるけれども、特にあなたには意図的に気をつけてしてきたのです〉と伝えたところ、彼女はびっくりしています。そこで私は続けました。〈っていうのはね、私が黙っているとあなたは頭の中で勝手に、田中先生は○○って思って、それは○○だから△△で、□□で……って考えていって、だけど実際には問い返してくれないから話がずれていって誤解が生まれてくるんじゃないかって考えました。人との関係の中での対話が絶対的に少ないあなたにとって、私がどんな風に考え、あなたの言っていることの何に刺激され、それでどう連想していくか、という私のなかにわき起こった感情や思考の筋道をきめ細かにたどり、ふたりでわかちあうことが、あなたが人との関係を育てていくうえでモデルとなる、とっても大事なことだと考えたからなのです〉と話しました。そうしたところ彼女は「そうなんですか」とびっくりした顔。そこで私は続けて〈でね、これは私の心理治療の師匠に教わったことなのとこの時伝えました。彼女「へえ、これ、先生のオリジナルかと思っていた」というので、私はつづけて〈でしょ？　私これ、自分にあってたから、かりものの感じがあんまりなかったと思うの。あなたに会った瞬間からそうしてたもんね、多分〉と言いました。それに対して彼女は「ええ」と。ここで彼女「B先生はあんまりしゃべらない先生だった」というので、〈B先生はそういうもち味の先生だったのではないかしら。それと、私がしたような関わり方が、あなたに治療的だということには、もしかしたら気づかれなかったのかもしれないです〉と伝えました。それに対して彼女は「そうですね、この関わりは自分にものすごく良かったです。ずいぶん人と関わり方が上手に、それなりにうまくなってきているのを実感しています」と。

私は思わずこころのなかでヤッター！ とガッツポーズ。これに対して神田橋先生も、『よかったね、よかったね、苦労が報われて、この稼業をしてよかったと思うよ』と。本当にそうなのです。先日臨床を学びはじめたばかりの学生に、治療者が患者にこころを使うなんて、自分のこころがすり切れちゃうじゃないですか、といわれてびっくりしたことがありました。確かに治療者は自分のこころを猛烈に使います。それが仕事だからです。でもこんな瞬間に、そのすべてが報われるというか、それ以上の喜びを得られるのです。ひとりひとりの患者さんとのこういう瞬間が、私をこれまで支え、治療者としてもっと成長したいという意欲の根源になっていると思います。

思わずでた捨てゼリフ

二月。彼女は自分からあなたに詩歌を唄うことを学びたい、弟子になりたいくらいだという手紙を好きになった先生に送り、一度ボイストレーニングをしてくれるという話になりました。もちろん彼女は喜んで行ったのだけれども、相手の言動に、自分に対する若干の面倒臭さも感じたようです。これまで「嫌なら嫌って言ってくれれば行かなかったのに」とその心境を、面接の場で再現します。これまで私と彼女との間で無数に行ってきたことが、その人との間で起こっていました。ですから私は相手との間のズレを修正したり相手の意図を翻訳したりして彼女に伝えたりなど、ていねいにやりとりのふり返りの練習をしました。そうしたところ彼女は「そう言われてみると確かにそう。よくわかります。私ってものすごく鈍感なんですね。そこまで細やかに言ってもらわないと、わかりませんでした」と言っていました。

その人との関係について私は〈もしかしたらその人には、迷惑な気持ちは幾ばくかはあるのだろうけど、でもボイストレーニングをしてくれた中には、OKという気持ちもあるのだと思う。でもあなたは、一〇％でも二〇％でも負担の方を感じると、それを受け取る感性は抜群だから、残りの大丈夫％のほうはないと思ってしまうクセがあるのではないだろうか。それってとってももったいないと思う〉と言ったところ、黙って聞いていて、あとで「そうかもしれない」と。そして「人間関係が上手になりたーい」とその場で叫んでいました。そして「こんなに下手だったから、私は人と関わるのをやめていたんだろう」と言いながら帰りました。

この流れはこれでよかったと思いますが、別の面接の日に私は余計なことをしました。その日は、私の面接の前に当院の鍼治療の先生が彼女の治療をしていたのですが、「時間をひきのばされて、あまったく」と私のところで文句を言ったのです。鍼治療の先生が時間ぎりぎりまでたっぷりに治療をしてくれたので、私の面接の時間に数分、くいこむということが起こったのでした。

相手の好意を好意として受けとめず不満をワーワー言う彼女に、私はふたたび、むかむかしてきていました。彼女の行きつ戻りつの成長過程に、あせりから勝手に苛立っていたのだと思います。このやりとりの最後に〈まったくあなたは、相手の好意を平気で踏みにじっちゃうんだから……あなたのコミュニケーションパターンは、ちょっとやそっとでは変わるものではないんだろうけれどね〉と言ったそうです。もちろんこんなひどい捨てゼリフを言った記憶は、私にはありません。でも後日、彼女は私が言ったと言う。ですから言ったのでしょう。その時はそれほどの、激しい言葉の売り買いになっていたのだと思います。

彼女は言われた日の夜、頭が混乱して、手で畳をぶち続けていたと。畳は私の身代わりでしょう。翌日抗議の電話がはいりました。〈私は正直なところ、思い出しても言った覚えはないんです。でもあなたが覚えているというのだから、言ったのだと思います。あの状況下ではありえたかもしれません。もちろんそんな言い方しなくてもよかったと思います。ひどいものね。がっかりしちゃったでしょう。それは謝ります。あなたをひどく混乱させたと思います。でも私の気持ちになかに、数パーセントでも、そういうことばを吐かせる気持ちはあったのは確かだったと思います。私、たぶんがっかりしたんでしょう、きっと。でも同時に、何とかしていきたいと思っている自分もいます。でもあなたは、私がサジをなげ、投げ出したくなるような気持ちの方を一〇〇％うけとめてしまい、残る頑張っていこうとする気持ちを〇％にとってしまう。そしてどんどん関係は悪くなっていく……何か悲しいね。その間にわりとこころの通いあった面接をしていても、それですべてチャラになるんだよね……〉と伝えました。ひどく雑な語りだと思いますが、ごまかすわけにはいきません。

そうしたところ彼女は当然、「じゃあどうしたらいいですか！」と言ってきました。私は〈それを考えてきた四年間だったんじゃない……〉。といいつつ話はどんどんズレていきます。最後に私は彼女に〈私に絶望しそう？〉と尋ねたところ、彼女は「ハイ」と。そこで私〈何も信じられない？〉と尋ねると「ええ、だって先生うんざりしているでしょう」と。そこで私は〈ウーン、死んじゃいたいくらいになっている？〉と尋ねたところに「ええ!!」との返事。

〈ウーン。私にうんざりされていると思い、何も信じられないということで、これで私との関係が切れていくとしたら、これでいいの？　何のための四年間だったの？　私すごくみじめな気持ち。自分に対してもみじめで情けなく、たまらない気持ちでいっぱい。たぶん、この私の気持ち、今のあなたの気持ちと同じなんじゃないかしら〉と伝えました。そうしたところ彼女は「どうせ、先生なんか九月に行っちゃうんじゃないですか！」と。そこで私は〈だからじゃない！　あなたが助けてくれなければ……あなたが協力してくれなければ、一体あなたの治療をどうしたらいいっていうの?!〉と。ふたたび子どもと子どものなじりあい。このときは互いにぶんむくれての時間切れとなりました。

以降はお互いの気持ちの押しつけとくり返しの電話とその電話への応答が続きました。もちろんこれは、私が留学することをめぐっての自分の負い目が背後にあり、それまでに何とか彼女が大丈夫なように整えたいという利己的な思いがあり、しかし実際にはそういう話にならないことからくる焦りと焦りのからまわり、ということだったと思います。このやりとりが彼女の心理的状況を悪化させることはわかっていました。でもその時の自分には、もう少し私を助けてくれてもよいのではないか、という甘えがあり、どこか裏切られたような気持ちもあったのだと思います。でもこれではこの難局はのりきれません。私の気持ちを何とか使いものになるようにしないと、ふたたび悪い対応しかできそうもありませんでした。そのためには考える時間が欲しかったので、一日電話での対応を伸ばしてもらって次の電話面接に臨みました。

この一連の流れに対して、神田橋先生は『セラピストの情緒表出をおさえて〝あのとき私がどうしてあんな不適切な発言をしてしまったかを自己分析してみたら〟と自己分析を語るのです。それを彼女への自己分析の仕方のモデルとして提示するつもりで』と。さらに『連想が豊かになるのは感情も豊かに波瀾万丈になるものです。それがダイナミックな生命の世界』と。『怒りのカウンターをつかいなさい。それを転移として考えなさい』と言ってくださいました。前に先生からいただいていたことばである『パターンにのるとまずい、パターンにのらないと対象喪失を与える。その妥協が解釈である』と。怒りを正確に伝えるようにというのは、この時の私にはものすごく大事なことでした。

危機を何とかのりこえて

二日目の電話面接で彼女から話しはじめました。「この前の面接で、何であんなになっちゃったかを考えていて……」と言いながら、彼女が私に伝えたかったことを、私が他のことと抱き合わせにして捨てゼリフを吐いたんだろう、ということに自分で気づいた、と伝えてくれました。それでそのことは違うんじゃないかと抗議したくなった、と彼女はおだやかに語るのです。これってふたりの間で煮詰まったときにふたりでやってきた解決策です。しかも正当な抗議です。彼女のほうがおちついて分析をしてくれていたことに、私はうれしくなりました。

〈私も何故そんな言葉をいってしまったのか、よーく考えてみました。そして私自身がごちゃごちゃにしていたことがあったと気づいたんです。二つのことを考えました。ひとつは私の焦りです。九月までに何とかあなたのワーッとなる混乱を収めたいと思っていました。それがなくなれば手紙でもできるし、他の先生に助けてもらうこともできるだろうと。それともう一つ。それは私の負担です。それを私は、鍼の先生に対するあなたの反応で心配になったのだと思います。アメリカに行った後のあなたとのやりとりを手紙にしようかファックスにしようか、電話かな、といろんなことを考えているって以前言いました。でも時差もあるし、電話だったりすると突然かかってくるわけです。もちろん、できるだけよく対応したいとは考えています。でも一〇回に一回くらいはぶんむくれた声を出すかもしれない。一〇回のうち九回はいい声でいい対応ができたとしても、残りの一回で全てチャラになってしまい、私の頑張りは水の泡になるのか……いえ、もしかしたらもっと悪く、田中先生は私のことなんか迷惑なんだ、邪魔なんだと思うようになるんではないかって思ったのです〉に、彼女「きっと私、そう思うだろうと思います」と。

〈ね、そしたら負担だなって思ったの。私こんなに頑張って一生懸命やっていても、たった一回でチャラになるんだって思うだろう……そうしたら、もしかしたら私は、あなたはこんなにしてあげている私に対して感謝してくれて当然なのになんて、そんな嫌なことをすら、思うようになるんじゃないかって。あなたが怒るなんて言語道断だって思ってしまうかも。〈ノートに書いたこの部分で、神田橋先生は『ここがとてもよいね。この気持ちの表明が彼女への転移解釈にすらなっている』と言ってくださいました〉。そう思ったら、心配になったの……。互いに被害的になっていって、その結果見事に関係が壊れていくんでないかって。私そうなりたくないって〉と伝えました。そうしたところ、彼女は

「私も!!」と言います。〈この二つのことを私がかぶせてしまって、ごちゃごちゃにしてしまったように思いました〉と伝えてゆきました。

このようなやりとりをへて、彼女の荒ぶるこころも私のこころの波立ちも共におさまってゆきました。私も成長したけど彼女も成長したなあと。そしてまだ留学中のことはわからないけれども、二人で話しあっていきましょうということになりました。神田橋先生はこのところで、『貴重な洞察体験でしたね。気がついてふりかえると、あたり前のことのようなことだけど』と、これまた心臓ぐさりのことばでした。

自分の足で歩いている感覚

六月。親から再び見合いの話。「父は以前はセールスマンをしていたので、私の今の会社での立場についても、よくわかる部分があるらしい」と。父に何やってんだと言われて、「ダンスのようなもの」と答えたら父から「そんなのやってどうなるんだ」といわれた。そこで彼女「だって楽しければ、やっていて自分が幸せだったらいいじゃない」といったら父は一瞬絶句していたと。これには私はびっくりしました。父親に対してあんなに何も言えなかった彼女が父親に向かって、しっかり主張しているのですから。

また後日父から見合いの電話がきたときのこと。郷里に戻って結婚しろという。そのだだっこのような言い方を聞いていた彼女は、そのとき電話で「お父さん淋しいんだ。だから私にそばにいて欲しいんでしょう」といったと。父は電話のむこうで絶句していたということでした。こんな素敵なあたり前の会話が、父との間でもできるようになってきています。私はすぐに〈びっくりしちゃった。そんな風に返せたんだあ〉といったら「そうでしょう？　私もびっくり」と。〈いいなあ〉といったら彼女「うん、いいのかな」というので、再び私は〈うん、いいよ〉と。「思ったんです。今回の父への対応についての先生の意見は自分で考えたのと同じでした。でもそう先生に言ってもらえると安心できるんです。本当にそれでいいんだって思えるんです」と。そこで私は〈そう、その役割なんだよ、私の役割は、たぶん〉と伝えました。

そしてこの時自分のなかでもうひとつ、思ったことがありました。彼女は両親からの独立のために一人では心細く、そのために私を必要としてきたと思います。確かに私は彼女を支えてきました。今もなお、彼女は私の助力はいるのではないかと思っています。というより、思い込んでいるように感じます。でもそれは果たしてそうなのだろうか？

まだ小さいけれども彼女の「自分」という芽は確かにぐんぐん成長しつつあります。親はもう、彼女のすべてをのみこんでしまえるほどに巨大かつ強力なものではなくなりつつあるようです。〝その道を進んでゆけばいいんだよ〟というサポートは必要だと思うけれども、私が横にいるだけで、彼女はすでに自分の足であるいています。私なしではやっていけない状態からは抜けだしつつあると思うようになりました。私はそれまで、こんな風に考えたことはありませんでした。だからこそ、この今回の別れのテーマは、彼女にとっても、ただマイナスの体験にだけではなくプラスの体験にもになっていくような気がする、とこの時期私はメモを残しています。この頃、彼女は自分は最近、人と挨拶するという普通の関係では、そんなに嫌がられていないなあということに気づいたとも語るようになっていました。

頼れる人や助けてくれる人がふえてきて

次の面接では穏やかな表情。はじめて白い大きなハンドバックをもってきます。何となく春らしさが素敵です。このときには弟の就職困難さをめぐる話が中心でした。彼女が就職をきめた時のことを尋ねたところ、「すごく不安だった」。最後にはもうどこでもよかった。そして今のところ一つだけしか受からなかった」と。あわせて今の自分には生き甲斐の方が大事だと語ります。

〈人って生きるための基盤がある程度確保されて、その次に〝生きがい論〟になるんだと思う。あなたは東京にでてきてずいぶん、自分を保てるようになったのでは？〉と尋ねたところ、彼女は「そう。本当にそうです」と。〈でも当時は東京にでてきて○○や□□に出会ったり、あるいは私との出会いも予測できなかったのではないかしら？ これからもいろんな出会いがあると思うの〉と伝えたところ、彼女は「わかんない」と。そこで私は〈不安もあるけど楽しみも。……きっとご縁でつながっていたように思うし、これかならも何かご縁のようなものがどこかにつながっていくように思います〉と言ったところ「私東京に出てこなかったら、駄目だったかな？」と彼女は言います。それを受けて私は〈どうかな？ そうでもないんじゃないかしら。何とかなってたんじゃないかと思うけど、どう？〉と言ったところ、彼女は「私もそういう気がします」と。〈うん。何とか助けてもらえる人を探してね。あなたの一本立ちを助けてくれる人を……そうそう、ちょっとこの話、この前考えていたことをお話ししようかとも思うんだけども……でもあなたの方に今日てんこ盛りの話題があるだろうから……〉といったところ、「先生の話おもしろそう、話してください」と。

そこで〈私はずっとね。あなたはよるべなく、誰か頼る人が必要な人だと思ってきたの（彼女頷きます）。でも今はどうかなあと。ちょっと違ってきているんじゃないかと……〉に「うん。もちろん私すぐに何かあると先生に電話するしピーピー泣くし」と。私は〈うん、もちろん困った時に助けてくれる人は必要だと思っています。私がいま言っていることは、一本立ちするっていうのは、ひとりで孤高に生きていくことじゃなくて、じょうずに周りの人たちに頼りながら生きていけるようになるっていうこと。あなたはずいぶん頼れる人、助けてくれる人ができてきたように思うの〉と伝えてみたところ、「そういえばそうですね」と。

〈私がこの面接でとにかくよくしゃべってきたのも、あなたにとって生きていく上でのモデルがなかったと思ったからというのは、以前お話ししたよね。ひとつのモデルを提供したつもりでした。いい意味でも、あるいはそうじゃないという反対モデルでも。あなたがそれを聞いて自分にいいと思う部分はとりいれて、違う部分はとり置いて欲しいっていう願いがありました。あなたはそれがすこしできるようになってきたと思うの。でもそういうと、また自分のことをよく考えすぎていると思って、調子悪くなるかしら？〉と尋ねると「そういう感じじゃない」と彼女自身で自分をふり返りながら言います。

またこの時に、私の側の逃げたい気持ちについての連想も語りました。〈アメリカに行くという私に対して、あなたが安定した気持ちをもちにくい気持ちをじーっと考えてみたの。田中先生はあっちに行ったら逃げちゃうんじゃないか、私のことなんか忘れて解放感でキャピキャピしちゃううんじゃないかって、あなた思っているるんじゃないかと〉というと、彼女しっかり頷きます。〈それでね、そういう気持ち私のなかにあるかなあって考えたら、あるなって思ったの。私って頑張る人だし責任っていうこともものすごく考えるし、何よりも人として誠実でいたいと考えている人間だから、それを大事にしている人だから、むこうに行ってもできる限りのことはしたい、投げ出すまいって思っています〉〈そういう気持ちはたくさんあるの。でもその一方に、逃げちゃいたいな、逃げられたら楽だろうな、楽になりたいな、千載一遇のチャンスだもん、と思っている自分がいるのも事実です。でも同時に、そこから逃げられない自分自身の身分っていうものが、限りなくいとおしいっていう思いもあります。だから、この私のなかにある逃げたさの部分をあなたが感知して、不安がうまれるし増大するんだろうと思ったの〉と言ったところ、彼女は「そうですね」と、にこにこ笑いながら返事してくれました。こういう話をテンぱった雰囲気のなかでではなく、しっとりとした情感のなかで話せることが、私にはとてもうれしく感じられていました。

仕事という現実的な問題をめぐって

七月の電話で。興奮した声です。ひとつは父から見合いの話がもちこまれたこと、二つ目は腰痛で通っている病院で、これ以上悪くならないための治療に方針を変えたいがどうかと言われていること、三つ目は課長から「君は会社で一体何をしているのか。どうもあまり仕事をしていないのではないか。何に時間を使っているのか」と問いただされ、会社でどのようにしていくか話しあいをしようと言われたこと。

彼女は会社では庶務のする仕事をし、あとはパソコン通信をしているだけで、専門職として採用された仕事は実際にはしていないようでした。でも彼女はその話をしながら、課長が何とか自分に仕事をしていないことを白状させて、解雇させようと手ぐすね引いているに違いないと言ってきます。でも私の感じでは、課長の言うことはまっとうに聞こえます。つまりそんなに悪意に満ち満ちた話しとも思えません。

その次の面接では会社の話はでて来ずに、生き甲斐論ばかりが語られます。そこでどのような話になったのかを尋ねると「この前、仕事の話はあと一週間あげるから、ここであなたが何ができるか考えてごらんなさい」と課長に言われたと。でも今自分にとって仕事の話しは重要ではない、結婚の話と腰痛の話の方がずっと重要。会社のことは自分にとって話す価値はない。自分はあの課長をバカだと思っている。脳なしがバカなことを言ったのだから時間をさくに値しないのだ、と居丈高に言いまくります。

話を聞いているうちにだんだんイヤな気持ちになっていきました。〝生きる〟現実を見ずに〝生き甲斐論〟ばかりぶちまける。そこで〈意地悪いかもしれないけど、私は今日は、あなたのお仕事以外の話はのりたくないです〉と宣言し、〈そうやって被害者として直接対話することなく問題から逃げていくのだと、あなた自身のなかの確かさはつかめてゆけないのではないかしら?〉と。さらに〈今後どうやって生きていくかということと、会社をどうするかということは同じ問題だと思います。やめるにしろ続けるにしろ、他人任せにするのではなく精一杯自分で考えてごらんなさい。あなたの今の態度は、逃げているようにみえます〉と。彼女はこのとき、「頭のなかが真っ白で何もわからない」とおろおろしつつ、田中先生がこの問題にこんなにこだわるからには、いまの自分にとっては何か大事なものなのだろう、と思ってくれたようでした。そして私が不在になる前に、この問題はきちんとしておきたいと思う気持ちも手伝い、翌日も面接をすることにしました。

次の危機とたちなおり

彼女の面接を待機していた私でしたが、彼女の面接の直前に突然、別の患者さんからの緊急の電話がはいってしまい、彼女の時間にくいこんでしまいました。待合室からは彼女の泣き叫ぶ声がなり響いて聞こえてきます。もちろん可哀相なことしちゃっているなあと思いつつ、何もそんなに大声でこれみよがしに泣かなくたっていいじゃないのよ、という恨みがましい気持ちも私のなかにわきおこっていました。

やっと面接を開始してから私は、突然の緊急事態を説明して〈私は本当にすまないと思っています。だけど〜、何もそんなに泣かなくたって。そんなに責めなさんなよ……。こういうことってあなたの電話でも、私よくしているのよ。五分だけっていう約束で始めても、全然電話を終えられなくて、で切るとどうなるかわかんないような状態で、っていう時ってあなたもしょっ中あったんだよ。その都度あなたにも言ってきたけれども、そういう時って他の患者さんの面接の時間にくいこんでいるんです。それでその予定時間の患者さんに怒って帰られちゃったりしたことも何回もあるの。もちろんこれは私の治療者としての腕の悪さが原因です。だけど……私のせいだけじゃないと思うの。協力してくれないんだもの、あなたが……〉と言いました。そうしたところ、彼女は「そうじゃないの。泣きだしたら恥ずかしくなって。そしたら止まらなくて」と。結局大事な中身は翌日へと持ち越しになりました。ただこの日私が思わず口走った彼女への非難は、彼女の中に、再度私に対する憤りの感情を噴出させる窓をあけました。

次の面接。キツネのような険しい顔で訪れました。「冗談じゃない！　田中先生はこれまで私をどれだけ傷つけてきたと思っているんですか！　例えば二年前に四時に面接の約束をした時、私の顔を見て〝一体あなたは自分の時間を何時だと思っているの〟って言ったんです。だけど先生の方が勘違いしたとわかると〝あ、そ、じゃ入りなさいよ〟って、あれ何ですか！」をはじめとして、何年前のあの時、○○の件に関して、□□の場合には……と恨み節の列挙が止まらない止まらない。最初の頃のいろんなことをごっちゃにするのということが再燃しているようです。前にもお話ししたように、こういうことを彼女が記憶しているのだから、何がしかのことは言ったのでしょう。でも、このものの言い方は、どう考えても自分でピンと来ないのです。どこかで誰かにあしらわれた体験の想起も加わっているようだし、誤解の部分もたくさんある気もするしと当惑しつつ、誤解の部分だと思うところについては静かに異論を唱えてゆきました。これに対して彼女は田中に絶対自分に対する悪意があってしたことだと言いはります。

そこで私は方向性を変えて、〈何年もそういう風に、私に対して秘かに恨みをためていたというのはつらいです。さっきあなたが言った対処を本当に私がしたのなら、確かに私がひどい。その言い方は本当にひどいですから。弁解の余地はないです。それを言った田中先生は悪いです。でも、だったらなおさら、その時でなくても後でもいいから、言いにくかったかもしれないけれども、私に直接言って欲しかった。私は間違っていたら謝る人だし、それをめざしてきたから。あなたは私に傷つけられたと言います。私は意地悪だとも言っています。そういう部分はあるんだと思います。私もずいぶんあなたに痛い思いをしているので、それが気づかないうちに累積されて私のことばのなかに秘かに込められ、あなたにむけて発射されていたのかもしれません。それにしても、今の私への非難のなかに、私自身がしたことだけでなく、他の医者や他の病院の先生への不満、あるいは両親への恨みつらみを増量させているのではないかしら？　どうもそういう人たちのダミーにされている部分が加わっているように思うけれども……〉と尋ねたところ、彼女は「あ、そうかもしれない」と。

やっとここから話が沁みこんでいく手応えを感じたので、私は話を続けました。〈今の課長さんに対しても、自分で固定した悪いイメージを描いて、実物の課長さんを見ていないように思えるの。あなたが仕事をしていないのは事実だもん〉というと彼女はにっと笑って頷きます。自分で「給料ドロボーだ」と。〈ね、この数年田中をひどい奴だと思って、何て底意地の悪い奴だって思っていたというけれども、話してみたら田中にはどうも記憶になく、田中には田中なりの言い分があって、それほど極悪非道な奴でもないということがわかってきた、という今のプロセスがあるように思うけど〉というと、彼女はここでも頷きます。課長さんともあなたが思いこみの世界でつくった課長さんと対話するのではなく、いまあなたの目の前にいる課長さんと対話してごらんなさい〉と伝えてみました。ここで私とのギャップを使って本題である課長さんとのギャップにたどりつくことができました。

ここまで静かに聞いていた彼女は次第に、どうも自分は仕事をしたくない人らしい。今の職場はあっていないと思う。でも今は不況だから数か月でもおいてくれると助かると思う。それで頼んでみようかというところまで来ました。また追い出されたらそれでもいいか、というようにもなっていきました。「でもどういったらいいのか、私には自信がないんですよ」と言います。私は〈でも相手が悪いと考えるのは、甘ったれだと思うよ〉と伝えたところ、彼女は「そうか、私は自分勝手で甘ったれか～」というので私は、〈うん〉と。それをうけて彼女は「(私は)給料ドロボー～」というので、私は〈ねえ〉と。そこで私は、〈とにかく精一杯やってごらん。そこからまた一緒に考えましょう〉と。

これら一連の面接が、いかに乱暴なものだったかは、やりながらも自分でわかっていました。この頃私は留学前にやらなければならないことに追われていて、極度の疲労から精神的にも身体的にも追い詰められていました。通常の時であれば面接を〈今日は調子悪くてね、あなたと関係なく私個人の理由で。だからごめんなさい〉と謝って進めることができたはずでも、一年休むという負い目から、私にはその一言が彼女に対してだけでなく、誰にも言うことができなくなっていました。いえもっと正確にいうと、私はこの自分の疲労に気づいてすらいませんでした。当然だんだん彼女が負担になってきていました。恥ずかしいけど正直に思ったことを白状すると、〝ああ嫌だ嫌だ、一体何度同じくり返しをするのよ。手紙なんか嫌、電話番号だって誰が教えるもんですか。冗談じゃない、キライダア～〟とポロポロでてくる自分の涙に途方にくれていました。だいたいこういうことばが自分のなかから、自然にわきでてくること自体が自分の限界を越えている証拠です。やっと〝ああ、だめだ。私疲れすぎちゃったんだ〟と自覚したのは、何とこの連続面接の直後でした。そこで次の時に〈私は走り込みすぎて、調子がわるいのです。すこし頭を休まさせてください。そうしたら元気になるから〉と伝えました。そうしたところ彼女は「私のせい?」といったので、〈少しはある。でも多くは私のオーバーヒート。過剰労働が原因。私ね、思ったの。あなたにクリニックの対応の悪さを指摘されても、普段だったら〝そうね、あなたの言うようにしてあげられたらいいのにね〟ってやわらかく言ってあげられるんだと思うんです。だけどこっちのトーンが落ちていると〝だって……そういうあなたの方だって……〟と競いあいたくなってしまうの。どうしても受けいれてあげる気持ちが減ってしまうの〉と伝えました。

これまで描いてきたように、ちょっとよい関係が育つと、それをぶち壊すようなひどい状態が必ずといってよいほど起こり、それをふたりで何とかしてゆくことをくり返すことによって、地盤がかたまってくるのです。だから、その過程で私自身が木っ端微塵にならずに生き残ることが何よりも大事なこと、とこういう事件のたびに自分のなかで唱えてきました。また、私がとんでもない言い方をして彼女が怒る、ということについては、私の留学をめぐって生じているであろう彼女のなかの私自身への不安や不満をそのままないことにするのではなく、表出できる窓をあけようとした、という私自身のなかの無意識的な工夫もあってのことだったようにも思います。

その後彼女は見合いをし、相手は彼女を気にいったようでしたが、彼女の気持ちがわかったようで、断ってきてくれたそうです。会社のことも悪くない会社だし、寮にいられるのは助かるし、今の職場でももう少しやれるかどうかやってみたいと思うようになったとのことが語られました。

なまなましく言う、は彼女の工夫

七月。せっかくの夏休みなのに、毎日どろどろ寝ています。もったいない。やろうとしていたことがみんなできない。といいつつ、「会社のことはわからない。やれると思えないし……」と。それを聞きながら私は〈やってみるというのは、やってダメかもしれない。でも大丈夫かも。その期間を猶予するという意味でやってみるといいのではないかしら。その後はまた、その後考えていったらよいのでは?〉と言いました。そうしたところ彼女、「……その間先生はいない」と。その通りです。そこで私は〈うん、いない。私はいない。私がどのようにアメリカに行った後で関われるかは、また別に相談するとして、あなたはすぐにごっちゃになる。緊急対応が必要になる。だからそのために、あなたがここ（当院）で別の心理の先生に相談できると私は助かります。でもずっとその話は、あなたが避けてきたから、ここまで持ち越しましたけど。でも実際にはあと一か月で私はいなくなります。そのことを真剣に考えてみてください〉と伝えました。そうしたところ、彼女は「そうですね」。

ここでずっと気になってきたことをもちだしました。〈あなたと私はしょっ中話がグチャグチャになる。それについて私はこれまで、あなたがひっかけるフックを出して、そこに私がまんまとひっかかるんだ。そしてひねくれた言い方を返した私の言い方に、あなたがまたひねくり攻撃をかけて、見事な混乱がふたりの間に起こる……言ってきました。そういうパターンがあるって。そのときあなたは自分の方がひっかけられているんだ、と言ってきていました。ひっかけているのは、先生が先なんだって。でね、私ここのところカルテを読み返して考えていたのだけれども、〝アッ、ちょっと違う〟って気づいたんです。あなたの言い方は〝ひっかける〟じゃなくて〝なまなましいんだ〟って。

飾りが何にもなく、まんま、そこで感じたまんまをあなたは口走っているのだろう。だからそれにこっちの感性にひっかかるんだって思ったんです。ナマっていうのは、なまなましい。そういうカラクリがあるんじゃないかって気づいたんです。このことを一言伝えたくてお話しました〉といったところ、彼女ぱっとさっきよりも一層いい顔になり「わかる！　でもそれ、私は努力してそうしたんですよ。昔からずっと、いいように相手にのせられてしまうように相手にあわせるようにしてきました。そうしたら何も言えず、いいように相手にのせられてしまうようになったんです。だからこれじゃ駄目だと思って、とにかく何か言わなくちゃと思い、その時感じたことをとにかく口に出す、ということを無理して無理して頑張ってやってきたんです」というのです。私はこの新しい発見にびっくりしました。そして〈そう！　じゃ努力の成果、工夫だったんだね〉といったところ、彼女は「ええ！」と。

そこで〈いつ頃からそうしていたの？〉と尋ねたところ、彼女は「病院に通うようになった頃から。だから二〇歳頃からかな」と。そこで私。〈とすると八年くらいかな〉と言うと彼女は「ええ」。〈とすると、そろそろそれは板についてきたかしら〉に彼女「ええ。そうですね」と。〈ということは、とにかく自分から言えるようにはなった、ということね。だとすると、これからはそれをよりよい形に作りかえていく、微調整の段階にはいっていくといいのかしら？〉と言ったら彼女も「ええ。そうですね―、そうかもしれません」と。お互いのこころがふれあい、溶けあってゆくようないいほんわかした雰囲気の面接になりました。

キャッチボールがうまくなる

彼女とのこれまでの歩いてきた過程を考えると、怒りと涙、くやし涙と嬉し涙、コンチクショーという腹立ちとほのぼのした気分、など、ありとあらゆる情緒が散りばめられています。お互いによくやってきたなあと思います。彼女との面接で一番深く感じたことは治療者が自分自身に正直であることです。セラピーのなかで自分に対して正直であることがいかに大切か、そして正直になること、正直であることがどれだけ難しいか、ということを彼女との面接から学びました。

彼女のように関係のなかでうまく育ってくることができなかった人は、自分の感情をそのまんま、なまなましくもっています。それはそのままでは、あまりになまなましいために、人は上手にくみとることができません。ことばのキャッチボールができないのです。キャッチボールができるほど情緒がかたまっていないのです。いうならばゲル状のスライムのようなもの。それをそのままベチャっと投げてくるので、受け手としてはそのままではキャッチできないのです。避けようとからだをそらしたり、からだをうしろに置いて腕だけのばしてとろうとするために、すっきりといい姿勢にはなれず、変な格好になるのでしょう。そういう受けとめ方は、ゲル状のねばねばした奇妙な相手の思いをうけとめるためのこちら側の必死の工夫なのだけれども。彼女からその格好をみれば、まるでキャッチするのを嫌がっている、イヤイヤとろうとしているようにしか見えないでしょう。だから、それを精一杯の思いで返しても、やっぱりお互いにひねくれ球のやりとりになっていってしまう、というようなことではないかという連想が頭のなかをよぎります。

私は出会った当初、その彼女からのねばっこいボールを受けとめようと精一杯だったあまり、その不自然でむずかしい自分の球のとり方について、変な球を投げてよこすのはアナタの方よ、と怒鳴っていたのかもしれません。それは見当違いの考えでした。彼女の問題としてはまず、自分の投げているボールが、それほどにねばねばでキャッチしにくいボールであるということがわからなかったことであり、またそれがわかったとしても、ネバネバボールを投げるのは自分の成長過程における苦しみの故で、そうやって投げるので精一杯だったのだから、ひとりではどうしようもなかったのです。これはつまり、問題を指摘されただけでは、どうにもならないということです。

だとすれば彼女との面接でなすべきこと。それはまず、本人に自分が投げているボールが、奇妙な形でとんでくるので、ふつうのポーズでは受けとめにくいものなんだ、という、そのありのままをできるかぎり非難のニュアンスを薄くして伝えていくこと。次にはキャッチボールしつづける中で、そのゲル状のものをよりしっかりとした濃さにかためていく、あるいは弾力性のあるものに変化させてゆき、互いがキャッチボールしやすい性質のボールにしてゆくこと、だったと思います。それをし続けてきたのがこの四年間だと思います。そこにいるのは、ありのままの人間同士という感じ。私がなまみの、有機的な思いをたくさんもったひとりの人間として彼女の前に立ち現れたこと。いいことも言うけれども失敗もたくさんする。でも失敗したら懸命に考えながら、そこから何とか一緒にはいだしていこうとするたくましさをもった人だったこと。これらの事実が彼女自身が自分の苦しさを受けとめつつ、よりよい形に自分自身を変容させていくパワーを支えてきたのではないかと思います。でも同時にそれは、私自身がかつて、彼女ほどではなくてもゲル状の奇妙なボールを投げながら、周りの人々たちに何とかかんとか受けとめてもらい、ボールを投げ返しつづけてもらえたことによって、少しはまともな対話のできるように自分が育ってくることができたと思っていて、そのプロセスが重なっているのだと感じます。私が彼女を投げ出さないで続けられた背景には、この私のくり返しの問いをグチも含めて放りださずに受けとめ続け抱えてくださった神田橋先生のおかげでもあります。神田橋先生とのノートは彼女と私がまきおこす大きな変容の嵐をがっちりと包みこみ、抱える器として、機能していたと思います。先生は『ありのままの関係というか、自然な人間関係を作ろうとする意図を、だからこそ、治療者は常に保ち表明する必要がある』とくり返し語ってくださいました。こうして私は、彼女と一年間お別れして、アメリカ留学にむかいました。

7　留学中と戻ってから

留学している間の対応として、私は彼女と一緒に考えながらアメリカの住所を伝えて、手紙がとどくようにしてゆきました。医療はこれまでの医師に、セラピーは専任の心理の男性のX先生にお願いしてゆきました。手紙は何通かきて、私も返事を書きましたが、それらは深刻かつ緊急な相談ではなく、自分のことを経過報告してくれるような内容のものでした。彼女をひきうけてくださったX先生と彼女は、ふたりとも〝おるす番〟と称して相談を続けてくれていました。

私が戻った当初、彼女はとても安定した状態でした。「田中先生に会っていなかった時は、自分は捨て子の感じでした。でもふたたび会えたら捨て子じゃなかった、つながっていたんだって思えてうれしかった」と言ってくれました。やはり関係に対する信頼感は育ってきていたのです。また彼女は気功や体操、鍼などからだの治療を受けていたことも手伝って、からだがずいぶんよくなってきていました。さらにカッとなっても以前ほど混乱はせず、混乱状態のなかでもそれなりに頭がまわりながら対応できるようにもなってきていました。からだに直接関わる治療をうけるようになったよい影響だと思います。彼女の口から「体感感覚でいうと……」ということばがふえてきました。これには、自律訓練法や筋肉弛緩など、からだからのアプローチがうまいX先生の影響もあったと思います。

このようなさまざまな影響を受けて、彼女が情緒や情感の世界ともっとつながってゆき、あたまとこころとからだのトータルバランスがよくなってきていることがわかりました。おそらくそのためでしょう。彼女は人ともっとつながりたいということをこれまで以上に考えるようになり、それらが面接における中心的なテーマになりました。

X先生は、田中が言うように治療者に絡んだり怒鳴ったりわめいたり、といったようなななまました《ママ》い大変なことは全然なかった、ただしょっちゅう電話がかかってきたけどね、と笑いながら言われました。でも戻って半年ほどたつと、ふたたび混乱する面接になりました。私があおってしまって相乗効果で彼女を悪くしているのかと悩み、彼女にも聞いてみたところ、彼女は「自分もX先生とはうまくやれていたと思います。X先生には満足する部分と、満足できない部分がありました。確かに田中先生とは何か、堀りあうようなことになっているのかもしれません。でも田中先生のいいところは、そのままがいいです」と言われました。やはりお互いの感性でひきずり出しあっていく部分があるのだろう、とあらためて確認しあったことと、私を待っていた時に我慢して押さえていた部分がいま、あふれだしているのだろう、ということも、このとき確認しあいました。そのために以前の治療と類似の状況が訪れても、今度は私たちふたり共が、かつての学びを活用して、にっちもさっちもいかなくならないところで収束させることができました。彼女は帰るときには自然に「さようなら」と言ってくれますし、誤解や行き違いがあっても、その修正や訂正が以前ほど困難ではありません。以前、あふれるように来ていた電話もその波がやっとひき、はじめて電話診療でも診療費を頂戴したいのだけれどもという当たり前の話ができ、頂戴することができるようになりました。彼女との面接が、やっとふつうのレールにのることができるようになりました。これが面接を開始してから七年目。やっとここまで来ました。

以降彼女は彼女の実際の生活のなかでの人との関係をどうしていくかという相談と、その問題のベースにある両親との関係、そしてどう生きてゆくかを相談するようになりました。そして少し貯金もできたし、もともとやりたい仕事ではなかったので、ちょっと自分におやすみをあげたいと言って会社を休職し、しばらくぶらぶらしながら他のからだのセラピーもとりいれながら生活するようになりました。その後彼女はいったん郷里に戻り、以降は私と彼女の間で手紙がいったりきたりするようになりました。私がここに描くものがたりは、とりあえずここまでにしたいと思います。

あらためてケースから感じ、考えたこと

私は本章で若い頃の自分ががむしゃらに何とか彼女が少しでもよくなる方向に援助できる治療者になりたいと思い、なろうとした模索を描きました。でも私はここで、治療者たるものは患者さんからの手紙も電話もみな許可して治療にとりくむべきだ、と言いたいのではありません。私は自分と彼女との間にある境、いわば国境の警備を緩め、互いの間を人が自由に行き来できるようにしました。こうするとあっちの思いがこっちに流れ込んでくるので、私自身の内奥やからだの状態を探ることで、相手を理解することができます。自分のなかに流れこんできたものをつかって相手を理解しようとす

るのです。相手をわかることは、自分のこころの動きを自分自身がわかること。そのための方策です。それが相手をわかろうとする何より確かな手です。私のこころのなかの動きは、相手のこころのなかから流れこんできたものによって動くのですから、それ手がかりとして相手と話をすることで相手を理解することがふえてゆくわけです。私は積極的にそのようにしました。

そうしてゆくと、このケースに限らずどんな治療でも、もっともっと相手のことがありありと自分のイメージのなかで描けるようになってきました。もちろん間違うことも多々あります。しかし間違えば相手と通じなくなるので、すぐに間違ったとわかります。そしてイメージを修正してゆくのです。これをくり返してゆくのです。はじめにのところで描いた、後続の臨床家にいわれる、「なぜ、田中先生はそう思うの？」「どうしてわかるの」という問いへの答えはこの辺にあるように思います。相手を理解するために、自分と相手を切らないで、相手から写し（移し）出されて自分のなかに投げ込まれたものを活用して理解しようとしていくので、それによって「わかってゆくこと」に近づけるということだと思います。このことが本文のなかにも書いた、臨床家は自分の専門家としての部分だけではなく、まるごと人として相手に関わるのだ、ということにも通じてくるのだと思います。

ただ、このように自分自身の枠を相手との間で意図的に緩めて境界線を曖昧にすれば、自分が弱まってしまいます。自分がなくなるような怖さが伴います。それは危険なことです。ですから相手が流れ込んできても自分が壊れずに、自分のなかを探って理解できるように治療者自身が守られていることが不可欠です。そのためには、自助努力としては、混乱が起こり、まきこまれながらも何とか自分を保持しておける能力をもつことができるとよいのでしょう。しかしそのためにも何より必要なのは、治療者自身が、その治療をする時に環境や関係のなかでしっかりと守られているという現実があることです。孤独な彼女を支えるこの治療をしてゆくなかで、私自身は孤独ではありませんでした。私にはまず、医者や心理さん、さらには看護婦さんたちという仲間がいました。彼らはいつも、何かあるとビービー泣いたり怒ったりしている私の話を聞いてくれました。ケースのなかに書いた入院時のお見舞いについては、相談をしたお医者さんや心理の仲間たちが、おそらく私のためを思って病院名を教えることに反対してくれましたし、安心して留学することができたのも、諸先生方がその間、彼女をはじめとする大勢の私の担当する患者さんを支えてくださってのことでした。次には神田橋先生という大きなスーパーバイザーが私を守ってくださいました。さらにクリニックという枠が大きく私を守ってくれました。私は在籍四〇年の間、型はずれなことを言い、はちゃめちゃなことを山ほどしましたが、一貫してクリニックの院長や仲間の先生やスタッフさんたちが、狭くかたくなに教条的に捉えずに、私のすることを大きく見守ってくれていました。このような幾重もの層構造の関係性のなかで、私はむずかしい治療をこなし、相手のこころと自分のこころが混じりあうような危険な状況のなかで自分を見失わずに自分を鍛えつつ、相手に伴走してゆくことができたのだと思います。だから彼女自身も孤独さのなかから田中との関係を通して、より広い関係性の世界にはいってゆくことが可能になったのだと思います。

そう考えていくと、治療そのものは職人芸的な部分はあるものの、ひとりの治療者が患者さんと関わり、大きな心理的変容を起こしてゆくことを守り支えるための環境や関係が不可欠であるということがわかります。心理臨床は単独芸ではないのです。それがすなわち、私たち心理臨床家が、人として人に関わる仕事をしているということであって、ロボットの開発がいかにすすもうと、助言まではできても、こころをつかったセラピーは、ＡＩがとってかわることのできない領域なのだということだと思います。

第3章

私の話を聞いてください

……重度に近い中度知的障碍のある女性が自分につながってゆく旅

なぜこのケースを書くのか

第1章では臨床的発達相談のケースを、第2章では二〇代の女性とのケースを、実際のセラピーの雰囲気が伝わるように描いてみました。第1章では私は子どもの発達をひきだし、親と子の関係をつなげるために、まだことばを発しない赤ちゃんのからだの動きをきめ細やかに観察し、読みとり、それによって私の心身のなかにわきおこってきた感覚や気持ちを自分でつかみ、どのように相手に返してゆくかについて描きました。第2章では、私が自分の内側をみる自分のまなざしをより深く鋭くすることが、相手を理解する鍵だと思い、徹底的に自分のこころのなかをみつめ抜き、それをことばにして相手に返すことを通して、ヒロさんがからめとられていた問題に自分が気づき、わかってゆくことによって、人との関係のなかで自分の人生を歩んでいるという感覚をもって生きることができる道を伴走しようとしました。ですので、私が何かをしている雰囲気は伝わりやすかったのではないかと思います。それに対してこの第3章は、とにかく聞く側に徹し、しゃべることをいつも以上に強力にひかえたセラピーです。あまりに控え目なために、私は何もしないままに相手がスルスルっとよくなっていったケースのように見えるのではないかと思います。でもそれは違うのです。

主人公はカナさん（仮名）。重度に近い中等度知的障碍と判定されているダウン症候群の女性です。私がはじめて会ったのは彼女が二五歳の時で、作業所での仕事をはじめて五年目でした。彼女の訴えは、とにかく「私の話を聞いてください」ということでした。相談に来た当初彼女はぽつぽつとまとまったフレーズをあれこれ語るものの、かなり一方通行的なコミュニケーションをしていました。話を聞いていても、それ何のこと？　次とどうつながるの？　で、だからどうなるの？　というようなことがわからないので、安心して聞き入ることができません。とはいえ何かを尋ねられるのは嫌なのです。まさに「あなたの役割は、とにかく黙って聞いていてください。私がしゃべりたいのです」と。そこで尋ねる代わりにいろいろな工夫をしました。その具体策はケースのなかで描いています。

私の、この控えた、しかし自分なりにありったけ工夫した聞き方のなかで、彼女は面接に来てのびのびと語り、満足した顔で帰ってゆきました。面接の後期に付き添ってくださるヘルパーさんに、「心理相談ってすごいですね、とにかくカナさんがここから帰る時、ものすごくおちついていい表情をしているんです。彼女にとってもいいんだなあって思います」と言われたことがありました。一方お母さんからも「娘とこんな素敵な会話を楽しめるようになるなんて、思ってもいなかったです」と言われるほどに、彼女は自分の思いをことばでつかみ、それを語ることを通して他者とも思いをわかちあう関係性の世界にはいってゆきました。そう考えると、彼女の「私の話を聞いてください」という訴えの中身は「私はずっと自分の考えていることや思っていることを、ことばできちんとつかむことができませんでした。だからよくわからないから苦しいし、ズレると爆発してしまっていました。私のなかには、もっといろいろなことをわかっていくためのことばがたくさんつまっているのだけれども、何かに邪魔されて出てこれないでいます。というのも、自分の思いとことばがちゃんとつながっていないのです。だからそれが出てくるように、ことばと自分がつながるように手助けしてくださ い！　私はもっと、きちんと自分のことをわかりたいし、いろんなことをことばを使って考えたり語ったりしたいんです。そういう自分として、私は私の人生を生きてゆきたいのです！」という表現になると思います。その願いをかなえてくれる相方を得たくて、彼女は長年にわたって問題行動というSOSを発信していたのだと思います。結果として私とのセラピーは、その彼女の願いをかなえてゆくものになりました。

このケースは私と彼女との関係をまん中におきつつ、私とお母さんやスタッフさんたちとの関係が外側にあるという層構造の関係性に支えられて展開してゆきました。最初の頃の一方通行的な関わりは、やがて気持ちをわかちあえるようになり、さらに互いの思いをくみあうことができる関係に変わりました。変化はたっぷりとした時間のなかで静かに起こり、実際の変化はセラピーのなかでよりも、日常のなかでくっきりと見えてきました。セラピーにおける私と彼女の大きくは変わらない安定した関係があり、そこを核として醸成された彼女の変化が、日々の穏やかな彼女の日常生活のなかでダイナミックに展開していったという感じです。大きく変わるためには、セラピーの内側があまり変化しないことが大事なことであるようにすら思えました。このケースでは私は表立っては大したことをしていません。でも実際には私の内側ではエネルギーが激しく動いており、彼女が歩いている道をまっすぐにつき進むためには何をどうしたらいいか、邪魔しないで関わる工夫を必死に考え、ふたりの間に起こっている様相をできるだけ目をこらしてみつめ、はっきりとはわからない話の流れを感じとろうとし、待つことにも頑張りなど、直接のやりとりの周辺部分というか下支えの部分に渾身の力を注ぎ込みました。この第3章は実際の心理面接の中の記載よりも、面接と面接の間に私が考えたことの解説の方が分量としては多いのですが、それこそが私が自分のなかで彼女のために使ったエネルギーの質量ともの大きさを表しています。これが第3章の特徴です。このバックアップを背景に彼女は自分とことばの世界をつなげてゆき、自分で自分をつかんでいくプロセスを歩いてゆくことができるようになっていったと考えます。

このように、自分自身と彼女の内面で生起していたと思われることをことばにしたいと考えたのが、このケースをとりあげた一番の動機です。でももうひとつ別の動機もありました。私は以前、このケースを心理臨床の学会誌に投稿したことがありました。でも結果は不採択でした。だめになった理由の一番大きなものは、何はともあれ私のことばにする力の不足だったと思います。私の伝えたいことが、まだ伝わるまでにはこなれていなかったと思います。でも当時、論考化の了解を頂戴していたお母さんからは、読んでくださった感想として「本当にあの娘がこんなによくなってきたのは、ここに通ってきたからです。びっくりするほどよくなりました。本当に最初はこうだったし、こんな道を歩んできていたのですよねえ」という感謝のことばを頂戴していました。大事な関わりをしたという思いは私自身にもあったので、私と彼女の体験をただ自分だけの個人的な財産とするだけでなく、知的障碍のある人とのことばを用いたセラピーに関心をもってくださる人たちとの共有財産にしたいという思いはずっと残っていました。最初に文章にしてから一〇数年がたって、やっとふたりの間で起ったことを、以前よりも一歩深く、ふみこんで理解することができるようになったと感じます。「起こった事実」は変わらないものの、それをきちんと理解しようとすることは簡単なことではありません。ケースは浅くも読めるし深くも読めるということを、あらためて強く感じます。またこのケースは本人に直接聞いて教えてもらうわけにはいかず、私がひとりで考えなければならなかったことが、私の「私はこのケースで何をしたのか」を理解するための年月の大きさになっているのだろうとも思います。以前だめになったのは、私自身の読みとりと伝える能力双方の貧しさのせいだったと、これを書き上げた今では素直に反省します。ちなみにこのケースの一部は、以前（田中、二〇〇七）、文章にしたことがあります。今回は紙数制限がないので、彼女との間で起こった実際のやりとり（事実）と、それをめぐって私が感じ、考えたこと、さらにその理解をもとに私がしたことや工夫したことを、とにかくできるだけことばに表してみました。これこそが、このケースをとりあげた理由です。

1　カナさんとの出会い

相談がはじまるまでの経過

お母さんと会う

ある年の秋、カナさんのお母さんがひとりで相談に見えました。二五歳になるダウン症の娘さんがいて、現在作業所で仕事をしています。カナさんは合併症はなく、身体的には健康なのだけれども、幼少期から周囲との関係にむずかしさがあり、近くの精神科で投薬治療を受けていました。お母さんは作業所就労を機に、それまで通っていた子ども専門の病院からその病院に移ったのだけれども、そこでは薬を処方してくれるだけでした。そのため娘が話をすることができるとよいのではないかと思ってここ（当院）を探してきた、ひきうけてくれるかどうかという相談でした。

お母さんの話を要約すると以下のようになります。カナさんはご両親のふたり目の子どもとしてうまれました。お姉さんがいます。小学校と中学校は特殊学級（現在の特別支援学級）に通い、高校からは養護学校（現在の特別支援学校）に通いました。入学した高校は一年間は通ったもののしぶったので転校し、卒業後二年間の専攻科をへて、現在勤務している近所の小規模作業所に就労しました。お姉さんは結婚して独立しているので、今は両親と彼女の三人暮らしです。ちなみに彼女がうまれた当時、ダウン症の発達相談も療育相談もまだわが国では行われていませんでした。

お母さんがもっとも彼女の問題と捉えていたのは、人に対する執着の強さでした。それがはじめて現れたのは小学校の時。ある先生を大好きになって、その先生といつも一緒にいて「一緒に帰りたい」「家に遊びにきてください」と言って先生を困らせていました。中学でも大好きな先生ができると、「うちに泊まりませんか」と言いました。その先生は彼女を自分の子どもと一緒に旅行につれていってくれたことがあり、彼女はとても喜んでいました。そして高校生のとき。大好きになった先生に調理教室から包丁をもちだして結婚をせまりました。包丁をもったことで事件になり、病院を受診し、投薬治療を受けることになりました。この頃には情緒的にもすぐに混乱し、通学バスの窓から帰りにカバンを捨てたり、メガメをぐちゃぐちゃにつぶすなどの混乱した行動がでていました。

卒業後作業所では最初はプラグの組み立てを、今は織物を織っています。作業所では、そこをたちあげたAさん（女性）を大好きになり、うしろから抱きついたり、不在の折には「会いたい」と言って大泣きする、不調になると「Aさんに甘えたい、キスしたい」と言い、まるで自分の隣にAさんがいるように（幻の）Aさんと話をして、仕事ができなくなることがしばしば起こりました。来院の二年前には、「Aさんに会いたい」と言ってほかの利用者さんにあたり、目がすわって幻覚妄想状態になってスタッフを殴る蹴る、さらにはガラスを叩き割るという行動が多発しました。でもその頃に薬をへらしていたということがわかり、あわててもとの量にもどしたところ、症状も暴力もおさまりました。

彼女は自分の部屋でもまるでAさんがいるかのようにひとりで話をします。お母さんはそれを聞いていると、現実の厳しさから空想の世界に逃げているのではないか、精神がおかしくなってしまったのではないかと心配になってとめると、興奮して暴れ自分の髪の毛をひっぱって嫌がります。ほかにも作業所で彼女はおとなと対等になりたい、ダウン症の子どもたちのボランティアになりたいと言っていて、まわりにとけこまないでいることが心配だと語っていました。

この時私は、当院は彼女の自宅からかなり遠いので、大変だろうと思うけれども、ご本人が望めば、こちらに転院して医療を含めて心理相談をおひきうけできるとお話ししました。彼女が人との関係に強い関心があるということ、ボランティアになりたいと思っているというところからは、人の役に立ちたい、人の上にたって仕事をしたい、という意欲をもっている人のように感じました。仕事にはまじめで、一生懸命な人なのだろうとも思いました。これらのことをお母さんに伝えつつ、あわせて彼女の空想癖は、現実からの逃げかもしれないけれども、自室でAさんに話すことで自分の気持ちを整理しようとしているようにも思えるので、ある程度自由にさせてあげるほうがよいのではないかと思うと助言しました。

本人に会う――こころのきんちゃく袋のヒモを緩めるように

さて、次回はお母さんと一緒に本人がきました。待合室に迎えにいくと、中肉中背で髪の毛を短く切って前髪をヘアピンできっちりとめている女性がいました。眉毛が太く濃く、メガネをかけ、きょときょとと目であたりを見回しています。服装はポロシャツにスカート、カーディガンとシンプルで、ポシェットを肩からななめにかけていました。彼女とお母さんのふたりに目を交互にあわせながら挨拶すると、私に対する好奇心まるだしで、吸い込まれてしまいそうなほどまじまじと見、思わず笑いだしそうな気持ちをこらえるように口を横一文字に張って、「こんにちは」と頭をさげながら挨拶を返してくれました。「こういうときどうするかは、わかっています。私はレディーですから」と自己紹介しているように感じました。でも、この挨拶をしながらもすでに腰を浮かせて「私はやくあなたの部屋に行って話したいのよ」といいたげな雰囲気がありありで、この部分は子どもっぽさまるだしです。

この時すでに医者の診療が終わっており、医者からは「こちらが尋ねることには全然答えてくれずに、自分のしたい話を思いっきりしていたの（笑）」とメモでのコメントをもらっていました。先の私との挨拶の後、部屋に一緒に行ってイスにすわるとゆっくりと部屋のなかを見まわし、ポシェットをはずして私をみつめながら、「あのね……」と切りだしました。ちなみに私は部屋にはいってイスに座ったときに、あらためて「〇〇カナさん、はじめまして、私がタナカです」と言ってはみたものの、そんな話は関係ないとばかりに無視されました。無視された淋しさをちょっとだけ味わいつつも私は、そうだよね、自己紹介はさっきお互い簡単にしたんだから、いらないよね、とこころのなかで自分で自分にボケとツッコミをいれながら、杓子定規な自分におかしさも感じつつ、彼女の「あのね」以降の話を聞きました。彼女のした話は、「あのね、私は○○（作業所の名前）にいきます」とか「あのね、Aさんに甘えたいの」「Aさんとごはんたべたいの」など、日々の生活や彼女の思いを、こころの中から浮きでてくる順番にゆっくりゆっくり語っていました。彼女にはすこし吃音があったので、しゃべりは少し重々しく、「あのね」と接頭語をつけることで、勢いをつけてしゃべりやすくしているように感じました。

私はまず、彼女にとってここが自分にとってしたいことができる場所だ、と思ってもらえるといいと思い、静かに頷きながら聞いていました。あわせてこちらの問いにはまったくのってくれない、という医者からのメッセージを確認するために、Aさんが話に登場したときは〈Aさんって？〉と尋ねるとスルーで無視。○○という作業所の名前らしきものがでてきたので、〈作業所？〉と尋ねたら、これには「うん」と。一方彼女の話している文脈と関係ない話をもちかけてみたら、自分の好きな話を続けて無視されました。このときはそれ以上尋ねることはやめました。彼女は思う存分、自分のしゃべりたいことをしゃべりたいんだろう、その時間が欲しくてわざわざここまで来たのだろう、と感じたからです。彼女は日常のなかではいろいろ指示されたり、仕切られることのほうが多く、このような彼女のゆっくりしたペースのまま、話をじっくり聞いてもらえる状況はまずないのでしょうから。

この時の彼女の雰囲気についてもうすこし自由連想をしてみると、私の目の前で彼女は、彼女の言いたいことがはいっているこころのきんちゃく袋のヒモを「あのね」と言いながら緩めつつ、その奥底からほっこりとわき出てくる〝言いたいこと〟を語ってみる、と。しばらくたつとまたほわっと言いたいことが浮かんでくる。だからその話を語る。と、さらに次が浮かんできて……、というような感じです。ふだんはこのこころのきんちゃく袋のヒモはしっかりと締められているのでしょう。ですからまず、ヒモを緩めるのに、ある程度の時間が必要です。そしていざヒモを緩めても、そう次から次に彼女の言いたいことが出てくるわけでもありません。だからひとつずつ、ほっこりと浮かびあってくるのにも待つ時間が必要で、そうするとまた、次の言いたいことが浮かんでくる、というような具合です。彼女はそうやって私の前で、ひたすら自分のこころのなかにあるものを、ゆっくり時間をかけながらとりだしていました。そのことに専心しているので、私の問いかけにこたえるような状況ではない、といった感じもしました。ですからとても簡単で、彼女の話をさえぎらないものに関しては、返事をしてくれるけれども、彼女があらためて説明しなければならない面倒なものに対しては、拒否したのではないかと思いました。

そうしている間に彼女のもち分の二〇分がたちました。そこで彼女に時間になったことを告げ、あわせて〈またここに来るのはどうでしょう〉と尋ねたところ、「（作業所が休みの）〇曜日に来ます」と答えました。すでに来ることを決めてきた感じです。また終了の時間を伝えることばがすっとはいったことから、このような社会的な枠に関するメッセージはちゃんとうけとめてくれることが明らかです。彼女はやはり、自分が自由に語れる時間は自分が語りたい、と考えているのだろうということがここからも見えてきます。こころのきんちゃく袋のヒモをしっかりと締め直して帰るために、そこから五分ほどの時間をかけ、そして彼女は帰ってゆきました。

本人との面談後、お母さんとお話ししました。彼女は作業所を休んでくるのは嫌なのでお休みの時がいい、とお母さんに言ったとのことでした。そして作業所のスタッフさんからも、自分たちがどのように関わったらよいか、経過を書面で伝えるので助言が欲しいと。こうして彼女とのセラピーがはじまりました。長い時間だと彼女自身がもて余すだろうと思えたので、一つの相談枠の時間を母子で半分ずつにする形をとりました。そして実際、最初の七年間はその時間がちょうどよい量だったようでした。

作業所からの報告では

まもなく作業所からていねいな報告書が届きました。入所以降の彼女の行動が詳細に記されていて、彼女がそこで大事にされていることがよくわかりました。

入所したての頃から、Aさんは彼女にとって特別な人だったのだけれども、それは作業所に来る前の実習の時に彼女が道に迷って保護された時に、Aさんが迎えにいってくれたことがきっかけでした。彼女はAさんを独占したい気持ちがつよく、Aさんの席に誰かがすわろうとするとその利用者さんをつきとばしたりしていました。

二年目には作業所が二か所にわかれることになり、彼女はAさんと離れたほうがいいだろうと小さい作業所に移りました。と数か月した頃から、Aさんに会いたい、甘えたい、抱きしめたい、と言っては泣き、ほかの利用者さんにあたるようになりました。妄想や幻覚もあり、感情の起伏も激しくなりました。でもそのことをほかの利用者さんたちは理解できないので、彼女を力づくで作業所の外においだしたりして、常にけんかがたえない状態になりました。その作業所には部屋が一つしかなかったので、彼女が暴れるとほかの仲間は逃げ場がなくなり、みんなで散歩ばかりして過ごしました。でも彼女の暴力はさらにエスカレートしてきて、標的にしたスタッフを後ろから殴る、蹴る、自分のこぶしでガラス戸を叩き割る、といった激しさを呈するようになりました。

そこで自分たちが医者に直接会ってそのことを訴えたところ、薬をへらしすぎていたことがわかりました。子ども病院から地域の精神科の病院に転院したのが作業所入所の年で、その時すでに当初の薬を半減し、二年目のこの時期に、さらに半減していたということがわかったのです。そこで医者からの指示で、まず薬をもとの量に戻すこと、彼女に対してスタッフが全員同じ対応をすること、このことを両親に伝えること、という三つのことを指示されました。こうして彼女の薬がもとに戻り、半年におよんだ暴力がおさまりました。生理の時などに思いあたる理由もなく機嫌が悪い時もあるものの、それが一日中続いたり、何日も続くことはなくなりました。

三年目。彼女は自分に都合の悪いことが起こると、自分の非を他人になすりつけることがあります。でも彼女自身、自分が悪いと思っていると私たちは感じています。ですので暴力を奮ったりモノをわざと壊すような場合以外は、叱ることはせず、原因となっていることには触れず、まったく違う会話をするように心かけています。そうするようにして以降は、彼女は以前のように一日中泣いていたり怒ったりしていることはなくなり、機嫌が悪い日があっても、ちょっとしたことをきっかけにして立ち直り、作業にとりくむことができるようになっていました。これまで毎日のように架空のAさんを連れ歩いていたけれども、この一年は架空のAさんを連れ歩くことはなくなりました。

四年目には、自閉症のかなり多動な人がはいりました。彼女のなかで職員の手があたらしい仲間にとられることへのやきもちと、もとからあった結婚願望と、職員になりたい願望が一層大きくなりました。彼女は職員になりたいと言い続けるので、そのためには大学で福祉の勉強をしなければならないとスタッフが言い、だったら大学に行きたい、と言い続ける日が続きました。そこで私たちスタッフは、作業所の全国大会で仲間の分科会などがあれば参加させたい、職員にならなくても集会に参加できること、同じような障碍をもった仲間たちの自立した人たちに出会い、交流する機会があるとよいのだろうと思い、そうする方向で動いています。

作業所にきて五年目の今は、おとなになってきたと感じています。以前のようにトラブルを起こした時、その原因にふれずに別の会話に移ってごまかす方法が使えなくなっています。最近では家族の保護から独立したがっているように感じます。そう考えていくと、結婚願望はただお嫁さんになりたい、ということではなく、新しい家族をつくりたい、母になって子どもを育てたいという思いがこもっているのではないかと感じます。最近、自閉症の人とのトラブルがあったので、全体で話しあいの時間をもうけました。そのときなぜ、みながこの作業所の仲間なのかということを私たちは彼女たちに話しました。その時彼女は自分の障碍のことをかなりよくわかっていて、職員にはなれないこと、自分にできないことを自分から語っていました。そのときはいつものように人に見せるための涙ではなく、人にみられないようにこぼれる涙を手でぬぐっていました。自分は障碍をもっていることを知っている、でも認めたくない、ずっとこの作業所の仲間である、でも仲間になりたくない、というような内側の葛藤をひしひしと感じました。

Aさんとの関係は、そこに執着していたのは最初の一年目だけです。もともと独占したい先生がいて、とにかく一番偉い人に対する執着が常につよかったように思います。二年目に小さな作業所の分室に移行してからの彼女にとってはAさんは、不安定になっている精神状態を理由づけするために登場しているのではないかと話しあっています。留守番をしているときとか、何となくブルーな時、ほかのスタッフとけんかやトラブルが起こった時などがそうです。Aさんには甘えたい、抱きしめたいとは言うものの、実際に本人に近寄っていくことはありません。それは、そういうことをしたいからではないのだろうと思っています。彼女にとっての幸せ、彼女の力でできる幸せを現実のものにしていくことは、今後の私たちの課題であると考えています。

ここまでで思ったことと見立て

何よりも、まだ一回しか本人と会っていないのに、彼女をめぐって集まった情報の多さに圧倒されます。このことは何より、いかに彼女が心理相談を必要としていたか、ということの証左でもあるでしょう。これまで彼女は、ずっと困った状態の自分を自分でもて余していました。周囲が困るということは、それ以上に本人が困っているということですから。でも一度も心理相談を受けていません。今から二〇~三〇年前には知的障碍のある人たちの心理相談は、今よりさらに受け皿がありませんでした。お母さんは子ども病院の先生に相談してしのいでいたものの、彼女が成人になっておとなの精神科に代わり、投薬治療だけになったことから、自分にも彼女にも相談できるところが必要だと思い、当院への転院を決めました。ここは電車をのりついで、一日かけてくる遠方にありました。でもそれによって、彼女ははじめてここ（当院）に来て、自分のしたい相談を受けてもらえる場を得たのです。

さて、以下に具体的な情報を整理してみましょう。作業所からの報告書は、とても参考になりました。この作業所のスタッフさんは、みんなの人生を本気で考えているあたたかく、ふところの深い人々だと感じました。のちにこの作業所がグループホームをつくり、別のグループホームを追い出された彼女の、文字どおり生活の場ともなりました。

お母さんはあたたかく賢く、知的障碍がある彼女が周りから変な目でみられることがないように、きちんとしつけをしています。心理相談を受けてくれる場をあちこち探したことからも、彼女のこころを大事にしていることがわかります。でも彼女の作業所でのトラブルへの対応は、うまくいってはいないようです。お母さんとスタッフ間の疎通性をよくするために、作業所は当方との連携を申し出たのかもしれないと私は考えました。

彼女には人との関係で精神的に混乱するという、情緒のコントロールの課題があるようでした。そしてそれは時に病的なまでに激しくなるということです。私が出会った時の様子からすると、ふだんは落ち着いて穏やかなのだけれども、いったん気持ちが高ぶるとそれを自力で落としてゆけず、どんどんヒートアップしまうということなのかもしれません。彼女は大きなエネルギーをもっていることがわかります。自分はダウン症で知的障碍がある、だからスタッフになれないし結婚できない、だから自分はほかの人と同じような人生を歩むことができない、でもどういう道を歩いてゆけばいいのかはわからない……。彼女がそう考えているなら、彼女の混乱は人との関係が導火線になってはいるけれども、自分自身のなかにある豊富なエネルギーを、どのように自分の人生のために使っていったらよいかがわからないことからくる苦しみの現れ、ともいえるのかもしれません。そう考えていくと結婚への思いは女性にとっての幸せの象徴であるとされている結婚をあきらめたくないという、ふつうのことへの挑戦のあらわれであり、Aさんに甘えたい、という思いは人と親密な関係を築きたいという思いのあらわれ、ともいえるのかもしれないとも思いました。これはつまり、彼女は相当複雑なこころをもっていて、その複雑さゆえに悩んでいる、ということだと考えました。

とはいえ当時私は、まだ、わからないところだらけです。でもここに来て話をする、ということが彼女の生活のなかに定着し、少しの時間でも自分のペースでしたいことができる時空間を得て、彼女のこころが安定してゆくといい、そして彼女のエネルギーがうまく生かされるような道がみつかってくるといい、などと考えていました。そこで、そのために具体的な情報はお母さんや作業所のスタッフさんからも教えてもらい、彼女のセラピーを支えていこうと考えました。面接は遠方だったこともあり、一か月に一回としました。実質的には相談は二一年間つづきましたが、ここで描くのは、大きな変化がひとまとまりした最初の一〇年間です。

2　相談の経過をたどりながら

ここではセラピーのなかでのやりとりを軸にしつつ、彼女自身の外の世界との関わりの変化が明瞭にみえてくる日常を絡めながら描きました。経過が長いので、時宜に応じて彼女の実年齢を記しました。彼女の語りを「　」、私の語りを〈　〉、お母さんやスタッフさんなどの語りを『　』で描いています。彼女の語りのなかの（　）は本人のことばではなく、私がその時々に想像して補ったことばです。

第一期（半年がすぎる頃まで）――関わり方の模索がはじまる

面接の前半にお母さんと話をし、後半に彼女の話を聞きながら、私自身がどのように彼女と関わってゆくかの模索をはじめた時期です。まず主人公である彼女の話を聞き、次にお母さんから具体的なことを補っていただくのがよいと思いました。そうしながら、作業所のスタッフさんに協力をえて、彼女の情緒的な混乱が落ち着いてゆくための工夫をしました。

面接では――思い切りしゃべる

二回目（初回の一か月後）には彼女はすばやく私の薬指にはめている結婚指輪をみつけて、「先生すごい！」と、きらきらと尊敬とあこがれのまなざしを向けてきました。そこから彼女が語ったのは「Aさんに甘えたい」「Aさんと、カラオケにいったり一緒にごはんたべたりしたい」「（でもAさんは）会議に行っちゃう」というようにAさんとのこと、「お腹がいたいの」と体調のこと、「結婚します」「ウエディングケーキ切るの」と結婚のこと、さらに「〇〇くんがバカヤローって（言って）頭にくる」というように仲間のこと、ということにわけられます。そして最後に「だからいらいらします」と加えていました。この前も最後のフレーズがこれだったので、彼女が日常のなかで、頭にくるとか腹がたつことが多いのだろうなあ、おそらく思うようにならないことが多いということなのだろうなあ、と思いながら聞いていました。

彼女は初回同様、自分のペースで合間をあけながらぽつぽつ、しかししっかりと語ります。語られているのは彼女のやりたいこと、できなくてがっかりしたこと、残念なこと、頭にきたことなどで、そうした思いを慎重にことばにして口から出てくるような語りでした。私は静かに黙って聞き入りながら、彼女の目をみながら黙ったまま態度で〈そう、そう〉〈ウン、ウン〉など、「Aさんが会議に行っちゃう」というときにはやや悲しそうな顔をし、「ウエディングケーキを切るの」という時には、目を大きくあけて嬉しそうな顔をするなど、私の表情や頭の上下左右運動で、控え目にしつつも私の感想を小出しにしてみました。それは初回にこちらの問いを制されたことが関係していますが、初回の最後に感じた、彼女は自分の時間を自分で自由につかいたいと思っている、という仮説に基づいて、実際に彼女の時間を彼女が独占できるようにしてみたらどうだろう？　と思っての実験でした。二〇分が経過して〈そろそろ時間になりますが、話したいことを話せましたか〉と尋ねたら、初回よりも一層いい笑顔で「はい」といって満足そうに部屋をでて行きました。

このいい感じの終わり方から私はやはり、まず第一に、まるまる自分の時間を文字どおり自分が自由に使えること、第二に、そこでは自分のしたい話を思い切りできること、第三に、それを相手にちゃんと聞いてもらえていること、ということが彼女の求める〝相談〟なのだろうと考えました。というのも、もしも彼女が勝手にしゃべっているだけでよいのだったら、私という他者は必要ありません。部屋でひとりでしゃべっていればよいわけですから。それは自宅でしており、でもそれだけでは足りないからわざわざ来院してくるのでしょう。ということは、聞き手が必要ということです。ただし、聞き手とのやりとりは基本的にはまだ求めていません。おそらくこれまでそういう他者からの問いは、相手の聞きたいことで、自分の思いにそってくれるものではなかったり、むずかしくてよくわからないことのほうが多かった、というようなことではないかと思いました。誰かがしゃべるのは、自分の話をさえぎられるような気がして嫌なのでしょう。いずれにしても私がどのように彼女の邪魔をしないで受けとめる聞き方ができるか、ちゃんと聞いてもらえている感じをどう伝えられるか、を含めて聞き方を工夫するということが私の課題だと考えました。一方、彼女の面接の外側で、たくさんのことが起こってきました。

日常のなかでは——自分で調整しはじめる

お母さんは前回家に戻った時に『親にも作業所の先生にもきちんと話せないような悩みとか苦しいことを田中先生に話したらどうかしら、よく聞いてくれる先生よ』と言ったところ、彼女は「ウン」、といって喜んでいたと報告してくれ、彼女がここ（当院）に来るのを楽しみにしていると語っていました。また二歳になるお姉さんの子どもが家に遊びにきたら、彼女は自分が疲れていても一緒に遊んでいて、いいおばちゃんをしてくれていたということでした。このエピソードから彼女は自分のことだけを考えている勝手な人ではなく、自分に求められている役割がちゃんとわかるし、周囲と調和しながら生きたいと考えている人であることがわかります。ですから彼女が暴れるのは、わがままだからでも自分勝手だからでもなく、自分の思い（エネルギー）が、そこであふれるほどに突き上げてきて、それをどうにもできないということなのだろうと思いました。

この時お母さんは、作業所のスタッフさんからのことづてをもって来ました。それによると、彼女は作業所で生理の前になると毎回いらいらして怒鳴り、メガネをぐちゃぐちゃにしてしまう、ということが起こっていると。家でも毎月気分の波があるようです。これは生理というからだの内側の現象によって、彼女の気分が動くということです。ところで生理の波は彼女独自のものではなく、女性特有の現象です。でも彼女が両者の関係をどこまでわかっているかはわかりません。おそらく自分で何が何だかわからないままに、毎月イライラさせられているのではないだろうか。だったらイライラしたときに「これは生理だから」とわかればそのぶん、少し落ち着けるのではないかと考えました。

そこで私はお母さんに、〈たとえば彼女のカレンダーに生理の日をあらかじめ書いておいて、今、調子が悪いのは『生理のせい』と、はっきり理由がわかるとよいのではないか。自分のせいではないとわかれば、彼女自身、落ち着くのではないかと思うのです。このことを直接スタッフさんから彼女にお話してもらえるといいと思うのだけれども〉とお願いしました。私がスタッフさんにお願いしようと考えたのは、人は誰でも、親から言われるよりも親以外の第三者から言われたほうが受けいれやすい、と考えたからです。もちろん話すことを禁じられている私には、その大役は無理でした。

早速、作業所のスタッフさんは『女の人にはみな生理があります。私たちもみな、そうです。そのときはホルモンのせいで身体の調子が崩れるのです。それを記録しておくといろいろ計画がたちやすいと思います』と、彼女に説明と提案をしてくれました。最初は「いやだ」と一喝したものの、次に同じ話をした時には、スタッフさんがいってくれた〝手帳に記録する〟ということが気に入ったようで、「私も手帳を買う」と言い、さっそく手帳を買いに行きました。そして手帳のなかには生理など本当にあることの予定しか書かない、ということを決めました。続くかどうかは別として。彼女がこのように動いたことがうれしかったです。
またこのエピソードから、最初に彼女が拒否するのは、はじめて言われたことに驚いての〝とりあえずの拒否〟であり、少し余裕がでてくると考えることができ、さらに〝手帳に記録する〟という、ちょっとしゃれたフレーズにも惹かれたのだろうと思いました。やはり彼女は誰かに何かをしてもらうのではなく、〝自分で〟したい人なのです。こうして私たちのチームを背中にしょいながら、彼女が自分で自分を管理しようとする模索がはじまりました。

ふたたび面接では――「いいから!」

三回目以降は、初回と基本形は同じですが、おけいこにいくとか発表会がある、あるいは作業所で地域との交流会があるなど、彼女の日常生活が少しずつ見えてきました。実際には後でお母さんに確認して日本舞踊のおけいこだとか、発表会は年に一度とか、地域との交流会を彼女ははりきってやっている、というようにわかるのでしたが。
今回(三回目)はふたたび、彼女の語ったことにちょっとことばを加えてみる、という実験をしてみました。それは彼女が初回に見せた、本当に口をはさまないほうがいいのかどうかということをちゃんと確認したかったからです。最初はとにかく拒否する、ということの影響だったら、もう大丈夫かもしれませんから。でも実験をした理由はそれだけではありません。私はただ、彼女の話を漠然と聞いてお母さんから補ってもらってわかる、ということに何とも居心地の悪さがあり、彼女に対して失礼じゃないかという気がしていました。本人の話を真剣に聞いているからこそでてくる疑問は、すこしでも本人に確認して共有したい気がしていたからです。また初回に感じた、彼女が話しながら自分の世界にはいりこみ、こころのきんちゃく袋のヒモを緩めているというイメージが、あたっているのかどうかを確認したかったという思いもあり、こういったさまざまな思いを含めた小さな実験でした。

結果は見事に玉砕でした。たとえば「会議に行っちゃう」と語った時〈(それは) Aさん(のこと)?〉と主語を尋ねると、これは無視。「カラオケに行ったり」に〈(カラオケ) 楽しい?〉と尋ねると、「いいから(聞いて)!」と直接叱られ、「おけいこにいきました」に〈何の?〉と尋ねると無視して次の話。「〇〇くんの頭叩いた」に〈何があった?〉と尋ねたのにも、思い切り目を見開いてムカーっとした不快な顔をされました。これら全部から彼女の返事を翻訳すると、やっぱり「タナカうるさい、黙って聞け!」ということになりそうでした。

この小さな実験から、何かをここで確認しようとする作業は、彼女は全然望んでいない、という結論が導きだされます。またこの時期には、彼女の気持ちをことばで言っても、うるさがられました。以上のことから私は、ここで彼女の時間をさいてまで本人に問うのはとりあえずやめることにしよう、と腹をくくりました。そしてその代わりどうしたらいいかを考えました。彼女の話は主語がなかったり、話が途中で消えてしまったり、だからどうなの? が謎だったりの連続です。集中して聞いていても闇の中なのですから、いい加減に聞いていたら一層、霧のなかで散り散りバラバラ。ですからとにかく、私はぼんやりと聞くのではなく、ふだんの心理面接よりも頭を冴えさせ、神経をとぎすませて、しっかり聞いて話を理解しようと、気持ちに気合いを注ぎ込んで面接に臨むことにしました。ですから彼女との面接は、私がその時間内ではほとんど話をしない形でスタートし、結局二年間はほとんど見事に黙って聞く状態を続けたのでした。

半年ほどたってお互いにちょっとずつわかってきた頃になると、最後に「ありがとうございました」と深々とお辞儀をして言って退出するようになってきました。終わりの挨拶ですから私も黙っている必要はありません。そこで「こちらこそ（お話ししにきてくれて）ありがとうございました」とことばで言いながら深々と頭をさげ、さらに「ではまた○月○日の○時にお待ちしていますね」と言って送りだすようになり、これは最後まで続きました。彼女にとって、このやりとりはとてもうれしそうで、にこにこしながらのやりとりでした。あたり前のことなのだけれども、自分をひとりのおとなの女性として扱ってもらえていると感じられる瞬間、なのではないかと感じました。そしてまた、このお礼は「私のしたいことを思う存分させてくれて、ありがとうございます」という意味もはいっていたように思います。

日常のなかでは──自分できめて自分でがんばる

半年たった頃、作業所でのいつもの一泊旅行の時に、彼女は自分であらかじめ「ぎゃーぎゃー泣きわめかない、わがまま（自分の思うように人を動かそうとする）しない」という目標をたてました。その結果、一日目にはがんばったものの、二日目は一日目にエネルギーを使いきってしまったようで、荒れてしまったと。でも、いつもとは違って、その荒れた状態から半日ほどで立ち直れたそうです。こんなに早く立ち直れたのははじめて、とお母さんはうれしそうでした。

彼女が自分の行動や気持ちを自分でコントロールしようという方向で動いていることは明らかでした。またこの頃、甲状腺低下があることもわかり、投薬治療もはじまりました。彼女の情緒のコントロールのむずかしさは、知的な問題だけでなく生理的レベルの問題も絡んでいたのです。

第二期（二年半がすぎる頃まで）──自分の思いをことばでつかむ

この時期には家を離れてグループホームで生活するための宿泊体験がはじまり、作業所でも仕事が織物からクッキーづくりに変わるなど、生活面でいろいろな変化がありました。そして次第に彼女は自分の思いを自分のことばでつかみ、それを他者に伝えることができるようになりました。

面接では──やりとりの模索がつづく：〝動く絵文字〟遊びをはじめる

私はこの半年の間に、余計なことをしゃべらずに黙ったままできるやりとりはないものかを考えていました。そこで二回目にした頷きを大きく、もっと私の表情筋とパントマイムで現してみることを思いつきました。というか、それは深く考えて行ったものというよりも、最初は苦し紛れに思わずでてきたものでした。たとえば彼女が悲しい話をしているように感じたら、私の両目の端に両指をあてて涙が点点点点と頬を伝わって流れる落ちる仕種をし、よかったのだろうと思われる話の時には、Vサインを出す、何それ？　っていう、わからないよという時は眉をひそめて顔をつきだす、頭にきたのだろうと思うときは、腕を組んでほっぺたを膨らませてプンプン、がっかりしたのだろうと思われる時には、うなだれて背中を丸め、しょんぼりする、失敗したらしき時には、口をすぼめ、しかし目はおどけて「やっちゃった！」とは口にしないものの、そういう雰囲気を顔でおそるおそるあらわしてみたのです。というのもやはり私の気もちのなかには最初の頃に、タナカウルサイ！　と叱られたことが響いていました。同じようなことをくり返したくはなく、でもただ黙っているのも苦しいし、それは何となく違うとも思っていました。

これはまさに田中版〝動く絵文字〟遊びです。これだと彼女の話を直接邪魔はしていないものの、こちらが彼女の話から受けとめた気持ちは伝えることができます。それによって彼女の話を一方的に聞いている（聞かさせられている）関係から、私はこう受けとったよと伝えることができ、中身を共有してわかちあってゆく関係へと橋渡ししてゆけそうな気がしたのです。結果としてこの〝動く絵文字〟遊びは成功でした。彼女は最初のうちは若干、「なにそれ？」と一瞬とまり、いぶかしげな顔をしていたものの、積極的に阻止するほど嫌でも邪魔でもなかったのでしょう、次第に慣れてゆき、しばらくすると私の顔やしぐさを読みとりながら話をするようになってゆきました。彼女が主旋律を歌い、私はそのバックで主旋律を支えるというようなイメージです。これは大丈夫だという手応えをえて以降、私のバックコーラスは少しずつ、しかし着実にレパートリーをふやしてゆきました。たとえば私が彼女の話から、ものすごく悲しかったんだろうと思った時に、私が両目から滝のようにあふれるほどの涙をドボドボと流す仕種をすると、満足そうにじっとそれを見ていますし、何それ？　ってびっくりしたような話の時には、私が目を思い切り大きく見開き、ばたばたと目を大きく開閉してまばたきすると、「そうよ、そうなのよ。これってびっくり、なのよ。それにしてもタナカセンセイの目、大きいねえ」と言わんばかりに感動して、うれしそうに見とれてくれました。言うまでもありませんが、もちろんこんなことばではやりとりしていません。私の勝手な空想です。でもこういう空想がありありと浮かんできて、こころのなかでこういうやりとりをしていると思われるような私たちがいました。また、私が額にしわをよせてわからなそうな顔をすると、それを受けてちょっと考えてから言い方を変えてくれようとしたり、かと思うと「何でわからないの！」と言いたげに声をはりあげて、同じフレーズを叱るようにくり返すこともありました。そういう時はしゅんとなり、顎の下に両手を添えて、頭と手をペコンと同時に下げて『わからなくてごめんなさい』と、ことばで言うかわりに深々と謝るジェスチャーをしました。大きい声で叱られるのは、うれしくはありませんが、でもこういう風にコミュニケーションができるようになっていたので、叱られてもずいぶん余裕で受けとめることができました。今から思えば、彼女が同じフレーズを大声でくり返したのは、ここまでこころが通いあっているのだから、わかってくれて当然でしょうというお叱りもあったのではないかと思います。

話の中に流れている情緒に波長をあわせて聞く

ここで、もともと私のなかにあった、彼女の言ったことを知的に理解することをどうおさめていくのかという問題について考えてみました。最初の頃私の内側では、よくわからないことがひっかかり、その一方でそれを気にしないようにしようとするため、そこにエネルギーが相当もっていかれ、結果として落ち着いて聞いていることがむずかしい状態でした。そこで〝思わずやった〟動く絵文字遊びは、彼女を理解するために彼女の話のなかに流れている情緒に、私の情緒の波長をあわせようとする試みだったと思います。

これを続けていったところ、私のなかに変化がうまれてきました。知的にわからない部分がだんだん気にならなくなり、ひっかかることが減ってきたのです。それに伴い、自分がひっかかる一方でそれを否認する、という内的操作が必要なくなりました。彼女が私の〝動く絵文字〟遊びを承認し、次は何かと楽しみにしてくれるようになるにつれて、具体的にわからないことは実際にはあるものの、全体の雰囲気があっていれば、自分は彼女の話をちゃんと受けとれている、と思えるようになってきたのです。

そうしたところ、一年半がすぎる頃から、「Aさん勝手に行動して……さびしいの」と悲しそうに言うというように、Aさんに関するちょっとつらかった話をするときに、彼女自身がしんみりした気持ちを顔であらわし、同時に自分の気持ちをことばでも語るようになりました。これは二つの意味で大きなびっくりでした。まず第一のびっくりは、語っている内容と醸しだしている雰囲気が、よりぴったりと一致してきたということです。このしんみりした表情は、私のしてきた〝動く絵文字〟遊びをとりこんでくれたことによるのではないかと感じられ、思わずこころのなかで小躍りしました。第二のびっくりは、彼女が「さびしいの」と気持ちをことばであらわすようになったことで、これは語っている自分の気持ちを的確なことばで語れるようになったということです。当初「イライラするの」と腹の立つことだけをことばで表現してきた彼女の気持ちが、次第にほぐれてきて、やわらかくなってきたように感じました。私が腹をくくって彼女の情緒に波長をあわせて聞くようにしたことで、彼女も自分のその語っている自分の気持ちをより明確につかめるようになってきた、ということが起こっているのではないか、と考えました。

日常のなかでは—わかるから爆発しない：自分が自分につながってくる

上記の変化を別の角度から眺めてみましょう。この変化は、いままで彼女のなかで自分のあたまと気持ちとからだ（行動）がぴったりくっついてまるごと一体だったものが、それぞれが少しずつ分離し独立してきて、自分の気持ちを自分で眺め、それをことばで表すことができるようになってきた、ということのあらわれではないかと考えました。これまでは嫌だと思ったり悲しいと思った瞬間、彼女は暴れたりワーワー泣く、というようになっていました。たとえば「私はこうしようと思っていたのに、Aさんがそれをわからないで勝手に行っちゃった」という事件の場合、相手が自分を理解しないで勝手な行動をしたことを何か変、何か違うと思い（あたま）、それを嫌だと感じると（気持ち）、その瞬間大泣きという爆発が起こっていた（からだ）、というのが以前の彼女。それに対してこの頃には、自分の気持ちをモニターできるようになり、自分の気持ちをことばでつかめるようになったので、最後の大泣きするという行動をしなくてすむようになったのではないかということです。

これは別の言い方をすると、彼女自身が自分のなかで自分につながってきたということだといえるでしょう。これまでのように、こころとからだとあたまが全部くっついて一体だったところから、それぞれが分化してゆくと、個々が独立して機能するようになってゆきます。そうすると自分のなかで起こっていることが、どういうことなのかを自分でつかめるようになるのです。何が何だか自分でわかってくるということです。（〝自分が自分につながる〟ということについては後で説明します）。

自分の思いができるだけ叶うように

この頃さらに面接の時に、彼女が「私は（○○なので）ギャーギャー泣いちゃったの」と言ったので、私が思わず〈すごく悲しい？〉とことばを発したところ、彼女も「うん」、とすんなり言ってくれるということが起こりました。私ははじかれなかったことと、あまりに互いの間のやりとりがスムーズだったので、その両方にびっくりしました。おそらく、私のこのことばが彼女自身の気持ちとピッタリしていたので、受けいれてもらえたのではないかと感じました。またこれは、何かを尋ねることばではなく、彼女の気持ちを一緒にみつめてことばにしたから、大丈夫だったということでもあるでしょう。彼女の気持ちを私がことばにすることは、最初の頃にもしたけれど、その頃はまだ私と彼女の間に安定した関係ができていなかったために、はじかれたのだろうと思いました。さらにまた私のいったことばは〝動く絵文字〟のまさにことば版なので、すっとはいったということでもあるように思われました。

家では、これまでお母さんが着る服を準備していたのですが、「これからは着るものは自分で選ぶから」と彼女がはじめて言ったということがお母さんから語られました。自分の思いが自分でつかめるようになってきたことで、彼女のなかの自分、中島（二〇一八）のいうところの〝わたし〟が立ち上がってきた感じでした。だから自分のことは自分でやりたくなった、のでしょう。この時期には自分の不調を薬をつかって管理しようとしたり、自分の衣服を自分できめるなど、自分が自分につながってくることで、自分というものがしっかりしてきていることがわかります。

グループホームの体験入所はじまる

一年がたつころには、仕事がクッキー作りに変わり、いよいよグループホームの体験入所もはじまりました。体験で彼女は入浴に時間がかかることや、食事のときにほかの人の行動も自分の思うようにしたがる、自分がリーダー的にふるまい、「さあ、ミーティングをはじめましょう」と言ったりするものの、ほかの人はそういったことに乗り気でなく、トラブルが起こる、でも彼女は体験入所を楽しみにしているということでした。この頃は面接のなかでも、グループホームの話が主で、買い物にいったり洗濯したり、ぞうきんがけをしたり、ごはんをつくったりするの、と目を輝かせながら彼女は語っていました。

そして二年がたつ頃には、これまでイライラすると地団駄踏んだり泣き叫んだりしていたのが、イライラした気持ちを行動で表わさずに「……だからイライラするの」、とことばで言うだけで納められるようにもなってきました。二七歳の頃です。もちろんこのように、ことばで気持ちを言えるようになるに伴い、行動で暴れることはぐんと減りました。

この頃には家ではお母さんと話をしていて、追い込まれると「Aさんが」とか「まだ結婚してないのに」と言って、そこに逃げこむのだけれども、お母さんが「話をすりかえるんじゃありません」と怒るとしょぼんと黙り、続けてお母さんが「結婚は無理だと思います」と言うと彼女がにやっと笑う、ということが起こるなど、このような話を混乱しないでおちついてやりとりすることができるようになってきました。もともと環境の変化に弱く、変化するとすぐに反応していたのですが、二年半ほどたった頃、作業所に新人さんがはいってきても落ちついていて、宿泊研修のときには自分の持ち物や薬を自分できちんと管理することができるようになってきました。

第三期（四年半がすぎる頃まで）――内面をかたることばがふえてゆく

この時期には周囲が彼女の問題行動への対処がうまくなり、彼女自身も自分の情緒をコントロールする力が育ち、内面をかたることばが増えてきました。

面接では――ニヤニヤしながら叱られた

この頃もそれまでと同じように、彼女がしたい話をし、それに対して私は気持ちをくんだことばを動く絵文字を中心にしつつ、時には実際のことばに置きかえて伝えながら穏やかに過ぎてゆく、ということが続きました。彼女と私との関係は、最初の力みがずいぶん減り、いくぶんか楽な気持ちで会えるようになってきました。彼女ががっかりするようなことを語った時、私は両手の親指を下にさげてブーイングのサインをしたところ、彼女はそのサインをはじめて見たのでしょう。思わず「え、〈それ〉何？」と聞いてきたので、〈ひどい話、っていう意味。サイテーって〉と伝えました。自分でわからないもの、さらに自分にとって面白そうなものは積極的にとりこもうとしています。このようなとりこみは、日常生活のなかでも増えていました。

またこれまで〈悲しい？〉と聞いて「うん」と返事がかえってきたりしていたところを、〈悲しくて泣いちゃう〉、〈うれしかった？〉に「うん」という返事に私が〈やったね～〉など、ちょっとことばをつけたしてもニコニコしているなど、ことばをふくらませてゆくことも可能になってきました。

話を変えるのではなく、同じラインの連想なら、どっちがしゃべっても大丈夫という感じです。

といいつつ、時に大きな失敗もしました。ある時私は風邪気味だったのだろうと思います。あろうことか、ぼんやりとうつろになっており、面接のなかで一瞬、眠ってしまったのです。というのも彼女に思い切り「ほれ!」っと大きな声で喝をいれられ、びっくりして飛び起きたからです。大失態です。もちろん私は茫然自失。でも喝をいれた彼女は、私の目の前でニヤニヤ笑って余裕の風。いえ、本当なら私は怒鳴られて当然のこと。でも彼女はまるで「タナカセンセイったら、困ったもんだね。寝ちゃってたよ。疲れてるの?」とでも言っているようなこころの広さを見せていて、私を責めるどころか許してくれています。このとき「じつはね、私もよく作業中寝ちゃって起こされることあるんだよ。だからわかるんだ」というようなセリフが続いたような錯覚すらありました。もちろんこんな会話はしていません。でもそこにあったのは、センセイも私もおなじだね、という雰囲気でした。もちろん彼女の話がつまらないから寝込んだ、というようには彼女は考えてもいないのでしょう。ともかく私は彼女に励まされ、彼女に許してもらったのです。ものすごくうれしかったです。私が飛び上がって覚醒したのは言うまでもありません。

日常のなかでは──彼女のペースを優先させると余裕がうまれることがふえてくる

彼女は新しい場面や状況に弱いものの、時間がたってくると必ず大丈夫になってきます。ですから慣れるまでは彼女のペースを尊重して、こちらがそれにあわせるとよいのです。作業所では毎年行く宿泊旅行の折に、これまではスタッフが考えたペースでプログラムをくんでいたのを、その年は彼女のペースにあわせて、ゆっくりとしたプログラムにしてみたことと、慣れている人と同室にしたことで彼女の情緒が崩れず、いつもはリーダーになりたがっていたのに、今年は実際のリーダーの横にいてアシストし、さらに配布物をほかの人が配っても大丈夫で、落ち着いて過ごすことができたということでした。この宿泊研修では、今までお母さんの心配から、彼女はお母さんと一緒の部屋で寝ていたそうですが、今回からお母さんが別室に行き、彼女は仲間と寝るようにしてみたとのことでした。このこともとてもよかったと思われました。

彼女が徐々に〝自分で自分をつかんできた〟ので、お母さんも彼女を自分とは違うひとりの別の人、として扱おうとするようになってきた、ということが起こってきたと思いました。自分のペースでゆっくりと動くことができ、自分がつかめてくると、やみくもにリーダーになろうとせず、サブの役割でもしっかりこなせることがわかります。ということはやはり彼女がただただリーダーになりたがっていたというのは間違った理解で、それは暴れていたということと同じこと。自分で自分をきちんとつかめなかったために、わけがわからず苦しかったので、そういう行動になっていたと捉えるほうがあっているように思います。

理解の幅がふえてゆく

作業所の個人面談で彼女は仕事量も増えてきて、おちついて仕事ができるようになっている、それまでしょっ中ひっかかっていた自閉症の人の言葉を何とか聞き流すこともできるようになり、臨機応変な対応が少しできるようになった、時に崩れるけれども別室で泣いて気持ちを立て直し、戻ってきて自分から素直に謝るようになったとお母さんは聞いたそうです。

気持ちを言葉で言うことに関しては、三年半がすぎた頃には「……だから涙がでるほど悲しい」など、より思いを込めた表現になり、「迷惑をかけてごめんなさい」ときちんと謝る、「〜しましょうか」とお母さんに尋ねる、といったこともでてきました。彼女が夕食時に不機嫌なのでお母さんが「ごはんがまずくなるからやめてください」と言ったら、文句を言わずそれ以上は崩れず、相手の気持ちも汲む余裕がでてきました。そしてときどき「私悲しいの」というような自分の気持ちをお母さんにポツポツ話してくれるようにもなっていました。彼女二九歳の頃のことです。

同じ頃、彼女がいつも出席しているダウン症の地域の定例会で、ふだん自分が座っている席にこだわり、そこに彼女よりも先に座っていた人をどけて自分が座ってしまうという事件が起きました。お母さんがその場で叱ったところ、彼女はお母さんを二時間のあいだシカトしたと。お母さんはまず、今までの彼女だったら大声で泣いてわめき散らすのに、今回はシカトという静かな抗議をしたのに驚きました。さらに後で、お母さんがなぜ叱られたかと思うかと尋ねたら、彼女が「ごめんなさい。（私が）わりこんだから」と、ちゃんと理解していたと。お母さんはこのことにも驚き、彼女の成長の手応えを感じていました。また作業所では、作業所主催のシンポジウムで、シンポジストとして登壇することを彼女に依頼したところ、彼女は役割意識と自覚をもって、立派に落ちついてなしとげたということでした。

エネルギーの平和利用

この頃になると、彼女は相手の思いを汲みとって自分の気持ちを抑えたり、「お母さん何しているの？」「（お皿）洗いましょうか」と言って手伝うなど、相手を配慮する思いを、ことばでかけることができるようになりました。自分が自分につながると、人ともきちんとつながってゆくということができるのです。彼女のエネルギーはこのように、人とのよい関係のなかで役立つものになり、人とのよりよい関係を育てるために使われるようになりました。家でも作業所でも、他者との間にことばを介したやりとりが、どんどんふえてゆきました。さらには「ごめんなさい」と言うことがむずかしかったのが、素直に謝ったり、気になる話をひっかからないで聞き流す、といったこともできるようになりました。これまで以上にことばに対する関心が大きくなってきていて、ことばを自由に使えるようになったことから、自分がもともともっているこだわりにも、あまりひっぱられずに過ごせるようになってきました。彼女がこだわることについては、ダウン症の特徴（だからどうしようもない）と捉えられてきましたが、このように、やわらいでくるこだわりもある、ということがわかります。こういう時、私たちは一体どのくらい相手をきちんと理解しているのか？　ただ、ダウン症のせいにしてわかった気になって考えないようにしていたのではないか、とふりかえるのです。

彼女は私とのやりとりが刺激になって日常の人の会話や、ＴＶでの話を聞いて、それらを積極的にとりこんでいるようでした。的確な場所で的確なことを言うことに、みんながびっくりするやら嬉しいやら。彼女が三〇歳近くになった頃、家に遊びに来たお母さんの友人に、「私、こころが風邪をひいちゃったの」と語って、お友だちを感激させたり、私との面接でも「こころが癒されたい」と語るなど、彼女にとって〝こころ〟ということばが小さなブームになってきていました。彼女が自分自身の内面をみつめ、自分が何を感じたり思ったりしているのかを、以前よりずっとことばで捉えることができるようになったこと、「こころ」という目に見えない不可思議なものを想定することで、自分の内面のいろいろなざわめきを、彼女がすくいとることができるようになったことは、すごい成長だと思いました。自室ではあいかわらず（幻の）Ａさんとのやりとりしていたのですが、それをお母さんが聞いていても、ゆかいな話調に変化しており、彼女の気持ちがほぐれ、幻のＡさんとのふたりの関係も楽しんいる、といった雰囲気に変わってきました。

第四期（五年半がすぎる頃まで）──自分で自分を励まして

上昇気流にのったように成長してきたものの、五年がすぎる頃から調子が崩れることが多くなり、そのことをめぐって対応しました。同時にその状態を抜け出してゆくなかで、「さっ、少しペースをあげなくちゃ」など自分で自分を励ますことばを言うようになりました。

面接では──関係のなかで気持ちがほぐれる

日常生活のなかで、彼女のことばが豊かになってきたことを受けて、面接のなかでもやりとりがチェーンのように続くようになりました。その一方で、彼女が仕事をしているなかで調子を崩すようになっていて、それに呼応するように面接のなかでも「（幻の）Ａさんが朝から怒ったり、友人にいばったりするのでいらいらする」、「からだが昨日はおかしくなりました」など、身体不調を自覚して訴える発言がふえてきていました。このからだがおかしくなりました、というところに対して私が〈ゆっくり眠れていますか〉と聞いたところ「ウウン」と返事。それに対して〈ゆっくり休めてからだが楽になるといいですね〉と伝えると「ウン」とやわらかい返事が返ってきます。彼女はちゃんと聞いていて、ウン、とかウウン、と簡単に自分の思いを教えてくれます。これは彼女のエネルギーが低下しているから起こったことではあるものの、自分が自分がと主張せず、人にやりとりを委ねることができるようになっているあらわれと感じました。さらにはこういうやりとりそれ自体が、彼女の気持ちをほぐすのに一役買っているように思われました。彼女が自分の話したいことを話すための時間ということへの執着がかなり減ったのはおそらく、いつでも好きなことを好きな時に語れるようになったからこそうまれた余裕なのだと思い、しみじみ彼女は力をつけてきたなあ、と私は感じていました。

日常生活では――彼女のペースにあわせると回復する

作業所からはこれまで、スタッフさんが彼女にこうしてくださいと依頼すると、してくれるこころのゆとりがあったけれども、再び彼女のペースにあわせないとうまくいかなくなってきた、とのことでした。お母さんも、全般的に彼女の許容量が小さくなり、つまずくことが多くなったと感じていました。お母さんが自宅のトイレを和式から洋式に変えたところ、いつもと違うことにふだん以上にこだわり、失敗してしまうなど、元々あった変化に対する耐性の弱さが、再び顕在化してきました。彼女がぼーっとしていることも多くなり、動きが鈍く重く時間がかかり、午前中の仕事ができなくなってきました。私は彼女が三〇歳を越えたことから、体力的に厳しくなっていたり、疲れがぬけにくくなっているのかもしれないので、仕事とおけいこの練習を減らすことを提案しました。そうしたところ、作業所では思い切って昼寝を導入してくれました。

そうしたところ、以降一年半くらいかかりましたが、少しずつ体調が回復してきて、作業所でダウンしていると、「さっ、少しペースあげなきゃ」とか「お中元の注文もふえちゃったし」というセリフを自分で自分に言い、元気をだそうとするようになりました。仕事の帰りが一時間ほど遅くなった時に、お母さんにどうしたの、と尋ねられたら「途中でAさんを拾ってきた」と、ジョークを言うなど、オシャレなごまかしもできるようにもなりました。無理をさせないで本人のペースに徹底的にあわせてゆくと回復してゆく、でもそれには通常よりもずっと時間がかかることが見えてきます。

気にいったセリフをとりこんで

その頃私はお母さんから、作業所で例の自閉症の人が激昂すると、彼女は自分が怒られていると受けとってトラブルになる、どうしたらよいかと相談されました。私はお母さんに、「それは（相手が激昂するのは）相手のクセなのよ」と彼女に伝えてみたらどうだろう、と提案しました。相手が怒りだすと彼女は何が起こったのかわからないので、自分と連動させてしまい、自分も怒り出すのだろう。だったら相手が怒るのは相手の問題、と理解できればトラブルは防げるのではないか、と考えたからです。これをお母さんが彼女に言ってみたところ、彼女はこのセリフをとても気に入ったようで、自分がまきこまれて激昂することが減っただけでなく、何かあると自分のことでも「クセなのよ」とニヤニヤ言い、逃げ口上として使うようにもなりました。つまりこのセリフを瞬時に理解した、ということがわかります。

第五期（七年目になる頃まで）―人としての厚みと幅がふえてくる

グループホームでの長期的宿泊体験を機に、母子の長かった二人三脚の時代から彼女が独立しようとする兆しがあらわれてきました。

面接では―流れにのったやりとりがふえてゆく

この時期には彼女の面接での話はAさんのこと、両親の家でのできごと、自分の気持ち、仕事のこと、発表会やお泊まり、忘年会など楽しい予定、体調、仲間のことや薬のことなど、たくさんのことが語られました。フレーズも長くなり、沈黙はあまりなく、吃音はあるものの、わき出る泉のように次から次へと話していました。そのなかで私が、うまくかみあうやりとりができず、はずした応答をすると腕組みをして、ちょっときっとなって「ちゃんと聞いてください」と抗議されることもありました。それに対して私が〈ごめんなさい〉と謝ると許してくれて、また次何をしゃべろうか、とじっと黙ってしばし考える、という姿勢にはいるのでした。

七年目がすぎた三二歳の春には、私との面接で彼女が「元気じゃないの、ちょっと風邪気味で」といい「だからずっとAさんのそばにいたいです」といった後、「（作業所とグループホームで）大変だが楽しいこともある。（でも）我慢している」と言ったので、私は〈えらいなーと思います〉と返したところ、彼女はちょっと誇らしげな顔になりました。「わーっとなる（荒れる）こともある」というので、〈でも翌日はちゃんと作業所に行くのでしょう?〉というと「うん」。それに対して〈それもすごいと思います〉と私が伝えるなど、流れにのった、行ったり来たりのやりとりが穏やかに展開するようになってきました。

ある時は「日本舞踊の先生が（たぶん彼女の）頭をポンとして（たたいて）頭がいたいの。とてもいらいらする。目もみえないし耳も聞こえない。耳もいたいの。一生懸命にやったのに○○さんが怒ってた」というので、私は〈なんで~って思った?〉と尋ねたところ「うん」と。彼女は続けて「気分わるい」と。そこで私が〈気分が悪いといらいらするし大変ですね〉と言ったら、彼女ふたたび「うん」と。「からだがおかしくなりました」と言い、続けて「だから薬をください」と、本人から薬をのみたいという積極的な申し出になりました。〈わかりました。それはいい考えだと思います。くすりのことは、この後お医者さんに相談してみてください〉といったところ、彼女は「うん」と。

日常のなかでは—お母さんと娘の共の自立

彼女が作業所で暴れた時に「私はどうしたらいい（よかった）でしょう」と彼女がスタッフに尋ねたら、スタッフさんが『がまんするということでしょうか』と言ったところ、彼女はそのセリフをとりいれて自分で「がまんがまん」「まあまあ」「そんなこともあるさ」と言いながら落ち着こうとしている、とお母さんが教えてくれました。これも自分で自分をおさえようとしている彼女なりの工夫です。

作業所では、ふたたび動作が鈍くなったので小刻みに仕事をへらし、休憩を多めにとってみたら失敗しないで過ごせるようになったということでした。お母さんは彼女がグループホームでの体験生活が慣れてきたことから、やがて娘は巣立っていくと覚悟し、ようやく自分の時間をもとうとするになっていました。これまで自分のために、ということなど考えたことはなかったそうです。ちなみにお父さんは仕事に没入し、彼女の養育のことはお母さん任せでした。

そうしたところ、三二歳の冬、彼女は「お母さんとではなく、ひとりでクリニックに行きたい」とはじめてお母さんに言いました。実はその前の月に「この前（私は自分の時間では）話したりなかったのに！　自分のほうが（時間をもっと）欲しかった」と言って面接の帰りにいらいらしていたそうです。それまではひと枠をお母さんと折半していたので、お母さんの分も自分の時間にしたいと思うようになったのでしょう。この〝私だけの時間をもっと欲しい〟という感覚こそ、彼女の〝自分〟がしっかり育ってきたことで出てきた願いだと思われました。というのも、今までの彼女の生活は、お母さんと一緒でした。どこにいくのにもヘルパーさんをいれたことはなく、お母さんがひとりでこなしてきたのです。だから母子の絆はとてもかたく深いものがあります。でもそこをわけていかなければ〝自分〟というものはできてきません。七年かけて彼女は、そういう自分をつくってきたのです。私はものすごくうれしくなりました。

ただお母さんの心配は深いものがあり、物理的にも心情的にも簡単に応じることはできません。当院は遠方であり、ひとりでクリニックにくるのは電車の乗り換えもあるし、突発的なこともあるから心配です。そこで私は、ガイドヘルパー制度を利用してみることを強く提案しました。お母さんは迷った末にそうすることをきめました。

家では三年前にお母さんのお母さん（彼女のおばあさん）が亡くなり、その写真が飾ってあるのだけれども、グループホームから戻った週末には仏壇にいっておばあさんの写真を拝み、夜ねる前にはその写真に話しかけているとのことです。おしゃべりをしているんです、とお母さん。『何か人としての深みや幅がでてきたなあと思います。本当は彼女のペースで暮らしてゆけたら、彼女にももっとゆとりがうまれてくるのだろうと思います。でもそれじゃあ、ふつうの暮らしはできないと周囲の人にいわれてしまいます。むずかしいところだと思うのです』とお母さんは語っていました。

第六期（九年目になる頃まで）―母と娘が別々にくるようになる

この時期はヘルパーさんと一緒に彼女がきて、お母さんは別の日に相談に来るというように、面接が分離しました。自分がヘルパーさんをガイドして来院するようになったことで彼女の顔つきはしっかりし、何かハプニングが起こった時にも、ただヘルパーさんに頼るのではなく、自分で何とか対処しようとしてヘルパーさんを守ろうとするようになってゆきました。

ヘルパーさんをガイドして

いよいよ彼女三三歳、相談にきて八年目の春です。はじめてガイドヘルパーさんと一緒に来院されました。もちろん緊張しています。でもこれまでお母さんがしていたことをしっかりと見ていたことが役立って、まず来たら受付に予約票をだす、そして待合室で待つ、心理の面接と医師の診療をしてのち、会計に会計カードをだして清算する、という一連の行動を彼女主導で行い、ヘルパーさんはうしろに控えて何かあったらサポートするという姿勢でスタンバイしていました。彼女の顔にはちゃんとできている、という誇らしさがあふれていました。彼女は何をするのもゆっくりですが、ヘルパーさんは彼女のペースをしっかりと守り、余計なことをいわなかったので、彼女はそのすべてを落ち着いてすることができ、帰りの電車では彼女がボックスシートをみつけて「どうぞ」とヘルパーさんに手招きし、一緒に座ったとヘルパーさんから報告を受けたと、あとでお母さんからうかがいました。以降一〇年以上、このヘルパーさんが彼女につきそってくださることになります。彼女はヘルパーさんを「私のお友だち」とクリニックの受付さんたちに、うれしそうに紹介していました。

ある時は、用意していたお金がたりない、ということもありました。以前だったらパニックになって、わーわー泣き叫ぶ状況です。でも彼女は自分でじーっとして、落ち着こうとしていました。結局、何とか手持ちのお金で支払うことができました。

面接ではジョークもつかえるようになる

さて、九年目にはいる頃には「お母さんが喧嘩して電話かけはじめて頭きて本当にいらいらした」と語ります。この話はある時お母さんが長電話していたので、自分は頭にきていらいらしたということと、Aさんは私はどんなにつらくても、会いたくても悲しくても、寂しくてもずっとがまんした」と語りそのことをAさんのことを思うことでがまんした、という内容ではないかと思い、私が〈苦しかったですか?〉と尋ねると「うん」といい、すぐに続けて「短くしてほしいです。それでAさんが怒ったりふざけたり暴れたりしたら、冷蔵庫に頭をいれて冷やすといい。暴力奮ったら冷蔵庫にいれる」と語りました。いらだちを抑えようとするとき、彼女はしばしばAさんを登場させます。ここでもAさんによって自分の気持ちを変えようとしたのでしょう。もちろんAさんが暴れるということはありません。冷蔵庫の話は、腹がたった時に冷たい冷蔵庫にいれれば冷えるのでちょうどいい、という話でしょう。何とも適切なジョークです。このように彼女はジョークも言えるようになっていました。

グループホームを追い出される

一方でとんでもない事件が起こりました。体験宿泊をつんできていたグループホームから、彼女が自分の思うようにみんなを動かそうとするために、メンバーさんたちが怖がっている、だから一緒に暮らすのは無理だという結論になったので、グループホームをやめて欲しい、という通告がきたのです。お母さんも作業所のスタッフもびっくりし、かつ怒っていました。確かに彼女は、自分のペースや自分が考えることをメンバーさんに押しつけるところがあります。たとえば、食事の時には黙って食べるようにしつけられているので、みんなにもそれを強いていました。お世話さんたちにとって、そういったことがたくさんあり、面倒なことだったようでした。でもこの九年間でずいぶん、柔軟さを身につけてきた彼女です。グループホームでだけ暴君をつづけているということはピンときません。おそらく関係のなかで変わってゆくという機会がなく、むしろ最初のパターンのまま固定し、定着してしまった悲劇ではないかと思いました。グループホームからはこれほどまでに続いていて困っているということをまったく言ってきてくれなかったので、こちらは知ることもなく変わる機会も持てませんでした。最終通告だけをポンといってくるということは、彼女にとってもずっといる場所ではなかったということかもしれません。

こうして彼女はグループホームの体験を終了させることになりました。お母さんは小さい頃から彼女は独立心が旺盛で、自分のことを構われるのが嫌、時間がかかってもい自分でしたい人だったし、人のお世話をしたい人だったと語っていました。今回のグループホームの失敗はつらいけれども、彼女の思いどおりにみんなを仕切るわけにはいきません。だから今度の失敗が糧となって次のグループホームで、もしそこでもだめならその次のグループホームで、というように場所を変えてゆくことで、彼女が学んでゆくきっかけになるといい、と思いました。

第七期（一〇年目がすぎる頃まで）——人との関係性のなかで生きる

この時期には自分の思いを語る力がますますのびて、ジョークも豊かになり、実際におとならしく振る舞うことも多くなりました。不調になっても周囲が早めに対処できるようになり、そこからの回復も早くなってきました。新しいグループホームもきまり、新しい生活に向けての準備が始まりました。

面接では——しぼんだ私をなぐさめてくれて

面接では私にいろいろな話をしたあと、最後に「……泣きながら仕事をしました」と話をくくったので、私が〈それは辛いですね〉というと「サイテー！」と、コミカルに両手をあげてギャグるポーズをして帰りました。この頃もずっと続いている私の〝動く絵文字〟を彼女もどんどんとりいれて、ことばを語りながら自分の身体も連動します。

一〇年目の三五歳の冬には、彼女が面接の時に頻繁にあくびをしたので、調子が悪いのではと心配になって、彼女の話のあいまに思わず〈具合悪い？〉と口をはさんで尋ねたところ、久しぶりに静かにではありますが、険しい顔になって「話を聞くように」ときつく叱られました。私のその時の反応は、彼女にとっては自分の思いの流れとは違うものだったので、唐突だったのは確かです。

私はもちろん「まずい」と思って黙ったのですが、おそらくその瞬間、しゅんと悲しく、自分の気持ちがしぼんだのでしょう。というのは、その日の面接の別れ際に、彼女が「だって……今日は生理なんだもの」とすねたように、すまなそうに言ったからです。その時私は、彼女に叱られてしぼんだ私の姿をみて、彼女は私をかわいそうに思い、なぐさめようとしてくれたのだと思いました。もちろん私はすぐに気をとり直して彼女の話を聞いたので、しぼんだのは一瞬です。でも彼女はそれにちゃんと気づいていて、気にしてくれていたのでしょう。

こういうとき思うのです。知的障碍っていうけれども、彼女の瞬時にわかる感性のどこに知的障碍があるのかと。びっくりするほど繊細です。自分が言いたいことは言う、でも自分の思いだけでなく、相手の思いもわかるから、相手つまり私の気持ちをなごませ、なぐさめようとしてくれた彼女に、私のこころはほんわかとあったかくなりました。

私はそこで〈それで今日はしんどかったのですね〉と言ったところ、彼女は「うん」と言って、よい表情で帰りました。伝わることのうれしさを、かみしめた瞬間でした。

日常のなかでは――関係に支えられ

お母さんからは、これまで昼に休憩をすると、そのあと一日中仕事に戻れなかったのだけれども、最近は少しの間横になるだけで回復すること、昼食をみんなとは別にとることにしたら、まわりに影響されずに自分のペースでゆっくりと食べられるので、それで安定している、ということが語られました。

この時期のある家でのエピソードです。彼女が「結婚したい」というので、お母さんが「（そういうことを）どこでも話すのはおとなじゃない」といったところ、「まず人を探します」と内容が変わったこと、夕食時に待っても彼女が来なければ、夫と先に食べるようにしているという話が語られました。これまでは彼女にあわせて待っていたということで、これはよいことだと思いました。またこの頃には、家で何かあるとお母さんに「田中さんのところにいって、いいつけてやる」とうれしそうに言うとのこと。さらにこの頃には予定にないことをしなければならない時でも、びっくりはするけれども精神的に荒れずに持ちこたえるようになっているということもお母さんから聞きました。

でもその一方で、再び身体を揺すったり、うーっという声をだしたり、じっとしだすとそのままずーっと動かなくなる、という心配も語られました。彼女は活動量と体力のバランスが少しでも崩れると、このような行動がすぐにあらわれます。そこで私が、仕事を少し早めに終えて、作業所からの帰宅時間を少し早めてはどうだろうという提案をしました。そうしたところ路線バスの帰宅時のダイヤが二〇分早くなるというように、うまく偶然がかみあい、それにあわせて終えるようにしたところ、全体のリズムが回復しました。この頃彼女は、勉強したり踊りのお稽古を自分のペースでしたい、

「早く早くといわないで欲しい」とお母さんに訴えています。自分がしんどいという体感感覚を自分でつかめるようになってきて、それを相手に穏やかに伝えられています。このことはお母さんにかなり強く響いたようで、お母さんは面接の時に反省していました。

新しいグループホームで

お母さんから、彼女がいま通っている作業所の関連する新しいグループホームがたちあがり、そこに入所できることがきまったと、うれしい報告がありました。スタッフさんから「これまでのところ（グループホーム）は卒業」「うちに来ますか」と言ってもらい、それで彼女はスムーズに移行できました。また、お父さんがこれまでの会社を来年引退するので、長い間住んでいた社宅をでて、新たに週末に彼女がグループホームから戻ってきて過ごすことのできる部屋もある家を探そうと夫婦で考えているとお母さんが語られました。お父さんとの関係は、お母さんとの関係の深さに比べると、これまでは双方が互いに自分の気持ちを通そうと、しばしば喧嘩する関係だったのだけれども、最近ではお互いに少し歩みより、よい関係になってきているとのことでした。

言いたくないことはしゃべらない——うまれてきたプライバシー

ある日の面接で、お母さんが顔いっぱいに心配な様子で現れました。内容は以下のとおりです。『先日、祖母のお墓に親族でおまいりにいくことになりました。でも手配した車は全員が乗れる台数はなかったので、私と娘は電車でいくことに（私が）して、駅に向かいました。でも途中まで行ったところで娘は、車で行きたいと言い出し、勝手に家に戻りました。私はそのまま電車で墓地に行き、現地で車の人たちと会ったのですが、娘は車にはのっていませんでした。娘が家に戻るよりも先に、車は出てしまったのです。心配しながら家にもどったら、彼女は部屋にいて穏やかに、行けなくてごめんなさい、とだけ言ったのです。どうしたのかを尋ねても、彼女は何も言いませんでした。いままでだったら、何でもかんでも親に言っていたのに、どうして黙っているのか、わかりません。

翌日、あちこちに行っていろいろ確かめました。そうしたところ、おそらく娘は家に戻ったら誰もいないので、あらためて駅に行ったのだと思います。そこで駅員さんに行き先を尋ねたものの、わからなかったので、駅員さんが心配して一緒に彼女を警察に連れていってくれて、警察の人が家まで送ってきてくれた、ということがわかりました。あの子は何も言ってくれません。言えないのでしょうか。それともことばがわからないのでしょうか』と。

聞いていて私は思いました。〈彼女は言えないではなく、ことばがわからなかったからでもなく、恥ずかしかったからだけでもなく、すでに終わったことなので、自分にとって言う必要性を感じなかったのではないかしら。今回の件は、確かにうまくいかなかったところはあったけれども、最終的には自分で何とかできて家に戻ってきています。彼女は駅員さんにも警察にも助けてもらいながら、自分で何とかできました。だから報告しようとは思わなかったのではないでしょうか〉とお伝えしました。

これはお母さんには思ってもいなかったアイデアのようで、びっくりされていました。自分でできることは自分でするし、言いたいことは言う、けれども同時に言いたくないことは言わないし、言う必要のないことも言わない、秘密もある、というのは、自分で自分のプライバシーがもてるようになったということでもあると思いました。あれだけしゃべることを熱望していた彼女が、しゃべらなくてもいいという世界を得たのです。

その後の経過

ここまでが彼女の〝自分につながり、自分にとどく〟過程のひとまとまりです。その後彼女は新しいグループホームに入り、そこで安定して過ごすようになりました。誰も言わなかったけれども、彼女は前のグループホームで失敗した、と思ったのでしょう。前のホームのような自分のペースの押しつけは完全にはなくならないものの、かなりがまんするようになっていました。

グループホームでの生活で、特記すべきものは同僚との喧嘩です。作業所でも一緒の自閉症の女性も同じグループホームに入所したので、ふたりは天敵同士になりました。何かにつけてけんかになるのです。そのことをスタッフさんに相談された時、私は〈けんかをやめさせるというよりも、けんかしたら両成敗で、それぞれの部屋で一時間でも時間をきめて待機させるなど、事後対応をするとよいのではないかしら〉と助言しました。この自閉症の女性のことは、私との面接のなかでもしばしば登場しました。私は一連の話を聞きながら、最後には〈でも、あんまりけんかしないほうがいいですよ〉と常識的なことを言うと「うん」と素直に言って終わっていました。ふたりは腹をたてている反面、けんかをする関係をじゃれて楽しんでいるような雰囲気もあり、いい戦友のように思えました。

このようにこれまでぐんぐん、ことばの世界を広げてきた彼女でしたが、以降はその力を温存しながら、彼女の一か月の間におこったものがたりを話してくれることが続きました。彼女にとって、ここに月に一回、お友だちのヘルパーさんと一緒に来て、おはなしをしてごはんをたべて帰るのは、大事な日課になっているようでした。ところがいつの頃からか、面接にくるとその頃の出来事を語りつつ、次第に「朝○時○分におきて、トイレにいき、顔をあらって歯をみがき、ごはんをたべて○時○分に作業所にいきます」とはじまり、「カーテンをしめて、電気消して寝ます」と就寝までのプロセスを語るようになりました。白髪もふえ、歯も自分の歯は二本しかないなど、身体的な老化も進んでいました。もともと遠方から来ています。心理相談と同じ週に行事がはいっていると体力的な疲れを訴えるようにもなってきたので、私から、ここにくるのは疲れるから面接を終わりにしませんかと提案し、ウンと彼女は了承し、卒業してゆきました。はじまってから二一年がすぎていました。

3　あらためてケースから感じ、考えたこと

見えにくい知的障碍の人たちのこころの世界

こころのケアということばがあたり前のように言われるようになっている現代でも、知的障碍のある人たちがセラピーを受けることは、まだまだ容易ではありません。ひきうけてくれる機関やセラピストが少ないのです。この問題には、知的障碍があると、本人が言いたいことをことばで語ることがむずかしいために、彼らが何を求めているのかがセラピストがわかりにくい、だからどう対応したら

よいかがわからないというセラピスト側の苦手意識が関係しており、それでセラピストが逃げてしまうのではないかと思います。

知的障碍のある人々は知的障碍のない人々以上に、自分のなかに生起してくるさまざまな感情を、自分がことばで捉えることと、人に伝えるということの双方がむずかしいために、困ったことや苦しいことが問題行動や身体症状として現れます。心理臨床の世界では通常人が問題行動を起こせば、私たちセラピストは背後にどのようなことが潜んでいるのかを考えて、その問題が解決したり改善してゆく方向に伴走しようとしてゆきます。しかし知的障碍のある人の問題行動は、背後にまわって考えてもらえることが少なく、叱られるとか本人の間違った行動を修正させるといった直接的な指導で対応されることが多いのです。身体症状に対しても同様で、心理的な問題の可能性を考えてもよくわからないので、元気がなければ元気が出るようにと薬が処方されます。これらは間違っているわけではないものの、いずれの場合も、問題の背後にあるはずの彼らのこころの訴えを、あまり読みとろうとしてはもらえていない、ということが共通しています。彼らが複雑な思いを抱えているとはあまり考えてもらえず、あっさりと片づけられてしまうのです。でも実は、彼らの苦悩は知的障碍のない人のそれと同じかそれ以上に、ずっと深刻かつ複雑で、しかも本人にとっても周りの人にとってもわかりにくいのだと思います。このわかりにくさという壁に、本人自身のもつことばをうまく扱えないという壁が二重の障壁となって、私たちセラピストの前に立ちはだかっているのです。

この問題を解決するために、知的障碍のあるおとなの人のセラピーに、ことばではなく遊ぶという関わりや、絵を描いたり箱庭を置くといった非言語のアプローチで対応する方法があります。私自身、そういうセラピーもしています。相手がそれを求めていればもちろんよいのです。でもカナさんのように、ことばによるセラピーを求める人もかなりいて、その場合はズレた対応になってしまいます。ですから求められたら私がしたように、ことばを用いたセラピーをベースにしつつ、セラピストが彼らのことばのうしろにある情緒や情動といった非言語の世界を味方につけて活用しながら、彼らのことばをどう理解してゆくかを考えてゆくセンスが、セラピストに必要なのだと思います。そのひと工夫をさえ惜しまなければ、彼らの〝ことばもでつながりたい〟という思いを叶えることができるのではないかと思います。人は自分にたりないけれども必要なものを本能的にはちゃんとわかっているといわれています。知的障碍のある人の本能的な勘は、障碍のない人よりずっと鋭く正確です。彼らがことばでセラピーをしたいというからには、そこには必然性と正当性があるはずです。私たちが彼らと関わるとき、彼らは自分のことがわかっていない、私たちのほうがわかっているのだから正しい方向に導いてあげなければいけない、と思いがちです。でもそれは傲慢で間違った考え方だと思います。

私と出会った頃、カナさんは自分のなかにある思いを自分でつかみ、ことばで表現することがうまくできていませんでした。やりとりは一応成立してはいたものの、彼女のことばは自分の身近で使われていることばをとりこんで使いまわしていた状態であり、いわば中途半端なものでした。彼女は自分のなかで動くさまざまな思いを漠然と捉えていて、その捉えたものを学校や日常のなかで用いられていたことばにおきかえて表現していたのだと思います。ですからそこで用いられていたことばは本人の体感とは微妙に違っていて、彼女の思いとまっすぐにはつながっていなかった、つまり部分的にはあっているものの、全体としてはちょっとズレていた、だから彼女の思いを的確にあらわすことばにはなっていなかった、ということではないかと私は考えます。

でもこれは、彼女だけの問題ではありません。おそらく知的障碍のある人たちの自分とことばとの関係は、多かれ少なかれ、こういう感じなのではないかと思います。きちんと自分の感じていることや思い、自分の考えを自分でつかめないままに、それをことばで表出しても、相手に理解してもらえるはずはありません。もちろんそれでは人とつながることもできません。

知的障碍のある人とことばとの関係は、それぞれ程度の差はあるものの、相手が言っていることはわかるところもあるけれども、わからないところもたくさんある、というような、一種の〝まだらわかり〟の状態で、加えて自分がどこがわからないのかもよくわからないのだと思います。さらに自分が外からとりこんだことばについても、自分の考えていることとぴったりすることばなのかそうでもないのか、ということがよくわからない微妙さのなかにいるように思います。このようなズレは知的障碍のない人も、同じようにもってはいます。でも通常、障碍のない人たちは、自分で考えたり工夫することによって、それらを修正してゆく可能性も可変性をみずからの中にもっていて、そこが全く違うのです。カナさんが日頃よく使うことばのなかには、それって違うんじゃないかと思われるものもありました。私がもっとも印象深いのは「がまんがたりませんでした」というフレーズです。何かが起こった後で彼女が反省する状況で、このフレーズは頻繁にでてきました。実際にがまんがたりなくて暴れたことはあったでしょう。でも彼女は実は日頃たくさんのがまんをしていて、それがある時点で極限に達して爆発したとか、彼女が責められる状況ではないのに、不当に彼女のせいにされて爆発したことも多かったと思います。でも、彼女の責任にまとめられてしまうこのフレーズは、誰にとってもおさまりがよいのです。もしも何かが違うと彼女自身が感じても、何がどう違うのかということをきちんとつかみ、それをことばで相手に伝える、ということができない彼女にとっては、外からあてがわれたこのことばでくるしかなかったはず。そういう自分が使うことばと自分の内面の思いとのあいまいな関係のなかに、彼女はずっといたのだと思います。

ここで明らかになるのは、本来自分と自分の内側をつなぎ、自分を人をつなげるはずの〝ことば〟が、私たちセラピストと知的障碍のある人との間を裂くものとして機能してしまっているということです。

ことばにいのちを吹き込ませるこころの通いあい

「自分が自分につながる」ということ

では本章のなかで語ってきた、自分をつくるとか、自分が自分につながり、人ともつながるということはどういうことかということについて、以前書いたもの（田中、二〇一五）をベースにお話ししましょう。

まず、〝自分がある〟とはどういうことか、私が考えていることをお話しします。それは自分勝手であるとか自分のことしか考えない、ということとは違います。自分勝手というのは、〝自分のこと〟だけでいっぱいいっぱいだということで、ほかの人のことを思いやる余裕がありません。これは〝自分がある〟とは到底いえない状態です。

〝自分がある〟ためには、自分には自分なりの気持ちや思いがあることが自分でわかっていることが大前提です。そして自分の思いを自分が大事にできるためには、誰かにそのことを認めてもらえるということも大切で、「そうだね」と誰かに認めてもらえてはじめて、「自分のこの思いはこれでいいんだ」と自分でも認めることができるようになるのです。そしてこのようにして自分の思いを人に尊重してもらえると、自分だけでなく、人にもその人なりの自分があることがわかってゆき、それをも自分の思いと同様に大事にしようと思えるようになってゆくのです。このように〝自分〟というのは人との相対的な関係性のなかで育ってゆくものである、と私は考えています。

これを別の言い方をするならば、〝自分がある〟ということは、自分があるから人と自分を区別できる自分がいる、ということで、だから人にもその人の思いや気持ちがあり、自分の思いを尊重するのと同じように、人の思いも尊重したり理解してゆくことが大切なのだということがわかるようになる、ということです。その核になるのは、自分のなかにある感覚であり、そこからうまれてくる思いです。私たちは自分というものを核として、自分で自分の内側を考えたり、外側にむかって外の世界から何かをとりこんだり、外の世界に対して自分自身の内側を表現したり、あるいは外側に自分の視点を移して、外から自分を客観的に眺めたりします。このように自分の内側から外側に、そして外側から内側に、そしてそれがまた外側へと、つまり自分と自分のまわりをこころのエネルギーが自由自在に動いて、行ったり来たりできるような道筋ができてくることが、自分づくりのためには不可欠で、それによって〝自分〟ができてくるのです。そういう自分がある状態になることが、自分をつくるということだと私は考えています。自分が自分につながってゆくというのは、一本軸がしっかりと自分のなかを通っている自分がある、主体としての自分があるという感覚であり、それが自分を支えてゆくのです。ですから自分とつながった分だけ、その人は人ともつながることができるのです。人が大好きで、人とつながってゆきたいと願っていたからこそ、カナさんは自分が自分にしっかりとつながってゆきたかったのでしょう。だからそのために、自分の思いをきちんと表せることばを、どうしても獲得したかったのではないかと思います。

さて、中島（二〇一八、二〇一九）は一五年におよぶ知的障碍をもつ人への心理療法の体験から、彼らのこころの全体のまとまりとしての自己、つまり「わたし」の生成をめざして彼らの「わたし」を丹念に見いだそうとするまなざしをセラピストが徹底してもとうとすることの重要性を語っています。加えて知的障碍に特化した特殊な技法ではなく、彼らをしっかり抱えること、彼らの思いにチューニングして共有しようとすること（情動を調律すること）と、セラピストが素直なわたしでいようとする純粋性、という一般的なセラピーで有用とされる技法を用いることが重要であるとも語っています。そして彼らのなかの「わたし」が現れてくるために、中島は彼らのとのセラピーのなかで生じる自分の感覚や自分の思いをまるごと、積極的に使ってゆきます。自分と相手との間に生じる無数の推測の嵐のなかでやりとりをしてゆくと、ある瞬間相手のなかに「その人がくっきりと鮮やかに感じられ」その人の「わたし」が立ち現れてくる、ということを複数の事例を通していきいきと描いています。中島はけたはずれに強烈な関係性のなかで相手にはいりこみ、そこで生じる自分の主観をフル回転させながら、相手を自分との関係性のなかにひきこんでゆきます。そうして関わっていくと、ある時相手のなかに、それまでぼんやりと潜んでいた「わたし」が現れてくると語り、そういうやりとりをくり返してゆくことで、わからないことがわかってくる、見えにくいものが見えてくると述べています。

そうなのです。知的障碍のある人のセラピーは、特別なものではありません。ただ知的障碍のない人たちに対するよりも一層、関係性のなかでがっちりと抱えながら、彼らがもっと自分につながってゆく過程をセラピストが自分のなかにわきおこるありとあらゆる感覚や感情、思いを総動員しながら伴走しつつ、こまやかに生じる変化を適当に流してしまわずに受けとめ、意味あるものではないかと立ちどまり、迷いながらも考えて意味づけてゆくことが一層必要なのだと思います。自分ひとりではむずかしい部分を、彼らのかわりにセラピストが肩代わりして関わってゆくことが、知的障碍のない人のセラピーよりも多くなるというイメージです。とはいえ実は、知的障碍のない人のセラピーでも、私は同じように自分が相手のかわりに自分の感覚や感情を手がかりにして、本人が自分によりつながってゆく手助けをしているので、知的障碍のある人の場合はセラピストがそれをするウエイトが少し高くなるだけの違いのようにも思います。このひと手間をかけるだけで、知的障碍のある人とことばを用いたセラピーは可能になると思います。

知的障碍のある人のセラピーでは、セラピストが相手の訴えを間違って理解した時にどのように修正できるか、という問題がありますが、これもそれほどむずかしくありません。セラピストが間違って読みとれば、かならず関係が悪化するなり問題がでてくるので、それを読みとって修正すればよいのです。ふたりが対等でありさえすれば、洗脳のようなことは起こりません。

カナさんとの間で起こったこと

通常、私たちが自分のこころのなかにあるものをつかむためには〝ことば〟が役立ちます。カナさんのこころは、自分とことばとの関係をつなごうとする方向で動きました。だから私にできるだけ黙ってもらい、セラピーのなかでひたすら、きちんと自分のこころのなかにわきおこった感覚や感情、思いを自分でつかもうとし、それをその時もっていたことばにして表現することをやり抜きました。自分が話したいように話すということは、「↓」という自分から外側にむかうベクトルで示すことができます。一方私が問うというのは、彼女の外側にむいているベクトルをいったん戻して彼女の内側にそれ「↑」を入れなければなりません。答えるためにはその後、ふたたび外に戻して返事するベクトルに切り換える「↓」という作業になります。ベクトルが外を向いたり内を向いたりすることで、通常はお互いに話がよりわかって共有できるようになるのですが、それをしたら、彼女はごちゃごちゃになります。私が何かを言えばそれにわずらわされ邪魔されるので、自分の内側を覗き込みぬくことがむずかしくなるのでしょう。だからとにかく内から外に向かう矢印「↓」を固定させたと考えられます。この方向性の安定がとりあえず彼女を守ることになりました。

私は黙って話を聞きながら、彼女の思いを私のこころで受けとめて、それを〝動く絵文字〟で返すアイデアを思いつきました。私はあなたの言っていることをこんな風に受けとったよと、私の情緒と彼女の情緒を照らしあわせようとして、この〝動く絵文字〟遊びをはじめたのですが、この遊びは同時に彼女にとっても、自分がいま話している内容が、どういう気持ちのものなのか、どのくらいの気持ちのものなのかということを、セラピストのフィードバックを見ることでマッチングさせてゆくのに役立ったと思います。私の絵文字が本人のそのことばを発している気持ちとピッタリ一致すれば、本人は気持ちがよいからわかります。逆に違っていれば、しっくりしないのでわかるのです。これはことばによらない感覚の世界であって、私よりカナさんのほうがずっと得意な領域です。ことば（だけ）で返さなかったことと、表情と動作の組みあわせがわかりやすかったことも奏功したのだろうと思います。私と彼女のこの共同作業をたっぷりと時間をかけ、何百回も何千回もくり返しながら両者を一致させ、自分のなかに定着させてゆくことを彼女は存分にやり抜いたのだと思います。

こうして自分の思いが自分でつかめてきたら、次はフィーリングをピッタリとしたことばであらわすことです。具体的には彼女が語っている内容がしんみりと悲しいことだった場合、そこにしんみりとした雰囲気で「悲しい」ということばをつかって表現すると、自分の内的体験と自分の気持ち、それをあらわすことばがしっかりと一致します。はっちゃけてうれしい場合は、はっちゃけてうれしいと表現するということです。と、三年半がたつ頃には情感たっぷりに「……だから涙がでるほど悲しい」、五年がたつ頃には「こころが風邪をひいちゃったの」など、おそらくはどこかで聞いて印象に残ってこころにとめてあったフレーズを、ただの真似ではなく、自分の心境にあった状況下で使うことができるようになりました。自分のなかにあった曖昧さと、そこからくる不全感が徐々にへってゆき、自分にあうことばを適した状況で用いることができるようになっていることがわかります。さらには「さっ、ペースあげなくちゃ」と、ことばで自分を励まし支えることもできるようになりました。六年が経過する頃には、相手が語ったことばの意図を的確につかむだけでなく、それを応用して別の状況にも用いることもできるようになりました。ちなみに先の「がまんがたりませんでした」という自己卑下のようなフレーズはこの頃になると「(もっと) がまんが強くなりますように」と変わり、自分に対する積極的な励ましの声かけになりました。自分がダメな奴だという反省ではなく、もっとしたいという自己肯定的な意欲のあらわれが感じられます。さらに一〇年目になると、しゃべりたくてたまらなかった彼女が、必要のないことはしゃべらないでいることも身につけました。自分を外に表すことを〝自分を開く〟と表現すると、黙るというのは〝自分を閉じる〟と表現できます。これは彼女が自分の意思で自分を開くことも閉じることもできるようになった、ということを表していると考えられます。おそらくそれまでに徐々にそうなってきていたのでしょうが、この事件で私たちにもはっきりとみえたのです。彼女を動かすのは彼女自身です。こうして彼女は自分をつかんでゆくなかで自分の気持ちとつながって豊かなことばの世界を手にいれ、さらに人ともつながる自分を育ててゆきました。こうして彼女は、人といろいろなことをわかちあう関係性の世界にはいることができたのだと思います。

ところで彼女がこんなにも豊かなことばの世界を内側に秘めていた人だとは、私をはじめ、誰もわかっていませんでした。これを読んだ人のなかには、一〇年もたてばことばの能力があがるのは当然だから、心理面接とは関係ないという人もいるでしょう。でもそれは違います。知的障碍のある人たちは、自分だけの力で自分のなかにあるさまざまな能力を自由に発揮させ、育てていくことが困難です。たとえて言うなら知的障碍のある人の内側には、重いフタのようなものがあって、外に出ようとするものを邪魔して上から抑えつけ、封じ込めている、私はそれが障碍といわれるものではないかと考えています。その重いフタの下には、いろいろな能力や発現されていない可能性が押し込められているのでしょう。

彼女の場合は、こころのなかにあったことばの貯蔵庫の奥底に、ことばとして育っていくはずのタネが固まってへばりついていて、発芽できない状態にありました。固まっているのですから、そのままでは何年たっても変化しません。私が彼女と一緒に心理面接でしたことは、そこに「動きを起こさせる」ことでした。「ある」けれども「ない」ことになっていた世界を動かそうとしたのです。私がしたのは、彼女のかたまっていたことばのタネに、私の気持ちをたっぷりと含みこんだ情緒のシャワーを、彼女が求める間ずっと、これでもかというほど撒き続けたことだったと思います。それがフタの隙間からしみこんでゆき、なかば眠っていたタネのいのちをよみがえらせて花を咲かせ、たくさん増えて出口をふさいでいたフタを下から押し上げていった、というようなイメージで私は捉えています。このような動きを起こさせたのが、セラピストとのこころの通いあいであり、それによってことばにいのちが吹き込まれていったのだと思います。

私が彼女の相談をひきうけた時、彼女に対して自分がどう関わったらよいか、ということはわかっていなかったということは前にお話ししました。その時にあった情報で、どのようなことが考えられるかという見立てはつくものの、実際のセラピーの中身は、関わりのなかで変わってゆくという意味です。私が彼女に黙るように示唆されてことばで関わることが制御された時に、いわば苦し紛れのようにうまれてきたのが動く絵文字遊びでした。その動く絵文字は「できるだけわかりやすく」ということを気をつけました。そしてこの動く絵文字は彼女によさそうだと思ったので、以降私はどんどん工夫し、開発して腕を磨いてゆきました。いうならばこれは、彼女によって開発してもらった私の世界です。

たっぷりとした時間とこころの育ち

彼らのセラピーに必要なものとして、ものすごく大事なものが「時間」です。特に知的障碍のある人々には私たちが通常思うよりもずっと多い、たっぷりとした時間が必要です。それは彼らが足場をかためながら、ゆっくりじっくり確かさを確認しながら自分を育ててゆくからです。カナさんがいのちの通った、あたたかな血のかよった自分のことばを身につけ、それを通して自分が自分にしっかりとつながってゆくためには、一〇年という長い時間が必要でした。もしも私が数年しか関わらなかったら、私は自分が何をしているのか、彼女がどのようないくさをしているのか、ピンとこないまま過ぎていたのかもしれません。彼女の身体不調も、彼女にあわせてゆっくりとしたペースにすれば、必ず回復してきました。作業所の宿泊研修でも、彼女のペースにあわせていったら、混乱することが少なく、彼女の問題行動のひとつだった不当な要求もしないで、おちついて過ごすことができました。でも通常、本人のペースにあわせて、ペースダウンをしてみないかというセラピストからの提案は、却下されるかあまり喜んで試してはもらえません。「そんなんじゃ、この社会のなかではいきていけない」という、もっともらしい理由が躊躇と反対の理由です。カナさんのお母さんも、私がペースを落とすこと、つまりその時の本人のペースにあわせるように提案すると、毎回必ずためらっていました。彼らはただでさえゆっくりなので、これ以上ペースをさげるということは、もっと社会のお荷物になってしまう、というような気がするのではないかと思います。また学校や作業所でこれまでせっかく順調にこなしてきたのに、おとなになって本人の能力が落ちていくように思えて、そこにためらいが生じる、ということもあるように感じます。ここで見えてくるのは、彼らの人生は本人が中心にいるのではないという事実です。彼らは常に、社会から早く早くとせきたてられ、自分のペースでじっくり考えたり模索したり、悩んだり考えることをしてみるということが、なかなかに困難なのです。その自由はたいてい、彼らにはありません。

わが国の社会は教育も仕事も、私たち個々人がもっているペースより、社会が人に求めるスピードを優先させ、それを評価の基準にしています。人はまるで、社会を動かす歯車のひとつ、といった感じです。そんななかでは知的障碍がなくても、私たちは自分のペースで考えたり悩むことが、なかなか許されません。だからこそ、人は不登校になったりこころの病気になったり、からだが不調になることで、いまの自分に必要な時間を確保しようとするのでしょう。そうしなければ、自分が自分の人生の主役ではいられなくなるからです。そもそもこころの問題とは、そういう危機的な状況で自分を守るために現れるもの。しかるに現代では、心理臨床の世界でもいかに効果があるか、いかに早く治せるかという効率を重視する見方が優勢です。現代は人のこころの痛みをいかにはやく回復させたり改善してゆくかが求められており、そういうセラピーこそが最新のもので、それ以外のものは時代遅れだというセラピストもいます。いえ、私はいたずらに長く時間をかければよいと言っているわけではありません。早く何とかなるものは、そうするのがよいのです。でもその一方で人が自分にたりないものを補ったり、こころが回復してゆく、あるいは自分をつくってゆくことを模索するということは、そんなに簡単にできることではありません。時間のかかるセラピーもあるのです。知的障碍のある人たちの時間はゆっくりゆっくり過ぎてゆくので、知的障碍のない人たちに必要な時間よりもずっとたくさんいるのです。

今コロナ感染症でこれまであたり前のようにしてきた生活が大きくかわり、そのために私たち現代人がもっているさまざまな価値観への見直しが世界中で起こってきています。そのなかで、あらためて自分たちの時間、というものをどう考えるかも、まないたの上にのっており、ミヒャエル・エンデの『モモ』（一九七六）というものがたりが再びブームになっていると聞きます。『モモ』の一節に「人間には時間を感じとるためにこころというものがある。そしてもしそのこころが時間を感じとらないようなときには、その時間はないもおなじだ。ちょうど虹の七色が目のみえない人にはないもおなじで、鳥の声が耳の聞こえない人にはないもおなじようにね」とマイスター・ホラがモモに語ります。また「時間とはすなわち生活……そして生活とは、人間のこころのなかにあるものなのです。……人間が時間を節約すればするほど、生活はやせほそって、なくなってしまうのです」とも。

現代人は幸せになろうと歩んできたはずなのに、なぜか仕事に追われ、忙し過ぎてこころの余裕をうしない、かえって大事なものを見失っていっているのではないか、という静かな問いかけが、『モモ』を通して見えてきます。カナさんは自分のこころが求めるままに、たっぷりと自分の時間をつかって私を相手に話をし、それによって自分のこころと自分のことばをつなげてゆきました。彼女の時間は彼女のこころのなかにしっかりあります。月一回二〇分というものすごく短い時間の中で、その時間を惜しみなく自分のためにつかい抜き、それによって自分の欲しいものを獲得しました。それによって彼女の人生は、それまでよりも何倍も自分らしい、味わい深いものになっていったと思います。

そう考えると、「とにかく私の話を聞いてください」と一歩も譲らず、最初の二年間はずっと私を黙らせ続けた彼女を、私は見事だと思います。彼女の求めるものを得るためには、彼女には相棒が必要でした。相棒がいなければ、自分ひとりでその仕事をすることはできるはずもありません。その意味で私が相棒になれたことは、私にとってとても幸せなことでした。

ある時から少しずつ動作がおそくなり、作業所に行けなくなった二〇代後半の知的障碍の娘さんが親御さんにつれられて相談に見えました。ひとつひとつの動作が、すごくゆっくりになったので、全体として半端なく時間がかかるのです。もともとてきぱきしてはいなかったものの、これまでとは全然違います。驚いたお母さんがあちこちの病院に行き、考えられうるかぎりの検査をしたものの、身体的にどこかが悪い、という結果はみつかりませんでした。お話を聞くと、彼女は特別支援級ではずっと模範的なよい生徒で、先生方からかわいがられていたということでした。ご両親は共働きで、彼女は小さい頃からきまった時間に起きて学校に行くし、夜もきめられた時間で寝るなど、余計な手間をかけさせることがなかったということでした。もちろん反抗などしたことがなかったと。

彼女は相談に通うなかで私ともゆっくりではあるものの、自分なりにことばを探し、きちんと考えて短く話をします。返事を急がせず、時間さえかければ、小さなやりとりが可能でしたし、表情も和らいできていました。返事が返ってこないときは、ズレているから答えたくないのだろうとわかります。これらのことから、私は彼女の動きのゆっくりさは、何かしらの生理的な機能が低下した病気というよりも、やっと自分自身のペースで自分の人生を生きようとするようになった、一種の自己主張のあらわれであり、それが一種の反抗のような形で顕在化してきたという、心理的な問題とも考えられるのではないかと思いました。本人がこれまで出来すぎていた、つまり外側の意向にあわせすぎてきたので、それに対してもうすこし、自分のペースを模索しはじめた動きではないか、自分にとって必要な内的時間というものに彼女が気づきはじめた兆しではないかということです。

だいぶ以前の元旦の新聞の一面に、次のような内容の記事が掲載されていたような記憶があります。山登りをしている部隊がエベレストのような大きな山に挑んでいたのだけれども、同伴していたシェルパがある時から一歩も動かなくなってとまってしまった。困った部隊は彼に何が不満なのか、どうしたら案内を続けてもらえるか、料金が不満なら高くするからなど、あれこれ彼に言ったけれども、全然動かない。で、そのシェルパは、自分たちは早く来すぎてしまってたましいが追いついていない、だからたましいが追いつくまでここにいる、というようなことを言っていたというような記事でした。この内容にも深く共鳴したのと同時に、私はこのような話が一面に掲載されるようになったわが国の変化に感慨を覚えたということがありました。

話を戻すと、相談のなかでお母さんに私が感じていることをお話しし、大変だろうけれどもしばらく彼女のペースにあわせた生活の仕方を模索してみるとどうでしょうと伝えました。それはいってみれば、これまで人が求めるように動いていた彼女のからだに、彼女のこころが追いついてくるまで時間をかけてあげませんか、という提案です。こんな能天気なことを言った背景には、彼女がゆっくりと動くとき、不快感や苦悩の感じがあまりなく、おだやかなよい表情をしていたように感じたからです。苦痛なら、もっと別な表情があらわれるだろうと思いました。でも親御さんは、これでは本人がかわいそうで見ていられないからと別の病院で認知機能を改善させ、意欲を高める薬を投与してもらい、それによって彼女は動けるようになりました。そこで相談は終わったので以降お目にかかっていませんが、私は彼女が楽になったのならいいなあ、自分では動きたくないけれども薬によって内側からつきあげられ、かりたてられて動いているような状態で動いていないといいなあと思っています。何が正しいのかわかりません。もちろんご両親の生活もあります。でもこういった問題に対して私たちは簡単に自分たちの次元だけで答えをだしてしまわずに、あれこれ悩んで考える姿勢をせめてもっていたいものです。

Aさんとは何だったのか?——空想の世界の友という支えをもって

さて、カナさんは人に執着がある、とお母さんが言うくらい学生の頃にも必ず大好きな人をつくっていました。彼女にとってそういう先生たちやAさんという存在は、どのような意味をもっていたのでしょうか。心理面接のなかで示されるAさんへの思いは、とてもなまなましいので、本当に彼女にとって甘えたいし抱きしめたい、大好きで特別な人のようにしか、聞こえませんでした。Aさんに対する思いは毎回、かならず話題にあがっていました。でもそれは、作業所のスタッフさんたちが言うように、現実に彼女がそういう行動をしていたわけではありません。彼女にとってAさんは自分のこころのなかで自分を支え、甘えさせてくれ、抱きしめてくれる存在だということです。というのも、あるときAさんが訪ねてきてくださったことがあるのですが、その時のAさんの話しぶりからも、カナさんに面倒な行動をとられているとはまったく思えない、ごくふつうの口ぶりでしたから。

知的障碍のある人たちが親友をつくったり彼氏彼女になる、というのは、特にわが国ではなかなかむずかしいように思います。家族との関係が濃密なために他者とのつながりがもちにくい、ということも一因かもしれません。彼らはしばしば学校や仕事から戻ると自分の部屋で、空想上の友だちをつくりだし、その人とおしゃべりするなど、擬似的な関係性の世界をつくりだし、そこでこころに栄養補給をしているのではないか、と私は考えています（田中、二〇一七）。

二〇歳後半になったダウン症のJくんは、特別支援学校を卒業してのち一般企業の障碍者雇用枠を利用して就職するものの、しばらくすると出社しなくなって街をさまよう、ということを仕事をかわる度にくり返していることから、時々お母さんに田中先生に叱ってもらえと言われたと言っては、相談に来ていました。というのは赤ちゃんの時から小学校入学まで、ずっと発達相談で家族みなさんと関わってきていたので、お互いによく知っており、彼は田中先生が大好きな少年でした。成人になってからの彼はしばしば親友に相談したら〇〇といわれた等々、親友の話をしていて、とても頼りにしているようでした。親友はとてもいいことを彼に助言していました。でも彼が親友との話をするとき、その親友の話が私にとって妙に共感できすぎて、何となく不思議な気がしていました。

あるときたまたまつきそってきていたお父さんに、彼にはいい友だちがいるようですねと尋ねてみたところ、お父さんは、いやその人は実際にはいないのです、彼のこころのなかにいて自室でよくおしゃべりをしています、と言っていました。私はこの時、うまくいえないのですが妙に腑に落ちました。そしてその親友とはおそらくは、二〇数年前の田中先生ではないか、と思ったのです。もちろん、そうだという証拠はありませんが。というのも彼はことばの発達が早くて、小さい頃から饒舌にしゃべっていたのですが、早口で独特のリズムがあるために聞きとりにくさがありました。でも両親と私だけはよくわかり、私は彼と同じようなリズムとテンポでよくおしゃべりしていました。それを見ていた看護師さんや受付さんからは、ふたりで楽しそうにしゃべっているけど、一体何を話しているのかわからない、と笑いながらからかわれたものでした。彼にとって二〇数年前の若い田中先生はずっと成長を見守ってくれていた大好きな先生で、おしゃべりもわかってくれる特別な人、になっていったのではないかと思います。そんなことを考えるようになって以降、彼が親友の話をもちだすときには、彼と二〇数年前の田中先生、そして今の田中先生、という三人がそこにいることになるわけですが、彼にとって二〇数年前の私と現在の私は、全く違う別の人なのです。私もそこは礼儀をもってふみこみません。だからちゃんと三人が共存できるのです。人はこころのなかに大事な人をとりこむなどいろいろな工夫をして、自分を内側から守ったり支えたりするのでしょう。そんな不思議な体験があったので、カナさんにとってのAさんも、かつて自分を助けてくれた特別な人としてのAさんをとりこんだものであって、実物のAさんとは別、なのではないかと思いました。ちなみにJくんの放浪は、彼がかなり余裕をもって仕事ができるレストランの厨房の裏方に就職することで終わりました。

言うまでもないことですが親御さんにとって、わが子が空想上の友だちをつくり、自室でその人とあれこれおしゃべりをしているのは、心配なことだとは思います。でもただよくないときめつけず、どのようなおしゃべりをしているのか、おしゃべりをしてどのようになっているのかを見てみてください。もしそれでこころが落ち着くようなら、支えられているのでしょう。

わかろうとするこころが相手とつながる

ところで私には次のような体験が多くあります。カナさんのように知的障碍のあるおとなの方でじかにお話しをしてくださる方もいますが、なかには自分ではまったく話をせず、ずっと親御さんが私に相談をして、その隣に本人がいて、私が親御さんに助言したり何か言うのをじっと聞いていて帰り、でも次の時には必ずまた一緒にくる、という形をとるのです。何回か来るうちに自分がここに来ることが大好きになって、家のカレンダーに書いてあるその日を待ち望み、朝になると早く起きて親御さんと一緒に来る、というようになることが多いのです。はじめて来た頃には下をむいてうつむいて表情暗く座っていた彼らは、次第に姿勢がしゃんとなり、やがてにこにこと笑顔で私に挨拶してくれるようになってきます。そしてやがてよくなって去っていかれます。

しばしば起こるこの事態に、私は何が起こっているのかを考えました。私はまず、親御さんの話を聞くことを通して、その子どもに何が起こったのかを理解しようとしつつ、そうして得られた私なりの理解を親御さんとご本人に伝えます。子どもに起こっているのはこういうことではないかと話す私の理解は、おそらく、学校の先生や周囲のふつうのおとながそういう状況下で言うことばとは違うのでしょう。「こういうことで、こころが疲れてしまったのではないだろうか」とか、「大好きだったスタッフがやめてしまったことで、びっくりしてまだまだ、気持ちがうまく立ち直っていないから、仕事にいけないのではないだろうか」、あるいは「本人のペースは、周囲の人が考えるよりも、もっと長く時間がかかるのではないかしら。気持ちがのらないのだと思うから、無理させないほうがいいと思う」など、思いきり本人寄りの理解を伝えます。もちろんそれは、私が本気で感じ考えていることです。その理解が本人にとってどれくらいあっているかどうかはともかくとして、また彼らがどこまで私の話を正確に捉えているかもともかく、私の話は一種の新鮮な響きをもって彼らに受けとられているような気がします。というのは彼らは私が親御さんと話しているとき、その横でじいっと静かに聞いているのですが、私の話が彼らのなかにすーっとはいっていくような感じがするのです。受けいれてもらえている、という雰囲気です。逆に彼らの顔つきがぼんやりするときは、何か違うか、全然違っているのだろうと私の方で判断します。そういう時には「……って思っていたけど、何かちょと違ったかもしれません」とおしまいをくくって変更します。私は彼らと直接の対話はしていませんが、こういう間接の対話でコミュニケーションをしているのです。

これは彼らにとっては、自分でもよくわからない、うまくつかめない自分の内側に対して、何となく自分の感じに近いことばの風が外からはいってきた、という感じなのかもしれません。もちろん私がきちんとあてることは不可能です。でも少しでも彼らの感じていることに近ければ、彼らにとっては「ちょっとわかってもらえた」という感覚になるのではないかと思うのです。

もちろんこの「わかってもらえた」は大雑把な言い方です。より正確にいえばこちらの「わかろうとしている」気持ちに彼らの気持ちが触発され、そこで何かが起こっているのだろうと思います。それは自分の感じをセラピストが受けてくれる、受けいれようとしてくれている、わかろうとしてくれている、というような雰囲気で、そうだったらこのセラピストとは自分の気持ちをわかちあえるかもしれない、というような期待です。

私たちはセラピーでともすると知的に理解し、知的にやりとりすることにばかり気がむきがちです。最近のセラピストを見ていると、その危惧をより強く感じます。でもセラピーの土台にあるのは互いのこころであり、そこでゆきかう気持ちです。そのことにもっともっと目をむけてほしい、そここそ大事、ということを知的障碍のある人々は私たちに訴えているようにも思います。私たちセラピストは、ことばの能力も磨くけれども、自分の気持ちと自分自身がしっかりつながっていないと、相手ともつながることはできませんし、ことばが生きたことばとして互いの間を行き来することもできません。それでは相手を理解することも、よくなる方向に伴走することもできません。できるだけ早くよくするための技法がどんどん開発されている今日ですが、クライエントと関わるセラピストの土台である自分の気持ちやこころとセラピストがどのように向きあい、つきあい、つながってゆくかということを考えながら腕を磨くことができれば、わが国の明日の心理臨床の世界はもっともっと人々にとって助けになる、いきたものになってゆくのではないかと考えます。

文献

はじめに

光元和憲、田中千穂子、三木アヤ『体験箱庭療法II—その継承と深化』山王出版、二〇〇一年

第1章

Bromwich, R.M.: The interactional approach to early intervention. Infant mental health journal. 11.66-79, 1990.

Field, R.M: Interactions of high risk infant.:Quantative and qualitative differences. 44.120-143, 1980.

Hellmuth, J. (Ed.): Exceptional Infant: Studies in Abnormalities, Volume 2. New York: Brunner/Mazel. 1971.

田中千穂子、橋本泰子、丹羽淑子「ダウン症乳幼児の知覚、巧緻運動の発達—事例的研究」『日本教育心理学会第二四回大会論文集』八九四—八九七頁、一九八二年

田中千穂子、丹羽淑子「ダウン症児の精神発達—母子相互作用の観点からの分析」『心理臨床学研究』五巻二号、二一—三一頁、一九八八年

田中千穂子、丹羽淑子、砥川弘美「精神発達と早期対応（1）—ダウン症児の発達相談から」『日本教育心理学会第三〇回大会論文集』一〇一五頁、一九八八年

田中千穂子、丹羽淑子「ダウン症児に対する母親の受容過程」『心理臨床学研究』七巻三号、六八—八〇頁、一九九〇年

田中千穂子、丹羽淑子、砥川弘美「精神発達と早期対応（2）—ダウン症児の発達相談から」『日本心理

学会第五四回大会論文集』三三九頁、一九九〇年
田中千穂子『受験ストレス』大月書店、二〇〇〇年
Tanaka, C. & Niwa, Y.: The adaptation process of mothers to the birth of children with Down Syndrome and its psychotherapeutic assistance: A retrospective approach. Infant Mental Health Journal. 12: 1,41-54, 1991. Tanaka, C. & Niwa, Y.: Psychotherapeutic Technique for Mother-Child Intervention. A case study of a Japanese Down Syndrome. World Association of Infant Mental Health Fifth World Congress (Chicago). 1992.
Tanaka, C. & Niwa, Y.: Psychotherapeutic Technique for Mother-Child Interaction. A case study of a Japanese Down Syndrome. Infant Mental Health Journal. 15.1.244-261, 1994.
田中千穂子『母と子のこころの相談室―〝関係〟を育てる心理臨床』医学書院、一九九三年、改訂新版山王出版、二〇〇九年
南博『日本的自我』岩波書店、一九八三年
丹羽淑子、池田由紀江、橋本泰子、矢花芙美子、山本庸子、岡崎裕子「ダウン症児の早期発達診断と早期教育プログラムのための基礎的研究」『安田生命社会事業団年報』一六号、一〇一―一一四頁、一九八〇年
丹羽淑子「ダウン症乳幼児の知覚―巧緻運動の発達」『東洋英和女学院短期大学付属小児相談センター報告』四号、一二―三一頁、一九八一年
丹羽淑子、矢花芙美子、橋本泰子「ダウン症乳幼児の超早期教育的介入の効果―教育的介入の方法と精神発達の縦断的・事例的研究」『小児の精神と神経』二五巻三号、五七―六五頁、一九八五年
Niwa, Y, Tanaka, C. and Yabana, F.: The adaptaion process of mothers to the birth of children with Down Syndrome. From ten years practice of mother-infant psychotherapy. Pacific Rim Congress of Infant Psychiatry (Hawaii). April 4-6. 1988.

第2章

田中千穂子「事例検討・事例研究の経験と工夫を語る」（山本力・鶴田和美編著）『心理臨床家のための事例研究の進め方』一一八―一二七頁、北大路書房、二〇〇一年

第3章

エンデ・M（大島かおり訳）『モモ』岩波書店、一九七六年
中島由宇『知的障碍をもつ人への心理療法―関係性のなかに立ち現れる〝わたし〟』日本評論社、二〇一八年
中島由宇「知的障碍」『そだちの科学』三三号（特集・発達障害の30年）、五五―五九頁、二〇一九年
田中千穂子「企画者の思い―『関係のなかで生きる』ことを忘れた現代人」『チャイルドヘルス』一八巻四号（特集・子どもが「自分をつくる」とはどういうことか）、六―八頁、診断と治療社、二〇一五年
田中千穂子『障碍の児のこころ―関係性のなかでの育ち』ユビキタスタジオ、二〇〇七年

おわりに

私は二〇二一年三月で、心理臨床家としての自分の仕事を閉じることにしました。正確に言うと「ひと区切りしてみよう」と思うようになったのですが、この年齢で区切るのですから、戻るという方向は見えにくいように思います。

私は腕のいい臨床家になりたい、と思って一生懸命心理治療をしてきました。四〇数年の間、一貫して青臭い情熱と気力で仕事にのめりこんできました。若い頃はそれで何とかなっていましたが、段々年齢があがってくると、やはり気力勝負の四つにくんだ関わりはむずかしくなってきました。とはいえ、元来不器用なのでペースを落とすということもうまくいきません。体力的にぎりぎりの状態が続くようになり、このままでは自分がつぶれてしまう、それでは自分にも患者さんにもよくないと思い、区切ることをきめました。

折から新型コロナ感染症で世の中は大混乱に。そのなかで心理臨床家として私は患者さんたちに引退を伝えながら、残された時間を使ってその後どうしたらよいか、私との間で何ができるか、という相談をひとりひとりとできるだけていねいにしてゆきました。いずれにしても途中での放り出しになるのですから、申し訳ないこと限りありません。でも、自分がまだ何とかこういうお話しを自分でさせていただけることを、ありがたいと感じます。

また私には、もうひとつの課題がありました。それは、心理臨床を面白いと感じ、学んでいる大学院の学生や後続の慕ってくれる心理臨床家に対して、何をどのようにしてゆくとよいのだろうかという、教育者としての自分に残された問題でした。何ができそうかとあれこれ悩んでいたとき、ふという考えが浮かびました。私の代わりに私の心理治療のエッセンスがつまった本を残していこう、というアイデアです。心理臨床家として私がつかんで心理治療のなかで役立てて使ってきたものを、ことばにして書き残してゆけば、誰かがタナカ先生に相談したくなった時、その本を手にとってもらえたら、タナカ先生が言うであろうことばがきっと見つかる、何か気づきが得られる、あるいは背中を押してもらったりちょっと力が抜けて元気がでてくる、そんな本を残してゆけたら、私という本体は撤退してもよいのではないか、と思いついたのです。そして私の身代わりの本はおそらく、後続の心理臨床家たちだけでなく、私を頼って使ってくださった患者さんたちが見た時のプレゼントにもなるといい、とも思いました。この考えは私にしっくりきました。そうしてこの本ができあがりました。

本書のなかには、文献から引用したものはほとんどありません。自分勝手なまでに心理治療のなかで自分と相手との間に起こったことをめぐって、私が感じたり考えたこと、実際にしてきたことを綴っています。それは私が心理臨床家として人生をかけてしてきたことをことばに置きかえる作業だといってもよいほどに、大変なことでした。ですのでそれだけで精一杯。ほかの先行知見との照合はしていません。ですから思い切り片寄っているに違いありません。でもだからこそ私の本ですし、似たような状況下で唸り、悩んでいる人にとって一筋の光になれるのではないか、そうなれたらうれしいと思います。私はこの本で結局のところ、相手と自分の関係のなかで、どのように自分のからだで受けとめた感覚やわきおこった感情をのぞき、みつめ、さぐりながらそれらをことばという認識のレベルに抽出していったか、という過程を描き抜いています。心理臨床家が自分のセンスを磨くには、これに尽きると私自身は考えています。

いま心理臨床家をめざしている人々は、理論や技法を学んでそれを相手に適用すれば、それで心理治療は成立するし相手はよくなる、というような単純かつ一方的な図式で捉えている人が多いように思います。知的に把握して知的に理解できればよくなる、という感じです。でもこころの治療は、それではうまくいきません。その理由は二つ。ひとつはこころの問題は感情も感覚も情感も含まない無機的な知的な理解では、到底たどりつけない世界だからです。こころの問題を解いてゆくためには、感情や情感をたっぷりふくみこんだ知的な理解が必要です。深いところで自分の気持ちや感情、あるいは感覚と自分自身がつながってゆくから、私たちのこころは全体性をとり戻すのです。心理臨床家に必要なのは、このような情感をふくみこんだ知的な世界とつながること。自分のこころをしっかりみつめ、自分のことばで考える自分をつくること。それがこころの治療には不可欠です。二つめの理由は、多くの人が関係性というものを抜きにして考えている点です。心理治療とは互いの間に濃厚な信頼しあう関係を築くことによってはじめて成立します。それは互いが互いを尊重しあう関係ともいえます。その関係性のもと、心理臨床家が自分のこころとからだとあたまのすべてをつかって相手の話しを聞くから、相手を理解することができるのだし、だからこそ、相手にとどくメッセージがうまれるのです。かりものの知識で相手のこころに響くことばはうまれません。また現代ではどれほど効率よく早く心理治療をしてこそ有能であり有用な治療法である、ということも重要視されています。無意味に時間をかけることはないものの、その人を土台から支えるようなこころの変容は、時間を短縮してできるものではありません。その人が抱えている問題によって、長い時間がかかるケースもあれば、短い時間で何とかなるケースもあるはずです。私は本書で長く関わったケースばかりをとりあげましたが、そうでないケースもあることはお断りしておきます。どのようなケースに出会い、どのように関わるかは、心理臨床家の時間によるのではなく、相手の時間によって変わってくるはずです。そして自分のこころをまっすぐにみつめ、自分のことをしっかりと考えるような時空間が日常のなかにないからこそ、心理臨床が人々に求められているのだと思います。

私は事例研究が好きです。心理臨床の世界にはいった頃、学会での事例発表を聞きながら次はどうなるのかとワクワクし、書かれた事例に血わき肉踊るほどの興奮を覚えました。そして自分もこういうセラピーができるようになりたいと思ったものでした。でも心理臨床が社会のなかで認められセラピストを志す人が増えるにつれて、事例研究の魅力が徐々に薄まっていったように感じます。クライエントだけがまないたの上にのり、クライエントの変化がセラピストによって一方的に描かれているようなものが増えてきました。でもこころの治療はセラピストのこころが何を感じ何を受けとめたかという、いわば主観の世界を抜きには展開しえません。事例はセラピストが書くものではあるけれど、私はこれまで何とかクライエントも参加できるような描き方を模索してきました。そして今回、セラピストのこころの動きが見えにくい従来の描き方への違和感から、自分というセラピストのこころの動きの方に思い切り重心をおいて、その関係性の世界と心理的変容を描いてみようと試みました。これは事例研究に対する私の模索がたどりついた、ひとつの提案といえるのかもしれません。

最後に今回もまた、日本評論社の編集の遠藤俊夫さんにお世話になりました。東大に教員としてはいったときに『こころの科学』の連載でお世話になり、東大をやめる時には『プレイセラピーへの手びき』を出版していただきました。この不思議なご縁に深く感謝いたします。

これまでのたくさんの出会いに感謝をこめて

二〇二〇年一二月

田中千穂子

田中千穂子（たなか・ちほこ）

1954年　東京生まれ。
1983年　東京都立大学大学院人文科学研究科心理学専攻博士課程修了。文学博士。1981年より花クリニック精神神経科勤務（2021年３月まで）。1993〜94年 Children's National Medical Center（Washington D.C.）assistant researcher。1997年より東京大学大学院教育学研究科勤務、2004年より同大学院同研究科教授（2011年３月まで）。2016年より学習院大学文学部心理学科教授（2021年３月まで）。臨床心理士。
主　著　『母と子のこころの相談室』（医学書院、1993年、改定新版、山王出版、2009年）
『ひきこもりの家族関係』（講談社＋α文庫、2001年）
『心理臨床への手びき』（東京大学出版会、2002年）
『障碍の児のこころ』（ユビキタスタジオ、2007年）
『プレイセラピーへの手びき』（日本評論社、2011年）など。

関係《かんけい》を育《そだ》てる心理《しんり》臨床《りんしょう》——どのようにこころをかよわせあうのか　専門家《せんもんか》への手《て》びき

2021年３月21日　第１版第１刷発行

著　者——田中千穂子
発行所——株式会社 日本評論社
〒170-8474　東京都豊島区南大塚3-12-4
電話 03-3987-8621（販売）-8598（編集）振替 00100-3-16
印刷所——港北出版印刷株式会社
製本所——株式会社難波製本
装　画——岩間淳美
装　幀——臼井新太郎装釘室

ISBN 978-4-535-56400-8　Printed in Japan